Ich bestimme selbst, nicht du!

19 Schritte aus der Bedürftigkeit

Ich bestimme selbst, nicht du!

19 Schritte aus der Bedürftigkeit

von

Keera Liza Santos

Bibliografische Information der Deutschen
Nationalbibliothek:
Die Deutsche Nationalbibliothek verzeichnet diese
Publikation in der Deutschen Nationalbibliografie; detaillierte
bibliografische Daten sind im Internet über http://dnb.dnb.de
abrufbar.

Herstellung und Verlag:
BoD – Books on Demand, Norderstedt
ISBN 9-783-7392-2593-7

Inhalt

Vorwort

Es kann durchaus sein, dass du dich in dem einen oder anderen Passus von mir herausgefordert fühlst. Das ist gewollt und beabsichtigt, jedoch nicht, um dir in irgendeiner Weise zu nahe zu treten. Es ist auch keineswegs böse gemeint.

Meine Gründe dafür sind jedoch folgende:

1. Manchmal verharrt man zu lange in einem passiven Zustand und fühlt sich nicht in der Lage, endlich wieder aktiv zu werden. Dazu braucht es ab und zu einen kräftigen Schubs, der einen aufrüttelt, aufweckt und ggf. die Augen öffnet - ähnlich einer eiskalten Dusche.

2. Wenn es einen Passus gibt (oder auch mehrere davon), der in dir zuerst Empörung auslöst und du deshalb vielleicht nach Luft schnappst, dann hast *du* schon einen kleinen, aber entscheidenden Schritt in die richtige Richtung getan. Denn das, was dich stört oder empört, ist *genau das*, was von dir angesehen werden will. Diese Empörung ist nämlich nichts anderes als ein unbewusster Schutzmechanismus, dich von dem abzulenken, was dir Probleme bereitet.

Natürlich ist es nicht besonders lustig, mit tief sitzenden Problemen konfrontiert oder auf sie aufmerksam gemacht zu werden. Dein tiefstes Inneres (oder eben dein

Unterbewusstsein) weiß nämlich schon längst, dass genau hier der "Wurm" sitzt, dessen Bearbeitung und Beseitigung durchaus langwierig und unangenehm werden kann. Wer tut so etwas schon gerne? Mit Sicherheit niemand. Wenn du diese "Würmer" jedoch *nicht* in Angriff nimmst, wirst du sie weiter mit dir herumtragen. Von alleine verschwinden sie nämlich nicht, sondern nur, indem du dich um sie kümmerst.

In welcher Reihenfolge du die einzelnen Schritte liest und später in Angriff nimmst, das bleibt dir selbst überlassen. Sie wirken und gehören zwar alle zusammen, aber keiner von ihnen ist wichtiger als der andere. Keiner von ihnen muss zuerst erledigt werden, damit der nächste gemacht werden kann. Sie sind alle gleichwertig. Die Reihenfolge, in die ich sie gebracht habe, ist völlig willkürlich.

Vielleicht gibt es auch den einen oder anderen Punkt, bei dem du sagst: "Trifft nicht auf mich zu." Kann sein, kann aber auch nicht sein. Bevor du ihn sofort zur Seite schiebst, setz dich in Ruhe hin und hinterfrage dich selbst mit schonungsloser Ehrlichkeit. Kannst du dich doch irgendwie darin wiederfinden, z. B. nur zum Teil, weißt du, was du zu tun hast.

Hast du dich hinterfragt und stellst fest, das trifft auf dich tatsächlich nicht zu... Bravo! Denn dann bist du deinem Ziel schon ein kleines Stückchen näher, als du gedacht haben magst.

Die Tipps zu jedem einzelnen Schritt können sich teilweise überlagern, d. h. manchmal gehe ich wieder auf einen Punkt ein, der schon bei einem anderen Schritt angeschnitten, erwähnt oder vielleicht auch teilweise beschrieben wurde. Warum? Nicht etwa, weil mir nichts anderes einfiel, sondern weil dieser Punkt übergreifend ist und sich nicht nur auf eine einzige Sache auswirkt oder mit ihr zu tun hat.

Bedürftige, Machtspieler und Narzissten gibt es bei Frauen und Männer sowie in gegengeschlechtlichen und gleichgeschlechtlichen Beziehungen. Ob es sich dabei um rein zwischenmenschliche Beziehungen (Familie, Freunde, Arbeitskollegen u. a.) oder Liebesbeziehungen handelt, es spielt keine Rolle, es ist ein und dasselbe.

Auch wenn ich in diesem Buch nur eine Bezeichnung gewählt habe (die Bedürftige oder der Narzisst etc.), es geschieht der Einfachheit halber. Jeder - ob Frau oder Mann - ersetzt für sich diese Bezeichnung einfach mit der für ihn passenden.

Um Missverständnissen gleich vorzubeugen:

Wenn ich von "normalen" Männern oder Partnern spreche, ist das keinerlei (Be-) Wertung. "Normal" heißt hier nichts anderes, als dass es sich dabei *weder* um Machtspieler *noch* um Narzissten handelt, sondern eben um ganz "normale" Menschen.

Was sich exakt hinter diesen Begriffen versteckt, erkläre ich am Ende vom Kapitel *Tschüss, Bedürftigkeit - Hallo, "magische 3 S"* noch genauer.

Einleitung

"Ich erwische immer nur die falschen Partner. Ich bemühe mich ständig, reiße mir den Hintern bis zum Halskragen auf, mache alles Mögliche und versuche, alles richtig zu machen. Und das nur, weil ich will, dass alles gut ist und klappt. Und was tut er? Er behandelt mich total lieblos und versucht laufend, mich zu bevormunden und herumzukommandieren. Alles muss immer so laufen, wie er es will. Was ich will, das interessiert überhaupt nicht. Ganz egal, was ich tue, es ist immer das Gleiche: Ich werde entweder ausgenutzt oder wie ein dummes Kleinkind behandelt."

Dies kommt jedoch nicht nur in (Liebes-) Beziehungen vor, sondern auch in allen anderen zwischenmenschlichen. Ob nun innerhalb der Familie, unter Freunden oder auch unter Arbeitskollegen, das Phänomen "Ich werde nicht für voll genommen und/oder ausgenutzt bzw. benutzt" kommt auch hierbei oft genug vor. Ständig wird von einem erwartet, dass man für den anderen da ist und sich seinen Wünschen fügt oder unterordnet. Immer muss alles so gemacht werden, wie der andere es will und wenn nicht, ist dieser beleidigt oder sauer.

In meiner langjährigen Praxis als Life Coach habe ich diese Sätze und Situationen sicher schon tausendmal und öfter gehört. Meine Klientinnen kucken mich regelmäßig mit großen Augen an oder schnappen am Telefon nach Luft, wenn ich ihnen auf obige Aussagen antworte:

"Um sich schlecht behandeln, bevormunden oder gar ausnutzen zu lassen, *dazu gehören immer zwei*: einer, der tut und einer, der es *zulässt*. Wieso lässt du es zu?"

"Weil ich ihn eben liebe" oder "Mir bleibt ja nichts anderes übrig" ist zwar die häufigste, aber trotzdem *nicht* die richtige Antwort.

Dass du in einer Beziehung - egal in welcher und zu bzw. mit wem - Kompromisse eingehst, ist eine Sache. Sich schlecht behandeln, bevormunden oder ausnutzen zu lassen, hat jedoch weder etwas mit Liebe, noch mit Verbundenheit, noch mit Freundschaft, noch mit Kompromissen zu tun. "Weil ich ihn eben liebe" oder "Mir bleibt ja nichts anderes übrig" ist im Grunde nichts anderes als eine Art Ausrede für ein ganz anderes Problem, das viel tiefer liegt.

Dazu möchte ich dich kurz in die Wüste entführen. Stell dir Folgendes vor:

> Du marschierst seit Tagen durch die Wüste, gleißende Sonne am Himmel, unerträgliche Hitze. Die Luft flimmert über dem Sand. Weit und breit ist nichts zu sehen, nur Sanddünen. Dich quält der Durst. Doch das Fläschchen Wasser, das in deinem Rucksack liegt, ist schon leer. Du hast es schon ausgetrunken, kurz nachdem du losmarschiert bist. Da siehst du plötzlich in der Ferne eine kleine Karawane. Auf dem Rücken tragen die Kamele ein paar große Fässer. Mit letzter Kraft, aber voller

Erwartung taumelst du auf die Beduinen und ihre Kamele zu.

Eine Karawane in der Wüste hat immer Wasser dabei, denkst du dir. Sie müssen Wasser haben. Hier ist schließlich die Wüste und Wasser Mangelware. Du bist schon fast am Verdursten. Aber endlich gibt es Wasser!

Du bittest sie darum, doch die Beduinen schütteln bedauernd den Kopf. In den Fässern wäre lediglich Salz, aber kein Wasser. Was für eine bittere Enttäuschung!

Als sie mit ihren Kamelen weiterziehen, siehst du ihnen hinterher und machst ihnen in Gedanken bitterböse Vorwürfe: Wieso transportieren sie auf ihren Kamelen Salz, aber kein Wasser? Sie wissen es doch am besten, dass es hier in der Wüste weit und breit kein Wasser gibt, aber dort vielleicht Menschen sind, die quälenden Durst haben! Wie können sie nur so gemein sein? Sie sind schuld, wenn du nun verdursten musst, nur sie und niemand sonst!

Wozu erzähle ich hier von Kamelen und der Wüste? Weil diese kleine Geschichte etwas ganz deutlich macht:

Erwartungen, die du an andere stellst, beruhen immer auf einem Mangel. Genau das, was dir fehlt, das du dir selbst nicht geben kannst, das erwartest du, von anderen zu bekommen. Bekommst du von ihnen nicht, was du erwartest hast, gibst du ihnen die Schuld.

Wenn du kein oder zu wenig Wasser mit in die Wüste nimmst, musst du dursten und du brauchst andere, um dir

Wasser zu geben. Wenn du dich aber ausreichend ausstattest mit Wasser, bist du nicht auf andere angewiesen.

Du selbst bist in erster Linie für dich verantwortlich, niemand sonst. Wenn du dich selbst mit all dem versorgst, was du brauchst für deine Wanderung, wartest du nicht darauf, dass andere dir etwas geben. In diesem Fall bist du nämlich nicht auf sie angewiesen.

Erwartungen führen *immer* zu Enttäuschungen. Wer garantiert dir, dass du in der Wüste auf jemanden triffst, der dir Wasser geben kann? Vielleicht hat der andere auch zu wenig Wasser mitgenommen und erwartet nun von dir, dass *du* ihm welches gibst?

Selbst wenn du jemanden triffst, der Wasser dabei hat: Egal wie viel er dir gibt, dir wird es nie genug sein. Gibt dir in der Wüste endlich jemand nach Tagen einen Schluck Wasser, wirst du nach mehr schreien. Du hast schon so lange Zeit Durst gelitten, ein Schluck ist nicht genug. Gibt er dir eine Flasche Wasser, wirst du nach mehr schreien. Du hast damit zwar den ersten Durst gestillt, aber lieber willst du noch mehr trinken, zur Vorsorge quasi, damit du nicht wieder dursten musst. Gibt er dir ein Fass Wasser, wirst du nach mehr schreien, weil du Angst hast, es könnte vielleicht kaputtgehen auf dem Weg und du musst dann wieder dursten. Egal wie viel du bekommst, es wird *nie* genug sein, was der andere dir gibt, weil du immer von der Angst beherrscht wirst, dass dir das Wasser vorzeitig ausgehen könnte und du wieder Mangel leiden musst.

Gib zuerst dir selbst und genug von all dem, was du von anderen haben möchtest. Du bist dann ausreichend ausgestattet mit allem und du bist nicht mehr den anderen auf Gedeih und Verderb ausgeliefert. Wenn sie dir freiwillig etwas geben, ist es schön. Geben sie dir nichts, stört es dich auch nicht, weil du ja bereits genügend hast.

Wenn du als (Ver-) Durstender ständig nach jemandem suchst, der deinen Mangel beseitigen kann, hast du einen Bedarf. Hast du einen Bedarf, bist du bedürftig. Wenn du bedürftig bist und unbedingt etwas brauchst, wirst du alles Mögliche dafür tun, nur um etwas zu bekommen. Du wirst dich verbiegen und verstellen. Du wirst tricksen und manipulieren. Und du wirst dir alles Mögliche und Unmögliche gefallen lassen, nur damit du bekommst, was du so dringend brauchst.

Und nun versetz dich in die umgekehrte Position:

Du siehst jemanden, der unbedingt etwas von dir braucht. Welchen Eindruck gewinnst du von diesem Menschen, bewusst oder vielleicht auch unbewusst? Richtig, er wirkt auf dich *bedürftig*. Du weißt, dass er auf dich angewiesen ist, dass du quasi am längeren Hebel sitzt. Du könntest ihm etwas von dem geben, das er so dringend benötigt. Du weißt aber auch, dass du dir im Grunde alles erlauben kannst, im Positiven wie im Negativen, weil der andere alles erdulden und sich gefallen lassen wird, solange er nur von dir bekommt, was ihm fehlt. Damit rutschst du in die Machtposition und der andere in die Rolle des Untergebenen. Du hast dann nämlich die Macht über diesen bedürftigen und hilflosen Menschen. Er ist dir auf Gedeih und Verderben ausgeliefert.

Wenn Frauen ununterbrochen versuchen, es dem Partner recht zu machen, sind sie nicht nur (emotional gesehen) bedürftig, sie wirken auch genau so und sie strahlen Bedürftigkeit aus. Wenn obendrein ein paar Beziehungen bereits gescheitert sind, weil der Partner entweder mindestens genauso oder noch bedürftiger war oder sich gerne in der Machtposition gesuhlt hat (Narzissten tun das z. B. liebend gerne), vergrößert sich die eigene Bedürftigkeit noch mehr.

Um ein Beispiel zu zeigen, gehen wir noch mal zurück zu den Kamelen in der Wüste:

> Bist du schon durstig genug und triffst hintereinander mehrere Karawanen, die dir kein Wasser geben können, wirst du immer noch verzweifelter. Der Durst wird stärker und stärker. Mit jeder neuen Karawane, die deinen Weg kreuzt, ohne dir Wasser zu geben, wirst du noch wütender, noch frustrierter und vor allem noch durstiger. Kein Wunder, du läufst ja schon lange genug durstig durch die Wüste.

Wenn du die folgenden 19 Schritte gehst, verspreche ich dir zwar *nicht*, dass der nächste Partner weder ein Bedürftiger, noch ein Machtspieler, noch ein Narzisst ist - Mit diesem Risiko muss jeder von uns leben.

Eines kann ich dir aber versprechen: Du hast dann genug Wasservorrat eingepackt, dass du sorglos so lange durch die Wüste wandern kannst, bis du an eine Oase kommst. Dort wartet herrlich sauberes, kühles Wasser auf dich, du kannst dich wunderbar erfrischen und ausreichend trinken, *ohne* dass du darum betteln musst.

Anders ausgedrückt: Selbst wenn wieder ein Bedürftiger, Machtspieler oder Narzisst auf dich zukommt, du wirst ihn erkennen und nicht wieder darauf hereinfallen, sondern das Thema abhaken, bevor es überhaupt richtig beginnt und deinen Weg weitergehen... *Ohne ihn!*

Um es aber gleich vorwegzunehmen, einen kleinen Pferdefuß gibt es allerdings bei den 19 Schritten:

Sie zu *wissen*, ist zwar gut, aber das allein reicht nicht aus. Nur *machen* und *anwenden* bringen dir auch den Schlüssel, der die Tür mit der Aufschrift "Erfolg" öffnet. Machen und anwenden - nicht nur einmal, sondern immer und immer wieder, bis diese Schritte für dich eine Selbstverständlichkeit sind.

Durchhaltevermögen und Konsequenz sind dabei natürlich notwendig. Einmal ausprobieren und dann aufgeben, wenn sich nicht sofort der gewünschte Effekt einstellt, bringt dir leider gar nichts.

Viele, viele Jahre hast du dich herumschubsen lassen, dein Selbstbewusstsein hat sich irgendwo in einem Mauseloch versteckt und du bist bis über beide Ohren angefüllt mit Selbstzweifeln, Ohnmachtsgefühlen, Unsicherheit, Angst und negativem Denken. All das lässt sich nicht mit "einmal ausprobieren und kucken, ob es klappt" und dem gleichzeitigen Hintergedanken "Das bringt ja vermutlich sowieso nichts" beseitigen!

Wenn du aber ein für alle Mal genug hast und alles, wirklich alles dafür geben würdest, endlich aus deiner hinderlichen Bedürftigkeit und der damit verbundenen Opferrolle zu entkommen, dann hast du auch den Willen und die Kraft, durchzuhalten.

Sei dir klar darüber: Kein Machtspieler wird bei deinem ersten, vorsichtigen Versuch des Aufbäumens sofort aufgeben. Er ist es gewöhnt, die Machtposition innezuhaben, dich immer wieder zu unterwerfen und natürlich dieses Spiel zu gewinnen. Erst wenn du ihm regelmäßig die Stirn bietest, wird er langsam begreifen, dass die Zeiten seiner unumschränkten Herrschaft vorbei sind... oder zumindest anfangen, sich um seinen Platz auf dem Thron Sorgen zu machen.

Jetzt ist die Zeit dafür, dass du aus der Ohnmacht in deine *eigene* Macht kommst und über dein eigenes Leben *selbst* bestimmst. Nur dann ist Schluss damit, ein abhängiges und fremdbestimmtes Leben zu führen. Stachle dich notfalls selbst immer wieder auf: "Mit mir nicht mehr! Die Zeiten sind vorbei!" und zeig Machtspielern und Narzissten künftig die Rote Karte.

Bedürftig sein - Ursachen

Schlagen wir im Duden nach, finden wir unter "Bedürftigkeit" die Definition "Mangel leidend".

Die Frage ist also: An welchem Mangel leidest du als Bedürftige? Oder auf das ganz am Anfang erwähnte Beispiel bezogen: Was fehlt dir derart, dass du dich so behandeln lässt? "Weil ich ihn liebe" - sagte ich schon - ist die falsche Antwort genauso wie die Tatsache, dem anderen laufend die Schuld zuzuschieben und ihn dafür verantwortlich zu machen, dass es *dir* schlecht geht.

Dass jemand Dinge (freiwillig) erduldet, bei denen er sich schlecht fühlt, sich klein und dumm vorkommt oder er sich emotional bzw. sogar physisch verletzen lässt, hat vielerlei und tiefere Ursachen. Diese sind individuell und liegen meist weit in der Vergangenheit. Darauf im Detail einzugehen, würde den Rahmen dieses Buches sprengen.

Grundsätzlich und kurz zusammengefasst sind die fünf Hauptursachen:
- mangelndes Selbstbewusstsein
- geringes Selbstwertgefühl
- wenig Selbstliebe (nicht zu verwechseln mit Egoismus!)
- daraus resultierende Angst vor Ablehnung sowie
- anerzogene bzw. erlernte Verhaltens- und Reaktionsmuster.

Trifft eine oder mehrere dieser Ursachen zu, führt das (ob nun in Liebes- oder auch in zwischenmenschlichen

Beziehungen) zu Verhaltensweisen, die sogar die tollste Beziehung zum "perfekten" Partner belasten und ggf. sogar ruinieren können.

Egal was dir der andere nämlich gibt, es wird nie genug sein - so, wie das Wasser der vorbeiziehenden Beduinen auf ihren Kamelen in der Wüste. Du wirst immer mehr brauchen, aus Angst, wieder im Mangel leben zu müssen.

Genau *diese* Angst, nicht genug von etwas zu bekommen - sei es nun Liebe, Aufmerksamkeit, Anerkennung, Achtung, Respekt, Zuspruch o. a. - ist es, die dich in die Bedürftigkeit drängt. Bekommst du nicht das, was du so dringend brauchst, fühlst du dich ungeliebt, abgelehnt, ungerecht behandelt, nicht respektiert, bevormundet oder mangelhaft. Vor allem aber fühlst du dich hilflos und ausgeliefert.

Aus diesem Grund wirst du alles tun, damit du das bekommst, was du so dringend brauchst. Du drehst dich wie ein Fähnchen im Wind, je nachdem, was der andere sagt, tut, wünscht. Du änderst deine Meinung laufend, weil du sie der des anderen anpasst. Du unterdrückst deine eigenen Wünsche, um dem anderen gefällig zu sein und ihm seine zu erfüllen. Du wirst weiterhin Aufmerksamkeit, Bestätigung, Anerkennung suchen, weil du sie dir selbst nicht geben kannst und sie daher von anderen brauchst. Du wirst dich ständig selbst unter Druck setzen, so zu sein, wie der andere es gerne hätte. Nur dann, so hoffst du, gibt er dir, was du brauchst und liebt dich.

Das hat aber überhaupt nichts mit Liebe zu tun. Das ist lediglich ein Tauschhandel, so wie etwa beim Bäcker. Willst du von ihm ein Brötchen, musst du ihm dafür auch etwas geben, nämlich Geld. Gibst du ihm Geld, gibt er dir das gewünschte Brötchen. Gibst du ihm keines, bekommst du von ihm auch nichts.

Wenn dir dein Bäcker ein Brötchen gibt, nachdem er dein Geld kassiert hat... Glaubst du, dass er dich deswegen liebt? Oder liebst du ihn deswegen? Wohl kaum. Jeder von euch beiden hat etwas bekommen und im Tausch dafür etwas gegeben. Liebe braucht es dazu nicht, nur zwei Menschen, die etwas haben wollen, um einen Mangel bei sich auszugleichen. Du hast zwar Geld, aber dir "mangelt" es an Nahrung. Der Bäcker hat zwar Brötchen, aber ihm "mangelt" es an Geld. Ihr tauscht also nur, um den jeweiligen Mangel bei euch zu beseitigen. Mehr nicht.

Nun stell dir folgende Situation vor:

Du wünschst dir nichts so sehr wie eine harmonische Partnerschaft. Wenn zwischen dir und deinem Partner alles glatt läuft und harmonisch ist, geht es dir gut. Herrscht jedoch Streit oder Unfrieden, fühlst du dich schlecht, unverstanden und ungeliebt. Dein Partner ist allerdings sehr dominant und verabscheut Widerspruch. Nur das, was er will, ist wichtig. Bist du anderer Meinung, stellst dich quer oder widersprichst, wird er ungehalten oder "bestraft" dich mit emotionaler Kälte und Ignoranz.

Was tust du als Bedürftige, die zu ihrem Wohlbefinden, ihrem Glück und dem ersehnten "Ich werde geliebt"-Gefühl Bestätigung und Anerkennung von ihm braucht? Du wirst ihm recht geben, zustimmen und nach seiner Pfeife tanzen... auch wenn du es eigentlich gar nicht möchtest. Aber noch weniger willst du Disharmonie und abgelehnt oder gar ignoriert werden.

Es ist im Grunde ein und dieselbe Situation wie beim Bäcker: Das Brötchen, das du haben möchtest und dein Partner im Angebot hat, heißt Zuneigung und Harmonie. Dafür musst du ihm aber den Kaufpreis - nämlich Gehorsam und Zustimmung - geben. Gibst du es ihm nicht, bekommst du auch dein Brötchen nicht.

Einen Unterschied gibt es aber bei dieser Art Tauschhandel, und zwar schon, *bevor* du dich darauf einlässt, nämlich deine Ausstrahlung:

Ein Mensch, der sich hilflos, unterdrückt, ungeliebt und unsicher fühlt, strahlt genau das auch aus über seine Gestik, Mimik und Körpersprache, aber auch durch seine Stimme, seine Wortwahl und seine Sprache. Deine Wortwahl kannst du noch beeinflussen, deine Körpersprache jedoch kaum. Sie läuft automatisch und völlig unbewusst ab und strahlt (nicht nur für den, der sie exakt zu deuten weiß) Unterwürfigkeit und damit Bedürftigkeit aus.

Menschen, die sich ständig *schlecht behandeln lassen* und es anderen erlauben, befinden sich *immer* in einer Opferhaltung. Opfer fühlen sich dominiert, von anderen beherrscht und hilflos.

Menschen, die *andere schlecht behandeln*, befinden sich *immer* in einer Machtposition. Sie fühlen sich stark und anderen überlegen. Wie Füchse, die im Wald die Witterung eines Kaninchens aufnehmen, "riechen" sie ein potenzielles Opfer schon von Weitem. Solange sie ihr Opfer dominieren können, fühlen sie sich gut und alles läuft nach ihren Wünschen. Jemand, der ihnen dagegen Kontra bietet, z. B.

durch selbstbewusstes Auftreten, ist für sie ein Ärgernis und für ihren Machtanspruch uninteressant. Sie werden sich also schnellstens auf die Suche nach einem "passenderen" Opfer machen, das sich ihnen unterwirft und das sie dominieren können.

Bedürftig zu sein ist vor allem eine "Spezialität" der Frauen. Völlig unbewusst fügen sie sich in die gängigen Klischees der Gesellschaft ein, die in großen Teilen trotz allem (inoffiziell) noch vorhanden sind, vor allem bei den "älteren" Generationen:
Frauen tun dies nicht, Frauen tun das nicht. Frauen sollen nicht widersprechen. Frauen sollen sich fügen. Frauen sollen sich zurückhalten. Frauen sollen Männer die Starken sein lassen. Frauen sollen dies tun und Frauen sollen jenes lassen. Warum? Um liebenswert und vor allem weiblich zu wirken.

Dagegen ist ja grundsätzlich nichts zu sagen. Welche Frau wünscht sich nicht, liebenswert und weiblich zu wirken? Sich aber diesen längst überholten Klischees aus den 50er, 60er Jahren heute noch zu unterwerfen, lässt Frauen aber nur in eine Richtung wirken: schwach, unterlegen, klein und bedürftig. Dadurch sind sie keineswegs erwachsene, selbstständige Frauen, sondern allenfalls Weibchen, die sich fügen und zum Spielball machen lassen.
Das Gesellschaftsbild hat sich seitdem massiv gewandelt. Frauen sind nicht mehr das Heimchen am Herd, das sich nur um Haushalt und Nachwuchs kümmert.
Mit Sicherheit gibt es genügend Männer, die diesen Frauentyp bevorzugen. Solche Frauen sind nämlich pflegeleicht - für Mann zumindest. Frauen, die der Meinung

sind, lieber alles Mögliche zu erdulden als alleine zu sein, gibt es sicher auch mehr als genug. Ob sie allesamt damit glücklich sind, steht auf einem anderen Blatt. Dauerhafte, wirklich schöne Beziehungen hat nämlich keiner von ihnen, wenn sie ehrlich wären und es zugeben würden.

Sich jahrelang oder gar über Jahrzehnte hinweg schlecht behandeln und herumkommandieren zu lassen, hinterlässt Spuren. Mit der Zeit werden diese Frauen unzufrieden und gefrustet. Weil es mit Liebe und Beziehung nicht so ganz klappt, suchen sie sich Ersatzbefriedigungen: Putz- oder Kaufsucht, Frustessen, im Selbstmitleid baden, Depressionen, Dauernörgeln, Männerhass u. v. m. Nur um eines kümmern sie sich meist nicht, nämlich um sich selbst. Selbstvertrauen, Selbstbewusstsein, Selbstwert, Selbstliebe - alles absolute Fehlanzeige. Stattdessen ziehen sie sich einen extremen Feminismus an wie andere einen Mantel und mutieren zum weiblichen Pendant eines Machos. Doch selbst das täuscht nicht darüber hinweg, sondern bestätigt ihre Bedürftigkeit nur umso mehr.

Dabei muss es sich keineswegs nur um "Liebesbeziehungen" handeln. All das gilt auch für sonstige Beziehungen zwischenmenschlicher Art, ob nun innerhalb der Familie oder zu Freunden und Bekannten. Immer dort, wo wir unsere Zeit mit anderen Menschen teilen, können wir ebenfalls auf Machtspieler treffen. Wenn ich also "Partner" schreibe, meine ich damit jeden Gesprächs- und Kontaktpartner und nicht ausschließlich den Liebespartner, auch wenn gerade hierbei die "Bedürftigkeitskarte" besonders und vor allem besonders häufig ausgespielt wird.

Je weniger sich die Betroffenen um die Ursachen ihrer Bedürftigkeit kümmern, umso mehr "verbiegen" sie sich und tun alles dafür, akzeptiert und geliebt zu werden. Der Grund dafür ist, dass sie sich darüber die Anerkennung und Wertschätzung holen, die sie sich selbst nicht geben (können) und umso dringender von anderen brauchen. Sie machen sich, d. h. ihren Gemütszustand und ihr Wohlbefinden, von anderen abhängig und befördern sich selbst tiefer und tiefer in die Bedürftigkeit.

Selbstliebe und Egoismus - Das Gleiche oder doch nicht?

Häufig werden beide Begriffe in einen Topf geworfen. Viele behaupten, die Bezeichnung *Selbstliebe* wäre nur eine beschönigte Bezeichnung von Egoismus. Das stimmt jedoch nicht. Selbstliebe ist *nicht* das Gleiche wie Egoismus. Zwischen beidem gibt es einen riesigen Unterschied.

Wer aus **Selbstliebe** Grenzen zieht, Nein sagt, seine Wünsche und Bedürfnisse befriedigt haben möchte, wird zwar alles ihm Mögliche dafür tun, doch er wird dabei *niemals* rücksichtslos sein und auch *niemals* anderen Menschen schaden. Ein Mensch mit Selbstliebe respektiert andere Menschen genau so, wie er sich selbst respektiert. Er hat verstanden, dass jeder - nicht nur er selbst - seine ganz persönlichen Probleme und auch ganz persönlichen Grenzen hat, und er achtet diese.

Ein **egoistischer** Mensch dagegen sieht nur seinen eigenen Vorteil, andere Menschen sind ihm mehr oder weniger egal. Wenn sie seinen eigenen Zielen im Weg stehen, geht er völlig rücksichtslos vor und wird andere manipulieren. Er nimmt ohne schlechtes Gewissen in Kauf, dass er ihnen Schaden zufügt. Für ihn zählt nur er selbst, nichts und niemand anderes. Solange er seine Ziele, Wünsche und Bedürfnisse erreichen bzw. befriedigen kann, ist ihm dazu jedes Mittel recht. Wenn andere dabei zu Schaden kommen oder benachteiligt werden, ist ihm das egal, Hauptsache, er bekommt, was er haben möchte.

Warum Selbstbewusstsein so wichtig ist

Selbstbewusstsein geht immer Hand in Hand mit Selbstwert und Selbstliebe. Wem eines dieser drei Dinge fehlt, dem fehlen automatisch auch die anderen beiden. Wieso?

Wer sich selbst mag und mit allen Stärken und Schwächen voll und ganz akzeptiert (= Selbstliebe), weiß, dass er ein wertvoller und liebenswerter Mensch ist. Er gibt sich genau die hohe Wertschätzung (= Selbstwert), die er verdient. Er ist stolz darauf, er selbst zu sein. Und all dessen ist er sich selbst bewusst (= Selbstbewusstsein).

Selbstbewusstsein, Selbstwert und Selbstliebe - die "magischen 3 S". Deine Bedürftigkeit steht und fällt damit, wie groß sie bei dir sind.

Anders ausgedrückt: Je mehr du dir von den "magischen 3 S" aneignest, umso mehr nimmt deine Bedürftigkeit ab. Alle Probleme sind damit zwar nicht gelöst, nicht auf Anhieb. Aber das Gute daran ist, dass du dann viel einfacher in der Lage bist, diese in Angriff zu nehmen.

Wem die "magischen 3 S" fehlen,
- zweifelt ständig an sich selbst
- hält sich selbst für minderwertig und voller Fehler
- ist davon überzeugt, nicht liebenswert zu sein
- lebt ständig in der Angst vor Ablehnung
- traut sich selbst nichts zu
- macht sich über andere bedeutend mehr Gedanken als über sich selbst
- lässt sich von anderen schlecht behandeln

- verzichtet lieber auf seine Wünsche und Ziele, weil ihm der "Kampf" ohnehin aussichtlos scheint
- glaubt, dass alle anderen besser sind als er selbst, und zwar in jeder Hinsicht
- ergibt sich klagend den Problemen des Lebens
- ist mit sich selbst unglücklich und unzufrieden
- hat panische Angst davor, allein zu sein und zu bleiben
- geht gerne falsche und ungute Kompromisse ein: "Lieber das als gar nichts"
- richtet sich immer nach den anderen
- kümmert sich nicht um sich selbst und um seine eigenen Wünsche, Ziele und Bedürfnisse
- lässt sich meist aus- und benutzen
- fühlt sich anderen gegenüber macht- und hilflos
- macht sich selbst, seine Stimmung, Laune und Gefühle von anderen abhängig

u. v. m.

Auf diese Weise wirst du *immer* die Verantwortung für dich und dein Leben an andere abgeben und lässt dich von ihnen beeinflussen und bevormunden. Glücklich sein wirst du aber nicht. Du wartest nur darauf, dass andere dir einen Grund dazu geben, wie etwa: *"Wenn mein Partner mich gut behandelt und aufmerksam ist, dann kann ich glücklich sein".* In allem, was du tust, bist du den anderen auf Gedeih und Verderb ausgeliefert. Alles hängt nur von ihnen ab.

Alleine zu sein, sprich ohne Partner an deiner Seite, setzt du mit Einsamkeit gleich. Ein Leben *ohne* Partner ist für dich sinnlos, ohne Freude und Liebe. Zugegeben, für manche Dinge ist ein Partner schon notwendig. Du kannst dich selbst nicht wirklich in den Arm nehmen. Tanzen und Sexualität nur mit dir selbst ist zwar durchaus machbar, aber keine Lösung auf Dauer. Viele Dinge machen zu zweit vielleicht einfach mehr Spaß, so z. B. Urlaub oder Unternehmungen in der Freizeit. Verabschiede dich aber von der Vorstellung, dass sie *ohne* Partner *unmöglich* sind. Es gibt Freunde, Bekannte, Familie oder auch dich selbst. *"Ja, aber..."*

STOPP! Nicht protestieren! Diese ganzen Dinge machen alleine, also nur mit dir selbst *ebenfalls* Spaß, nur
- bist du als Bedürftige durch und durch davon überzeugt: "Das geht nur zu zweit!"
- bist du als Bedürftige zu ängstlich, um es zu probieren.
- fehlt dir als Bedürftige die Motivation dazu.

Du warst schon mal alleine im Urlaub und es hat keinen Spaß gemacht? Dann frag dich mal, wieso. Bist du lustlos herumgesessen, hast dabei neidisch auf Pärchen geschielt und dich dann kräftig im Selbstmitleid gebadet?
Auf *diese Weise* macht es *natürlich* keinen Spaß. Mit einer gehörigen Portion der "magischen 3 S" wärst du die Sache ganz anders angegangen.

Mal so als Beispiel ein paar Gedanken zum Thema "Urlaub alleine mit dir selbst":

OHNE die "magischen 3 S"
- Ich bin ganz alleine, fühle mich unter all den Menschen einsam und ausgegrenzt und mir macht nichts Spaß.

- Es ist langweilig und niemand kümmert sich um mich.
- Wäre ich nur zu Hause geblieben.
- Was für ein besch... Urlaub.
- Die anderen haben alle Spaß und ich kann nur dabei zusehen.

MIT den "magischen 3 S"

- Ich kann all das tun, worauf ich gerade Lust habe und muss keine Kompromisse eingehen.
- Ich habe die Möglichkeit, neue Kontakte zu knüpfen und andere, neue Leute kennenzulernen.
- Ich brauche auf niemanden Rücksicht nehmen und kann tun, wonach mir ist.
- Ich kann völlig spontan und planlos das unternehmen, was ich will und habe die Chance, mal ganz neue Erfahrungen zu machen oder was Neues auszuprobieren.

Fällt dir was auf?

Ohne die "magischen 3 S"

bist du introvertiert, lebst entweder in der Vergangenheit ("Zu der Zeit, als ich noch einen Partner hatte, war alles viel schöner") oder in der Zukunft ("Wenn ich mal wieder einen Partner habe, dann kann ich auch..."). Du hast zu nichts wirklich Lust und siehst überall nur Hindernisse und Probleme: "Ich kann mich den anderen doch nicht aufdrängen", "Die wollen sicher alleine sein", "Was denken die wohl über mich, wenn ich abends alleine in die Strandbar gehe?" usw.

Kurz gesagt, du redest dir selbst alles schlecht, (er-)findest für alles Ausreden, warum etwas nicht geht, bleibst passiv und vermiest dir selbst die Laune.

Mit den "magischen 3 S"

bist du nicht nur extrovertierter, du lebst im Augenblick ("Ich habe jetzt Urlaub und den genieße ich in vollen Zügen"). Du bist frei von Erwartungen, so z. B. dass andere dich bespaßen müssen. Du bist motiviert, unternehmungslustig, guter Dinge und siehst deine (positiven) Chancen und Möglichkeiten. Und vor allem, du bist *aktiv* und *machst einfach*!

Ein Single *mit* den "magischen 3 S" ist vielleicht auch nicht den ganzen Urlaub über mit anderen Menschen zusammen, sondern zieht sich zwischendurch mal zurück und verbringt einen Tag ganz alleine am Pool oder auf dem Zimmer. Dann allerdings, weil es *sein eigener Wunsch* ist und er die Stille und Ruhe genießt.

Tust du all diese Dinge auch als Bedürftige *ohne* die "magischen 3 S"?

Tschüss, Bedürftigkeit – Hallo, "magische 3 S"

Wenn es um Veränderung von Gewohnheiten geht, gibt es keine Knopfdrucklösungen, auch wenn das viele gerne so hätten. Jede Gewohnheit ist auch Routine. Je länger du sie mit dir herumschleppst und ihr frönst, umso unbewusster und automatischer läuft sie ab. Du bemerkst es kaum (mehr), so wie etwa ein Virenschutzprogramm auf dem PC. Es läuft immer im Hintergrund, völlig unbemerkt, bis es eine Bedrohung entdeckt. Dann blinkt sofort der Alarm. Hier bleibt dir im Grunde nichts anderes übrig, als sofort zu handeln und den Virus zu löschen.

Blinkt der "Alarm" bei dir auf, d. h. dein innerer Schweinehund (der Veränderungen überhaupt nicht mag) jault lauthals auf, weil dir eine alte Angewohnheit so richtig bewusst wird und/oder du sie beseitigen möchtest, sieht es mit dem Handeln meist etwas anders aus.

Gewohnheiten beziehen sich jedoch nicht nur auf Dinge wie Rauchen, Essen, Kleidung usw. Sie schleichen sich auch in anderen Bereichen ein, so etwa in der Art zu denken. Ob nun negatives oder positives Denken, beides kann sich zur Gewohnheit entwickeln.

Eine Bedürftige steht *immer* auf der Seite des negativen Denkens. Es zieht sich durch jede Faser ihres Körpers. Sich ständig nur mit Ängsten zu beschäftigen, mit Mängeln, Schwächen, Fehlern, Ablehnung, Wertlosigkeit, Abhängigkeit und Zweifeln ist typisch für negatives Denken und führt in der Folge nur zu weiteren negativen Gedanken. Zu viele davon bringen nichts als Unlust, Traurigkeit,

Hoffnungslosigkeit, Frust, Neid, Depressionen bis hin zu Hassgefühlen. Hass auf dich selbst, auf die anderen und die ganze Welt.

Auch positives Denken kann zur Gewohnheit werden. Damit meine ich jetzt keineswegs, dass jemand rund um die Uhr mit einem dümmlichen Dauergrinsen herumläuft, alles nur rosarot sieht und ständig Halleluja und Hosianna singt. Das alles ist lediglich Show und Unsinn.

Positives Denken, *richtig* angewandt, ist etwas ganz anderes. Wer positiv denkt, hat es sich zur Gewohnheit gemacht, sich auf der "hellen" Seite zu bewegen.

Das heißt, er rechnet mit für ihn positive Ergebnisse, ist motiviert und tut sein Möglichstes, dass es auch eintrifft. Probleme oder Hindernisse sieht er als Herausforderung an, die er meistern kann, sieht die Erfahrung, die er damit machen und aus der er für die Zukunft lernen kann. Er konzentriert sich dabei auf die Lösung, nicht auf das Problem als solches. Niederlagen strecken ihn nicht (oder allerhöchstens nur kurzfristig) nieder. Sie spornen ihn an, es noch mal zu versuchen und ggf. sogar noch ein paar Mal, solange eben, bis es klappt. Aufgeben gibt's nicht. Für ihn sind Niederlagen ein Anreiz, alles nochmals genau zu prüfen, daraus zu lernen und es beim nächsten Mal besser zu machen.

Vor allem haben gewohnheitsmäßige Positivdenker (auch Optimisten genannt) mehr Spaß *zwischen* den Problemen, die auch bei ihnen auftauchen. Sie beschäftigen sich *nicht* damit, neidvoll und eifersüchtig auf andere zu schielen, sich mit ihnen zu vergleichen und Wut oder gar Hass auf diese zu schüren. Sie verbringen auch *nicht* die ganze Zeit zwischen den Problemen in Angst vor einer möglichen, drohenden Katastrophe und auch *nicht* mit dem Erdenken von etwaigen Horrorszenarien.

Sie beschäftigen sich nämlich mit einem Problem erst in *dem Moment*, in dem es *auftaucht* und *nicht* schon ewig vorher. Dadurch können sie besser planen und damit auch häufig Probleme schon im Vorfeld vermeiden. Ihr Kopf ist frei von Angst, Drama und Horror und kann sich auf die aktuellen Dinge konzentrieren. Ihnen sind ihre Zeit, ihre gute Laune und ihr angenehmes Lebensgefühl viel zu wertvoll, als all das mit möglichen Schreckensvisionen zu vergeuden.

Doch zurück zu den Gewohnheiten. Du musst immer Zeit und Konsequenz investieren, damit du sie ein für alle Mal vertreiben kannst. Schon klar, das ist anstrengend und nervig. Es kostet auch jede Menge Überwindungskraft.

Wenn du deine Bedürftigkeit jedoch abbauen willst, brauchst du von diesen drei Dingen - also Zeit, Konsequenz und Überwindungskraft - umso mehr. Du veränderst dabei nämlich nicht nur dein Denken, sondern auch dein Verhalten und die daraus resultierenden Handlungen.

Natürlich wird dich die Angst, die sich wie ein dauerhafter Untermieter bei dir eingenistet hat, zuerst festhalten wollen. Logisch, oder? Bei Veränderungen weiß ja keiner so genau, was passiert, vor allem danach. Das Bisherige ist vielleicht alles andere als schön, doch du kennst es bereits und bist daran *gewöhnt*. Du kannst also in etwa abschätzen, wie dein Partner und auch andere Menschen reagieren, wenn du alles beim Alten belässt.

Die Chancen, dass es *nach* einer Veränderung besser wird, stehen nüchtern betrachtet immer 50 : 50. Garantie bekommst du von niemandem. Was also, wenn es *nach* der

Veränderung nicht besser, sondern noch schlechter wird? Die Angst schüttelt dich kräftig durch, wird größer und größer und sie lässt dich beinahe in Panik ausbrechen. Verständlich und nachvollziehbar.

Trotzdem brennt in dir der Wunsch nach einer Verbesserung. Du willst endlich glücklich sein und eine schöne Partnerschaft führen, oder etwa nicht? "Ja, aber..." Stimmt's? Wäre deine pfeilschnelle Antwort ein überzeugt-energisches "Ja, ich will!" gewesen, es würde mich überraschen. Denn in *dem* Fall wärst du vielleicht bislang etwas unmotiviert oder zögerlich, aber keinesfalls bedürftig.

Aus eigener Erfahrung weiß ich, wie schwierig es ist, sich den allerersten Tritt in die "Ja, ich will, und zwar ohne Wenn und Aber"-Richtung zu verpassen. Ich selbst musste mir vor vielen Jahren selbst immer wieder eine imaginäre Mistgabel mit voller Wucht in den Allerwertesten rammen, um endlich diese Veränderung in Angriff zu nehmen: raus aus der Bedürftigkeit und rein in die "magischen 3 S". Auch bei mir hat es gedauert und gedauert und gedauert.

Geholfen hat mir dabei nur eines: Meine ureigene Sturheit. Mir wurde nach langer Zeit des mich Selbstbemitleidens und Jammerns nämlich plötzlich eines klar: Stur sein ist keineswegs immer schlecht, sondern nur dann, wenn man es falsch anwendet.

Sturheit beinhaltet immer auch Unnachgiebigkeit, Hartnäckigkeit und Uneinsichtigkeit. Das sind ja lauter negative Dinge? Kommt darauf an. Wenn man sie von der *richtigen* Seite betrachtet und anwendet, dann nicht.

Wenn du z. B. deine Angst überlisten willst, um die gewünschte Veränderung bei dir zu beginnen, pusche deine Sturheit bis Ultimo!

Sei unnachgiebig!

Richte deinen Blick auf dein Ziel, das da lautet: *raus aus der Bedürftigkeit und rein in die "magischen 3 S"*. Lass deine Angst brüllen und jaulen. Lass deinen inneren Schweinehund winseln. Lass dein Kopfkino des altbekannten Negativdenkens dir den x-ten, blutrünstigen Horrorfilm deiner vermeintlichen Zukunft zeigen. Lass die Welt zusammenbrechen. Egal was auch immer dich von deinem Anfang abhalten will: *Sei unnachgiebig!*

"Ich fange damit an, egal was ihr (= Angst, Schweinehund und Kopfkino) mir vormachen und erzählen wollt. Ich gebe keine Ruhe, bis ich mein Ziel erreicht habe. Mag ich auch hundert Mal hinfallen, ich stehe hundertundein Mal auf. Nichts und niemandem gestehe ich das Recht zu, mich aufzuhalten! Liebe Angst, lieber Schweinehund, liebes Kopfkino: Spart euch den ganzen Aufwand, mich zu überzeugen. *Ich gebe nicht nach* und schon gar nicht *auf!* Basta!"

Sei hartnäckig!

Selbst wenn dich ab und an der Unmut packt, der Pascha an deiner Seite noch zickiger als sonst ist und dir ein *"Vielleicht sollte ich doch lieber aufgeben"* durch den Kopf geistert: *Bleib hartnäckig!*

Ruf dir in diesen Augenblicken immer wieder in den Kopf: Du nimmst all das auf dich und in Kauf, um endlich ein freies, selbstbestimmtes Leben zu führen! Du willst ankommen bei den "magischen 3 S" und damit auch Stück für Stück in Glück, Zufriedenheit, Spaß, Liebe, Beziehung! Die Zeiten der Bedürftigkeit sind vorbei. Schluss damit!

Schwinge notfalls - so wie ich damals - in Gedanken eine riesige Mistgabel und jage sie dir voller Schwung in den Allerwertesten, bis du nicht mehr sitzen kannst - in Angst, Mutlosigkeit und Zweifeln.

Trichtere dir selbst ein: "Ich bleibe dabei: Ich will ein freies, selbstbestimmtes und glückliches Leben führen und deshalb bleibe ich so lange hartnäckig, bis ich mein Ziel erreicht habe!" Trichtere es dir so lange ein, bis man dich nachts um vier wecken kann und du es wie automatisch runterratterst.

Bleib uneinsichtig!

Wenn dir Angst, Schweinehund und Kopfkino wieder im Chor die alte Leier vorsingen: "Du gehst so ein riesiges Risiko ein. Du wirst sicher einsam sein, niemand ist für dich da und alles wird nur viel, viel schlechter werden, wenn du damit weitermachst." - *Bleib uneinsichtig!*

Deine Antwort auf ihren Gesang könnte lauten:

"Ich habe mein Ziel ganz glasklar vor Augen und ich weiß genau, was ich tue. Also haltet einfach die Klappe und erzählt euren Unfug jemandem, den es interessiert. *Mich* interessiert euer Geschwafel nämlich *nicht*! Egal was ihr faselt, ich bleibe eurer Unkerei gegenüber uneinsichtig!"

Sturheit ist also keineswegs immer ein "negativer" Charakterzug. Bislang hast du sie hauptsächlich dafür verwendet (wenn auch unabsichtlich und unbewusst), um deine Bedürftigkeit zu "pflegen". Nun drehst du lediglich den Spieß um und wendest die gleiche Sturheit darauf an, aus dieser vermaledeiten Bedürftigkeit herauszukommen!

Setz dich aber *nicht* unter Zeitdruck. Gib und nimm dir genügend Zeit. Sobald du anfängst, dir ein Zeitlimit zu setzen oder dich gar zu hetzen, geht der Schuss nach hinten los. Du wirst ungeduldig, willst endlich Resultate sehen, ärgerst dich über dich selbst (weil du nicht schnell genug bist) und landest prompt wieder dort, wo du bislang warst und partout *nicht mehr* hin willst: In Selbstzweifeln und deinen bisherigen Mantras: "Ich bin zu unfähig dazu" oder "Ich schaffe überhaupt nichts ", "Ich bin zu allem zu doof" usw. usw.

Dein Vorsatz, bis wann du aus der Bedürftigkeit herausgetreten bist, lautet:
"Ich nehme mir für jeden einzelnen Schritt so viel Zeit, wie ich brauche. Und ich nehme mir dafür so lange Zeit, bis ich jeden Schritt mit Leichtigkeit gehen kann."
Und schwups! Die Selbstzweifel haben keine Chance mehr!

Trotz aller guten Vorsätze zum Trotz wird irgendwann das Gejaule von Angst und Schweinehund mal besonders laut und der Horrorfilm im Kopfkino besonders gruselig. Dann schleicht sich sicherlich das eine oder andere Mal ein "Ja, ich will doch, aber..." auf Samtpfoten an. Was tun? Keineswegs mit dir selbst hadern oder dich gar beschimpfen! Mach etwas anderes. Unterhalte dich mit diesen falschen "Freunden" und wasche ihnen dabei gehörig das Köpfchen:

"Ja, vielleicht habt ihr recht mit eurer Unkerei, vielleicht aber auch *nicht*. Das werden wir erst dann herausfinden, wenn ich mein Ziel erreicht habe. Wenn ihr mir bis dahin nichts Neues zu erzählen habt als den alten, immer gleichen Bockmist, dann haltet einfach die Klappe und stört mich nicht. Je weniger ihr mich belästigt, umso schneller komme ich vorwärts und umso schneller finden wir heraus, wer von uns recht hat. Nun verschwindet und lasst mich weiterarbeiten!"

Leg dir ein Erfolgstagebuch zu!

Notiere dir zusätzlich in einem Heft, Ringbuch o. ä. jeden noch so winzigen Erfolg und Fortschritt, z. B.

- Heute zum 1. Mal Nein gesagt!
- Habe meine Angst überwunden und mich geweigert
- Das Nein fiel mir heute schon etwas leichter
- Fühle mich etwas besser und hoffnungsvoller

usw. usw.

Was dort *nicht* hineingehört, sind Dinge, die dich *demotivieren* könnten, z. B. dass der Pascha auf dein erstes Nein wahnsinnig zickig reagiert und drei Tage lang kein Wort mehr mit dir gesprochen hat.

Er hat in diesem Erfolgstagebuch nichts, aber auch gar nichts zu suchen und auch sonst niemand. Darin stehen *nur deine* ganz persönlichen Erfolgserlebnisse, die *du* auf dem Weg aus der Bedürftigkeit erlebt hast.

Schreib dir auch deine (positiven!!!) Gefühle dazu auf:
- Bin unheimlich stolz auf mich, dass ich...
- Was für eine Erleichterung! Ich habe tatsächlich...

usw. usw.

Klar kannst du dir solche Dinge auch merken. Wozu also der Aufwand mit *Aufschreiben*? Ganz einfach: Zum einen, damit du immer wieder nachsehen kannst, was du schon erreicht hast und zum anderen, um dich damit selbst zu motivieren.

Selbstmotivation

Wenn du ohnehin schon am Schreiben und Listen machen bist, mach dir gleich noch eine. Erstelle dir eine Zwischenzielplanung, allerdings *ohne* Zeitangaben, dafür *mit* einer "Belohnung", *die du dir selbst erfüllst*, wenn du ein Zwischenziel erreicht hast! Das motiviert unglaublich!

Solche Zwischenziele mit Belohnung könnten z. B. lauten:
- Fünf Mal Nein gesagt! - Ich leiste mir den größten Eisbecher im Eiscafé.
- Zehn Mal Nein gesagt! - Ich genehmige mir ein Schaumbad mit echten Rosenblättern, Rosenöl und einem Glas Prosecco.
- Zwanzig Mal Nein gesagt! - Ich leiste mir einen Besuch im Nagelstudio / bei der Kosmetikerin.

Lass dir was einfallen! Was macht dir persönlich Spaß? Womit könntest *du dir selbst* eine Freude machen? Schreib es dir auf, führe deine Strichliste und dann mach dir die Freude! Es können lauter Kleinigkeiten sein, es muss auch nicht immer viel kosten (s. o.). Such dir etwas aus, das in deinen finanziellen Rahmen passt. Völlig egal, was es ist, solange du *dir selbst* für *dich selbst* etwas Gutes tust.

Es wird dir nicht nur Spaß machen und dich anstacheln, das kleine Zwischenziel zu erreichen und dich für die Zukunft motivieren, sondern dich - wenn du all die inzwischen abgehakten, erreichen Zwischenziele ansiehst - auch wahnsinnig stolz auf dich selbst machen. Stolz auf deine eigene Leistung zu sein ist schon mal ein kleiner Bestandteil der "magischen 3 S". Damit bist du auf dem besten Wege, mit der Zeit an dein großes Schlussziel zu kommen: *raus aus der Bedürftigkeit und rein in die "magischen 3 S"!*

Kleine, abschließende Anmerkung

Im folgenden Text tauchen drei Typen Mann auf: "normale" Männer, Machtspieler und Narzissten.

Die Bezeichnung **"normale" Männer** ist keineswegs als Be- oder Abwertung gedacht. Ich meine damit lediglich all *die* Männer, die weder Machtspieler noch Narzissten sind.

Machtspieler sind solche, die einfach ein übersteigertes, männliches Ego haben (z. B. Machos) und/oder ein sehr dominantes, herrschsüchtiges Naturell.

Narzissten sind die kompliziertere Variante, denn Narzissmus als solches wird meist aus psychologischer Sicht als Persönlichkeitsstörung gesehen. Die hauptsächlichen und überwiegenden Probleme bzw. Merkmale dieser Menschen in ihrem Umgang mit anderen sind im kurzen Überblick:

- Sie sind überwiegend auf sich selbst bezogen.
- Sie sind höchst intolerant.
- Sie sind extrem eifersüchtig auf alles und jeden, das ihnen die geforderte Aufmerksamkeit entziehen könnte.
- Sie nehmen in Beziehungen nur, der Partner ist alleine der gebende Part.
- Sie sind unfähig zu Empathie oder nur in äußerst geringem Umfang.
- Sie brauchen ständige (positive) Bestätigung von anderen.
- Sie haben so gut wie kein Selbstwertgefühl.
- Sie werten andere laufend und gerne ab, um sich selbst dadurch aufzuwerten.

All diese Dinge treten bei Narzissten *im Extrem und ununterbrochen* auf.

Liebe - oder das, was sie darunter verstehen - geben sie lediglich, nur um ihrerseits "geliebt" zu werden. Das ist für sie gleichzusetzen mit "auf einen Sockel gehoben zu werden". Der Partner hat den Narzissten quasi als Nonplusultra und "gottähnliches Wesen" zu akzeptieren und ihn entsprechend zu behandeln.

Eine "echte" Beziehung ist mit einem Narzissten nicht möglich, ohne dabei selbst emotional zugrunde zu gehen.

Wie bereits ganz am Anfang des Buches erwähnt: Auch wenn ich hier nur die männliche Form erwähne, alles ist für beide Geschlechter gültig.

Weiterführende Infos zu Narzissten und Narzissmus gibt es in einschlägiger Literatur und/oder im Internet.

19 Schritte, um nicht mehr bedürftig zu wirken... und zu sein

Die Wirkung, die du auf andere hast, bestimmt die Art und Weise, wie sie dich behandeln.

Der Schlüssel, um diese Wirkung zu verändern, liegt aber *nicht* in einer aufgesetzten Maske samt gut abgelieferter Show. Damit kannst du vielleicht das eine oder andere Mal ein bisschen punkten, auf die Dauer jedoch nicht, weil du immer wieder in dein altes Muster verfallen wirst.

Er liegt auch nicht in einer Knopfdrucklösung, die sich von heute auf morgen einfach so aus dem Ärmel schütteln und umsetzen lässt. Um *wirklich* deine Wirkung und damit Ausstrahlung auf andere zu verändern, ist eines notwendig: die Arbeit an dir selbst.

Du kannst nur dann anders wirken, wenn du anders bist. Anders sein kannst du nur dann, wenn du etwas anderes machst und etwas bei dir veränderst. Alles andere ist nur Show und ein So-tun-als-ob. Beides bleibt ohnehin wirkungslos, da du immer die Angst mit dir herumschleppst, dass der andere hinter deine Fassade blicken könnte.

Angst verursacht Unsicherheit. Unsicherheit führt dich dazu, alles zu tun, um dich wieder sicher zu fühlen. Dir fehlt wieder etwas und damit landest du wieder am Ausgangspunkt, nämlich der Bedürftigkeit.

Der "einfachste" Weg aus der Bedürftigkeit heraus ist, ein gutes Selbstbewusstsein und Selbstwertgefühl zu entwickeln. Einfach ist das aber nicht unbedingt, sondern kann u. U. eine ziemlich langwierige Geschichte sein. Doch auch kleine Schritte führen ans Ziel.

Schritt 1
Hör auf, ständig die Fehler bei dir zu suchen

Deine Ausstrahlung und Wirkung auf andere:
unterwürfig, unselbstständig, nicht ernst zu nehmen

Dein Partner hat schlechte Laune. Dein erster Gedanke: "Das ist meine Schuld". Warum? Weil du vielleicht wieder dies und das getan hast, obwohl du ganz genau weißt, er mag das nicht. Weil du wieder mal nicht seiner Meinung warst. Weil du etwas nicht getan hast, was er jedoch von dir erwartet.

Natürlich kannst du dir dafür die Schuld geben. Schließlich hast du nicht so funktioniert, wie er es gerne gehabt hätte. Natürlich kannst du dich auch bei ihm entschuldigen und dir die Büßerkappe aufsetzen. Der einfachste Weg ist das sicherlich. Wenn er dich dann für dein Fehlverhalten genügend bestraft hat, z. B. mit Missachtung, Schweigen, "Liebes"-Entzug oder Vorwürfen, wird wieder Harmonie herrschen. Zumindest bis zum nächsten Mal.

Aber: Das ist genau das Spiel, das er bisher mit dir gespielt hat, und zwar mit Erfolg. Er ist der große Zampano, der die Kommandos gibt und du bist die willige Untergebene, die sich fügt. Die Macht hat er, du dagegen bist machtlos.

Du fühlst dich nicht nur schuldig, hast ein schlechtes Gewissen und machst dir Selbstvorwürfe. Du fühlst sich zusätzlich fehlerhaft, unfähig, unselbstständig, hilflos. Du machst ja alles falsch. Obwohl du weißt, dass er dies will und jenes nicht, dass du von ihm unausgesprochene Verhaltensregeln diktiert bekommen hast, du hast es schon wieder getan! Nur deinetwegen ist er nun sauer. Nur deinetwegen herrscht jetzt schlechte Stimmung. Wieso nur machst du ständig die gleichen Fehler?

Ganz einfach: weil du ein eigenständiger, erwachsener Mensch bist, der eigene Vorlieben und Abneigungen hat, der kein Kleinkind mehr ist, das Anordnungen von anderen befolgen soll. Du bist auch keine Marionette, die man nach Belieben herumdirigieren kann... auch wenn der andere all das gerne so hätte.

Eine Verhaltensweise, durch die man einen anderen, erwachsenen und mündigen Menschen ständig bevormunden will, ist nur eines und das lässt sich mit einem einzigen Wort definieren: respektlos! Das ist die bevorzugte Handlungsweise von Machtspielern und Narzissten im Umgang mit dir.

Du hast aber - genauso wie jeder andere auch - Respekt verdient. Respekt vor dir, deiner eigenen Meinung und deiner Persönlichkeit.

Allerdings ist dein Verhalten als das eines Menschen, der sich alles gefallen lässt und sich anderen unterwirft, ebenfalls respektlos. In diesem Fall bist du nämlich *dir selbst gegenüber* respektlos. Du selbst hast keinerlei Respekt vor deinen eigenen Wünschen und Bedürfnissen oder dem Recht auf deine eigene Meinung.

Würdest du dich selbst und all das respektieren, wüsstest du ganz genau, wann der andere dir mit seinem Verhalten und/oder seinen Forderungen zu nahe tritt. Du würdest ihm dann höflich, aber bestimmt die Grenzen aufzeigen. Bis hierher und nicht weiter!

Überleg mal: Warum sollte jemand Respekt vor dir haben, wenn er mit dir machen kann, was er möchte? Wenn du zu allem Ja und Amen sagst? Wenn du dich herumschubsen lässt? Wenn du ihm nie aufzeigst, dass er zu weit geht? Wenn er dich wie einen Fußabtreter nach Lust und Laune behandeln kann?

Und vor allem: Wie sollte jemand vor dir Respekt haben, wenn du selbst der Meinung bist, du hättest keinen Respekt verdient? Schließlich respektierst du ja nicht mal dich selbst, deine Wünsche, deine Meinung!

Deinem Partner ein "Du bist gemein. Du behandelst mich respektlos" um die Ohren zu knallen, wird nur einen Effekt haben: Er lacht dich lauthals aus. Oder er wird aufbrausen und versuchen, dich mittels Vorwürfen oder emotionaler Erpressung und Bestrafung wieder zur stummen Untergebenen zu machen.

Was also tun?

1.) Mach dir bewusst, dass es dein gutes Recht ist, wie das eines jeden Menschen, eine eigene Meinung zu haben, dazu zu stehen und sie auch zu vertreten. Alles, was du in deinem Leben gehört, gesehen, gelernt oder erlebt hast, ist der Grund dafür, dass du genau *diese* Meinung hast. Sie ist weder richtiger noch falscher als seine oder eine andere, nur einfach *anders*. Jeder Mensch sieht die Dinge aus seinem eigenen Blickwinkel. Jeder hat recht und niemand hat recht. Denn eine absolut "richtige" Meinung gibt es nicht, genauso wenig, wie es die ultimative Wahrheit gibt. Meinungen und Wahrheiten sind *immer* subjektiv.

Für dich ist der Hund von gegenüber gefährlich, weil er dich anknurrt, sobald du in seine Nähe kommst. Das ist *deine* Meinung und Wahrheit und *für dich* richtig. Für deine Nachbarin ist der Hund lieb und verschmust, weil er sich von ihr streicheln lässt. Das ist *ihre* Meinung und Wahrheit und *für sie* richtig. Zwei total gegensätzliche Meinungen und Wahrheiten, trotzdem ist keine davon falsch und jeder hat recht - aus seinem ganz persönlichen, subjektiven Blickwinkel betrachtet.

2.) Rechne damit, dass dein Partner empört ist, wenn du das erste Mal deine eigene Meinung vertrittst. Bisher kannte er das bei dir nicht. Du hast dich ja willig gefügt, sobald er unangenehm wurde. Bereite dich also schon mal mental darauf vor. Wenn du die Möglichkeit, dass er verärgert wird oder dich auslacht, von vornherein mit einkalkulierst, ist der "Schock" über seine Reaktion viel geringer. Es ist ja keine "Überraschung" mehr, du hast ja mit genau diesem Verhalten seinerseits schon gerechnet. Schließlich kennst du ihn doch!

Der Gedanke an den Stress, den du mit ihm bekommst, ängstigt dich? Mit Sicherheit, denn genau diese Disharmonie ist es ja, die du bislang immer unter allen Umständen vermeiden wolltest. Du hast jetzt zwei Möglichkeiten: Du ergibst dich deiner Angst und lässt es bleiben, zu widersprechen. Oder du packst die Angst bei den Hörnern und tust es trotzdem. Überlege dir vor deiner Entscheidung genau, was du erreichen möchtest und wie dein Ziel aussieht. Weiter in deiner untergebenen Rolle und Bedürftigkeit sitzen zu bleiben, ist es *sicher nicht!* Egal wie schwer es fällt, Augen zu und durch!

3.) Sei dir klar darüber, dass du nur dann einen Erfolg erzielst, wenn du nicht (wieder) einknickst. Wenn du ihm ein "Nein" entgegensetzt oder "Meine Meinung ist..." und - sobald er unleidig, laut oder ungeduldig deswegen wird - sofort umschwenkst und ihm recht gibst, bis du für ihn höchstens zickig. Respekt hat der "normale" Mann jedoch weiterhin keinen vor dir.

Von Machtspielern und Narzissten erntest du ohnehin niemals Respekt, egal was du tust. Sie sind die respektlosesten Zeitgenossen überhaupt und sie werden es auch nicht begreifen, wenn du ihnen zigtausend Mal ein "Nein" an den Kopf wirfst. Doch sie werden sich nach und nach von dir distanzieren, weil du ihnen zu "anstrengend" und nicht mehr willig genug bist.

Merk dir eines: In dem Moment, in dem du ihm widersprichst (egal welchem der drei Typen Mann), wird es sicher unangenehm. Bleib aber trotzdem dabei und knicke nicht wieder ein. Das erste Mal ist es schwer, aber mit jedem einzelnen Mal mehr fällt es zunehmend leichter und du wirst so ganz nebenbei sicherer, stärker und vor allem selbstbewusster.

4.) Mach dir eines klar: Nicht *du* bist schuld an seiner miesen Laune, sondern *er selbst*. Das, was er fordert, haben will oder erwartet, bekommt er nicht (mehr). Zwangsläufig ist er, der keinen Widerspruch wünscht oder duldet, darüber alles andere als erfreut. Doch das ist *sein* Problem, nicht deines. Du bist allenfalls der Auslöser für seinen Unmut, die Ursache aber nicht. Die liegt ausschließlich bei ihm selbst: Intoleranz, Respektlosigkeit, Unduldsamkeit, sein Wunsch nach Dominanz sowie das Fehlen von Verständnis und Empathie.

5.) Bevor du in "Widerstand" gehst, bereite dich gut vor. Stell dich vor den Spiegel, schau dir in die Augen und sage immer wieder zu dir: "Es ist mein Recht, eine eigene Meinung zu haben. Ich respektiere mich und andere und ich verdiene Respekt." Sag es dir zehn Mal, fünfzig Mal, hundert Mal... so lange, bis du es *fühlst* und du durch und durch davon überzeugt bist!

Warum aber vor dem Spiegel? Dir solche Sätze (= Affirmationen) vorzusagen, während du beim Aufräumen oder Putzen bist, ist nicht schlecht. In dem Fall sagst du dir diese Dinge aber nur halbherzig, weil du nicht deine ganze Konzentration darauf richten kannst. Du bist abgelenkt. Mit *voller* Aufmerksamkeit, während du dir dabei noch in die Augen siehst, ist direkt und nachdrücklich. Vor allem kannst du dabei beobachten, wie du dich bei jedem Mal mehr aufrichtest und du allmählich beginnst, überzeugender und auch selbstbewusster zu wirken.

6.) Lehne Schuldzuweisungen ab. Falls er dir vorwirft, wieder mal alleine schuld daran zu sein, dass es Streit gibt, versuche so ruhig wie nur möglich zu bleiben. Diese "Taktik" ist nichts anderes als der Versuch, dir ein schlechtes Gewissen zu bescheren, damit du klein beigibst. Darauf zu antworten "Aber du machst auch immer..." ist die *falsche* Lösung. Ihr spielt euch damit nur gegenseitig den Ball zu, der Streit eskaliert. Bessere Antwort: "Das ist *deine* Meinung. Ich habe das Recht auf meine eigene und die lautet: ..."

Sicher erfordert das am Anfang Überwindung und Mut, aber das bist du dir selbst wert. Du willst ja schließlich auch respektiert werden! Natürlich wird er durch dein Beharren auf dein Recht nicht klein beigeben, Streit wird es (von Seite aus) mit Sicherheit geben, nur eines ist anders als bisher: Egal, welche Geschütze er, der Machtspieler und Narzisst, auffahren wird, dich von der Richtigkeit *seiner* Meinung zu überzeugen, du trägst eine kugelsichere Weste. Du nimmst nämlich das schlechte Gewissen und seine Schuldzuweisungen nicht mehr an. Du lässt ihm seine Meinung, behältst aber trotzdem deine eigene!

Wenn du für etwas die Schuld übernimmst, dann *nur* für Dinge, die du auch wirklich verbockt hast, z. B. hast du vergessen, Toilettenpapier einzukaufen, obwohl du es tun wolltest.

Aber *niemals* wieder übernimm die Schuld dafür, dass dein Partner schlechte Laune hat oder in der Schmollecke sitzt, weil ihm irgendwas nicht in den Kram passt oder du nicht auf Kommando so gesprungen bist, wie er das haben wollte!

Schritt 2
Hör auf, dich selbst abzuwerten und kleinzumachen

Deine Ausstrahlung und Wirkung auf andere:
fühlt sich wertlos, bettelt um Anerkennung, Lob und Bestätigung

"Ich bin ja nichts Besonderes."
"Das kann ich eh nicht."
"Ich bin eben einfach zu dumm für alles."
"Ich bin doch nur..."
"Ich verdiene einfach nichts Besseres".

Gehören solche Sätze auch zu deinen tagtäglichen Gedanken oder Sprüchen? Dann mach dir bewusst, dass du dir damit nur selbst schadest. Denn mit solchen Aussagen wertest du dich selbst ab und machst dich klein. Die Folge davon? Es macht dich traurig und dein Wohlfühlfaktor geht flöten. Obendrein fühlst du dich unsicher, minderwertig, benachteiligt, schlechter als andere, unfähig, dumm und wertlos.

So, wie du dich fühlst, so wirkst du auch nach außen hin auf andere. Du zeigst es schon durch deine Körpersprache: zusammengesunkene Körperhaltung, gebeugter Kopf, akzentlose Stimme, dein Lächeln erreicht nicht die Augen und wirkt aufgesetzt, missmutige Leidensmiene, Blicken anderer wird ausgewichen.

Selbstbewusst sieht ganz anders aus: Du stehst aufrecht, Schultern zurück, Kopf hoch. Du siehst den anderen offen und direkt an und suchst den Blickkontakt.

Solche negativen Aussagen über dich selbst ziehen einen ganzen Rattenschwanz an verhängnisvollen Dingen nach sich: Du fühlst dich nicht nur schlecht (was andere auch hören und unbewusst bei dir spüren), du sendest gleichzeitig eine Botschaft aus, die Machtspieler aller Art magisch anzieht: "Bitte gib mir unbedingt Anerkennung und die Bestätigung, dass ich eben doch gut bin!"

Du bist von dir selbst absolut nicht überzeugt. Logisch, sonst würdest du ja nicht so schlecht über dich selbst denken und sprechen. Anerkennung, Lob, Bestätigung - alles Fehlanzeige. Du gibst dir nichts davon. Anerkennung ist jedoch eines der grundlegenden menschlichen Bedürfnisse. Dir fehlt es daran, also suchst du danach, bei anderen. Bekommst du von ihnen keine Anerkennung, schaltest du unbewusst auf die Taktik "mich möglichst klein machen und herabsetzen" um. Die Hoffnung, dass andere es anders sehen, dich für besser halten und dich aufbauen wollen, treibt dich unbewusst an. Schon ein "Ach was, das stimmt doch gar nicht" ist schon fast Balsam für dich. Es tut dir gut, du brauchst aber noch mehr davon. Deine Antwort: "Nein, das stimmt nicht. Neulich habe ich..."

Prompt wirst du irgendeine Situation herbeizerren, aus der für dich eindeutig hervorgeht, dass du doch unfähig oder unterdurchschnittlich bist. Warum? Um erneutes Lob oder Bestätigung zu bekommen. Beides bekommst du vermutlich sogar, wenn auch vielleicht nur aus Höflichkeit oder damit du endlich aufhörst, dich herabzusetzen und einfach Ruhe gibst.

Ein Machtspieler wird sich aber deine eigenen Kommentare genau merken, um sie dir bei passender Gelegenheit um die Ohren zu schmettern. Damit kann er dich wieder gefügig machen.

Ob nun bei einem Machtspieler oder bei ganz "normalen" Menschen: Sich selbst klein und dumm zu machen und abzuwerten, hat *immer* eine negative Auswirkung. Jeder noch so optimistische, selbstbewusste Mensch wird den Umgang mit dir irgendwann meiden. Besonders attraktiv und anziehend ist dein Verhalten nämlich nicht. Dauernörgler - selbst wenn sie nur ständig an sich selbst herummäkeln - mag nämlich niemand wirklich. Sie sind auf Dauer anstrengend und nervig und rauben einem die eigene Energie, wenn man sich zu viel mit ihnen abgibt.

Anstatt dich immer wieder abzuwerten, könntest du dir auch gleich ein Schild umhängen: "Ich halte mich für wertlos und doof. Bitte bestätigt mir das Gegenteil, ich glaube es nämlich nicht." Du strahlst Bedürftigkeit pur aus. Bei manch einem Partner mag das vielleicht noch eine Art Beschützerinstinkt auslösen, aber keineswegs dauerhaft. Denn sogar solche Partner werden es irgendwann überdrüssig, dir selbst immer wieder deinen Wert zu bestätigen und dich aufzubauen. Auch hier verschwindet der Respekt vor dir allmählich in der Versenkung, sie schütteln nur noch insgeheim den Kopf und irgendwann denken sie über dich genauso wie du über dich selbst - wenn vielleicht auch aus anderen Gründen.

Für Machtspieler dagegen bist du das gefundene Fressen. Jemand wie du, der klein und wertlos ist, muss doch schließlich froh sein, einen starken Partner wie ihn an seiner Seite zu haben. Einen, der dir zeigt, wie es "richtig" geht, der dir etwas beibringen kann, dich belehrt, dir Regeln aufzeigt und dir - wenn es notwendig ist - eine Rüge erteilt. Bei dir, so meint er, hält er das Zepter in der Hand und kann tun und lassen, was er will.

Was also tun?

1.) Vergleiche dich *nicht* mit anderen! Jeder einzelne Mensch hat seine ganz eigenen Talente und Fähigkeiten. Kein Mensch ist vergleichbar mit dir. Auch wenn deine Freunde oder Geschwister in manchen Dingen besser sind als du, heißt das noch lange nicht, dass du unfähig oder wertlos bist. Deine Talente und Fähigkeiten liegen eben woanders, selbst wenn du sie bis dato noch nicht entdeckt haben solltest. Probiere dazu einfach mal etwas Neues aus!
Schon in der Schule war es doch so: Der eine kapierte Mathe auf Anhieb, ein anderer kuckte nach der 100. Nachhilfestunde immer noch auf sein Mathebuch wie Schwein ins Uhrwerk. Dafür war er aber in Geschichte ein Ass. Dümmer oder klüger war deswegen keiner von beiden.

2.) Wenn du ein Talent oder eine Fähigkeit hast, egal welche/s, dann darfst du auch dazu stehen. Daran ist nichts Anrüchiges. Ob du nun ein Sudokurätsel innerhalb von zwei Minuten lösen kannst oder "nur" gut darin bist, Cupcakes zu machen, spielt keine Rolle. Es *ist* ein Talent oder eine Fähigkeit, worauf du stolz sein kannst. Dafür darfst du dich gerne selbst loben, du sollst es sogar. Ob andere dein Talent auch sofort entdecken, ist nicht gesagt. Aber sobald du anfängst, dir selbst zu sagen: "Hey, ich bin gut in/bei...", verschwindet nach und nach das Gefühl, klein und wertlos zu sein.

3.) Mach dir eine Liste. Schreib alle Dinge auf, die du kannst und beherrschst. Ob es nun, wie vorher gesagt, Sudoku ist, Cupcakes machen, tanzen, schminken, deine Wohnung dekorieren, Partys organisieren, handwerklich tätig sein oder auch so etwas Lapidares wie Fenster streifenfrei putzen ist - egal! Du kannst es gut und damit basta.

Du wirst sehen, wie lange die Liste wird. Jedes Mal, wenn dir wieder etwas einfällt, trag es in deine Liste ein. Schau sie dir jeden Tag an und lies sie dir *laut* vor. Das Gefühl, wenn du jedes Mal beim letzten Punkt darauf angekommen bist... Es lohnt sich!

4.) Merk dir: Du prahlst nicht! Prahlerei ist eine Sache, Bescheidenheit eine andere und zu seinen Talenten stehen wiederum eine ganz andere. Wenn du dir selbst eingestehst und auch vor anderen zugibst, bei diesem oder jenem gut zu sein, ist das lediglich Fakt, aber *keine* Prahlerei. Es gibt keinen Grund, dich dafür zu schämen. Du musst nicht jedem sofort auf die Nase binden "Stell dir vor, ich kann dies und jenes" (das wäre nämlich Betteln um Beifall und Anerkennung und/oder ggf. sogar prahlen), aber noch weniger musst du dein Licht unter den Scheffel stellen, wenn die Sprache darauf kommt. Steh zu dir selbst!

5.) Jeder hat gerne Bestätigung und Anerkennung. Wenn du von anderen gelobt wirst, ist das natürlich ein schönes Gefühl. Wenn aber niemand da ist, der dich lobt, tu es doch einfach selbst! Angenommen, du musstest einen blöden

Brief vom Finanzamt beantworten und hast damit die gewünschte Ratenzahlung der Steuern erreicht, klopfe dir selbst auf die Schulter: "Gut gemacht! Siehst du? Du hast es geschafft!" Lob dich dafür! Du *hast* es gut gemacht, darfst dich freuen und stolz auf dich sein.

6.) Denk immer daran: Dich abzuwerten und klein zu machen schadet immer nur *dir selbst*. Je mehr du diese Schiene fährst, umso schlechter und miserabler fühlst du dich. Je länger du sie fährst, umso mehr wirst du dir einreden, unfähig und wertlos zu sein, und zwar so lange, bis du selbst durch und durch davon überzeugt bist. Die Folge davon? Du fühlst dich noch schlechter und noch wertloser als zu Beginn. Auf diese Art führst du ebenfalls eine Art (gedankliche) Liste, allerdings mit der Überschrift: "Bei was ich alles ein Versager bin".

Während deine positive Liste aus Punkt 3 vielleicht "nur" drei A4-Seiten lang ist, wird *diese* Liste - nicht nur bei dir, sondern bei jedem anderen Bedürftigen - um die 100 Seiten lang werden. Mindestens. Denn wenn du ehrlich bist, müssten auf dieser "Liste" auch Dinge wie "Ich kann nicht zum Mond fliegen" oder "Ich kann nicht die Wurzel aus 739.856 ohne Taschenrechner ziehen" stehen... außer natürlich, du kannst beides tatsächlich!

Also: Schluss damit, nur immer auf die negative Seite zu sehen. Richte deinen Blick stattdessen auf die positive Seite! Du ziehst grundsätzlich nämlich immer die Dinge an, auf die du dich vermehrt konzentrierst.

7.) Wenn du schon zugeben musst, dass du eine Sache nicht kannst, die vielleicht jede Menge andere können, z. B. Auto fahren, dann sage wenigstens zu dir: "Ich kann *noch nicht* Auto fahren." Nur, weil du es im Moment nicht beherrschst, heißt das noch lange nicht, dass du es niemals können wirst. Wenn du es tatsächlich können bzw. lernen willst, weil du es dir wünschst und unbedingt können möchtest... Dann nimm es in Angriff und lerne es! Selbst wenn du dreimal durch die theoretische oder praktische Prüfung rasselst: "Ich kann *noch nicht* Auto fahren." Neu durchstarten, dran bleiben und du schaffst es.

Nur, weil du den einen oder anderen Rückschlag erlebst, ist das noch lange kein Grund, sofort aufzugeben. Auch andere haben das, was sie jetzt können, nicht immer auf Knopfdruck oder im ersten Anlauf geschafft. Mal ganz abgesehen davon: Laufen hast du als Kind auch nicht von heute auf morgen gelernt, sondern über Wochen oder Monate hinweg. Es war anstrengend und zeitintensiv, aber heute kannst du es!

8.) Wenn du dich selbst nicht motivieren kannst, weil du schon zu sehr daran gewöhnt bist, dich selbst abzuwerten, motiviere dich wenigstens mit der Aussicht, *keine* leichte Beute mehr für Machtspieler zu sein. Von denen hast du ja die Nase gestrichen voll. Je weniger du dich klein machst und abwertest, umso weniger interessant bist du für sie. Denn dann bist du für sie nämlich ungeeignet und viel zu anstrengend. Zeig ihnen also die lange Nase, indem du zu dir selbst stehst.

Oder du suchst dir eine liebe Freundin aus, der du den Auftrag und die Erlaubnis gibst, dich sofort darauf hinzuweisen, wenn du wieder in dein altes Muster verfällst. Mit der Zeit wird es dir dann von alleine auffallen, welche negativen Aussagen du über dich triffst und kannst dagegen steuern.

Schritt 3
Hör auf, dich als "dümmer" darzustellen, als du bist

Deine Ausstrahlung und Wirkung auf andere:
total hilflos und unselbstständig

Mit "dumm stellen" meine ich insbesondere die Taktik, dich als "wenig intelligent und befähigt" darzustellen.

Das allgemein weitverbreitete Gerücht, Männer mögen keine klugen Frauen, ist leider immer noch in vielen Köpfen einbetoniert. Bei manchen Männern mag das schon zutreffen. Allerdings handelt es sich bei diesen Männern um solche, die über kein oder nur wenig Selbstbewusstsein verfügen und/oder narzisstisch veranlagt sind.

Ein Mensch ohne oder mit mangelndem Selbstbewusstsein wird sich immer minderwertig fühlen, wenn jemand anderes augenscheinlich klüger ist als er.

Narzisstisch veranlagte Menschen sind hierbei allerdings die Krönung. Sie sind durchwegs der Meinung, die Weisheit mit dem Schaufelbagger gefressen zu haben. Egal wie klug oder auch nicht jemand ist, sie wissen es grundsätzlich besser und ertragen weder Widerspruch noch eine differierende Meinung. Schon gar nicht können sie akzeptieren, dass ein anderer mehr wissen könnte als sie. Machtspieler fallen häufig - in dieser Hinsicht - auch unter diese Kategorie.

Jeder "normale" Mann (also ohne narzisstische Neigung, dafür mit normal ausgeprägtem Selbstbewusstsein) kann damit umgehen, dass es auch kluge Frauen gibt.

Eines aber gleich vorweg:

Falls ein Mann damit Probleme hat, dass du in die Kategorie "Kluge Frau" fällst, dann ist das *sein* Problem, nicht aber *deines*! Wenn jemand eifersüchtig oder neidisch auf Wissen anderer ist, liegt die Ursache für Eifersucht und Neid grundsätzlich *bei ihm selbst*, nicht aber bei dem anderen.

Ob es sich also um ein gutes Allgemeinwissen oder um ein spezielles Wissen handelt, spielt keine Rolle. Es gibt keinerlei Grund für dich, nicht dazu zu stehen. Wissen ist keine angeborene Sache, sondern eine erlernte, sei es nun durch Ausbildung, Studium, Seminare, Fachliteratur oder "nur" durch autodidaktische, kontinuierliche Fortbildung aus Interesse, Neugierde und Wissensdurst. All das kostet Zeit und in den meisten Fällen auch Geld.

Sich Wissen anzueignen - oder eben auch nicht, bleibt jedem Einzelnen selbst überlassen. Wer keine Lust hat, etwas dazuzulernen, ist deshalb in der Folge nicht zwangsläufig "dümmer" als ein anderer, nur weiß er eben weniger.

Vor allem in Gesprächen halten Bedürftige gerne den Mund oder, wenn sie doch nach ihrer Meinung gefragt werden, behaupten mit einem nervös-verschämten Kichern: "Ich verstehe davon eh nichts" oder "Damit kennst du dich besser aus als ich".

Ertappt? Dann frage dich mal, wieso du diese Antworten gibst. Nur um nicht aufzufallen oder die Aufmerksamkeit auf dich zu lenken? Weil es dir peinlich ist, wenn der Mann (oder ein anderer) mitbekommt, dass du durchaus auch etwas weißt und klüger bzw. gebildeter bist, als er annehmen oder denken könnte? Oder hast du nur Angst davor, vielleicht etwas Falsches zu sagen und dich damit zu blamieren?

Niemand, absolut niemand kann *alles* wissen. Du nicht, dein Gesprächspartner nicht und auch sonst keiner. Falls du doch etwas Falsches sagst, ärgerst du dich vielleicht. Peinlich muss dir das aber keineswegs sein. Korrigiert dich der andere, sieh es als Information an. Nimm es als Gelegenheit hin, etwas Neues dazuzulernen. Nicht mehr und nicht weniger.

Sollte dich deswegen der andere auslachen oder verspotten: "Was? Das weißt du nicht? Das weiß doch jedes Kind", lernst du ebenfalls etwas dazu. Nämlich, dass dein Gegenüber sich nicht nur respektlos und überheblich verhält, sondern auch glaubt, überlegen und damit besser zu sein. Er verurteilt dich dafür, nicht das exakt gleiche Wissen zu haben wie er und das ist nichts anderes als Intoleranz.

Die passende Antwort auf so eine Äußerung könnte z. B. sein: "Danke für die Info, nun weiß ich es auch." Du kannst ihm auch ratzfatz und ganz einfach den Wind aus den Segeln nehmen: "Nur gut, dass ich dich habe." Aber solche Sätze bitte *nicht* in einem spöttischen oder aggressiven Tonfall, das reizt den anderen nur noch mehr, sondern ganz neutral, am besten in Verbindung mit einem freundlichen Lächeln.

Dich absichtlich "dumm" zu stellen, um solchen Reaktionen zu entgehen, geschieht vor allem aus tief sitzender Angst und damit verbundener Unsicherheit. Angst davor, zu versagen, dich zu blamieren, nicht gut genug oder perfekt zu sein. Im entgegengesetzten Fall, wenn du also dein Wissen preisgibst und mitredest, könntest du als

Klugscheißer oder Besserwisser abgestempelt werden und schweigst deshalb lieber. Hier steckt zusätzlich die Angst dahinter, wegen deines Wissens vielleicht abgelehnt zu werden, dass sich dein (Gesprächs-) Partner minderwertig, dir unterlegen oder nicht ebenbürtig fühlen könnte. Du schweigst also lieber aus falsch verstandener Rücksichtnahme.

Folgendes übersiehst du dabei jedoch: Du fühlst dich als "dummes, schwaches Weibchen" keineswegs gut dabei (oder etwa doch???) und verstellst dich. Du bist nicht mehr du selbst und damit nicht authentisch. Sobald du den - vielleicht sogar sehr glaubhaften - Eindruck erweckst, unwissend und dumm zu sein, reibt sich ein Machtspieler schon im Geiste die Hände. Endlich wieder ein williges Opfer, das er dominieren kann! Noch dazu eines, das sowieso keine Ahnung hat. Das heißt, es wird sich nicht wehren und lässt alles mit sich machen.

Er geht davon aus, dass du froh sein kannst, etwas gelernt und beigebracht zu bekommen... selbst wenn es nur das ist, dass *er* derjenige ist, der die Ansagen macht. Schließlich ist er doch der Schlauere von euch beiden.

Der Spruch "Denn Wissen selbst ist Macht" (Zitat: Francis Bacon, engl. Philosoph, 1561 - 1626) bekommt hier eine ganz besondere Bedeutung.

Was also tun?

1.) Mach dir eines klar: Wenn du etwas gelernt hast und es weißt, dann weißt du es. Punkt und basta. Es gibt keinen Grund für dich, das Gegenteil zu behaupten. Selbst wenn dein (Gesprächs-) Partner nicht dasselbe Wissen hat wie du, keiner von euch ist klüger oder dümmer. Du weißt *darüber* Bescheid, er vielleicht über etwas anderes. Und selbst, wenn nicht: Es steht dem anderen jederzeit frei, sich ebenfalls (dieses) Wissen anzueignen. Wenn er sich Ausbildungen, Seminare, Fachbücher o. ä. nicht leisten kann: Das Internet und Leihbüchereien sind voll mit Informationen, die für jedermann zugänglich sind.

Wer also behauptet, weder Geld noch Zeit fürs Lernen und Fortbilden zu haben, ist lediglich gut darin, Ausreden für seine ureigene Faulheit zu finden. Das ist jedoch *sein* Problem, nicht aber deines!

2.) Sei dir bewusst, dass es immer jemanden geben wird, der mehr Wissen hat als du. Das ist aber kein Grund zur Panik. Peinlich sein muss dir das auch nicht und schon gar nicht ist es ein Grund, dein Wissen zu verschweigen. Trau dir zu, zu dem, was du weißt, zu stehen!

Für den Anfang, wenn du mit anderen mitreden möchtest und/oder fachsimpeln willst, dich aber noch unsicher fühlst oder nicht traust: Leite einfach deine Aussage ein mit z. B. "Ich bin mir jetzt nicht ganz sicher..." oder "Kann sein, dass ich mich täusche, aber ich denke..." ein. Damit räumst du dir selbst die Chance ein, etwas zu sagen, was vielleicht nicht korrekt ist, ohne das Gefühl haben zu müssen, dich heillos zu blamieren. Wichtig ist nur eines: dass du anfängst, *überhaupt* mitzureden!

3.) Mach dir dann begreiflich: Der andere wird mitbekommen, dass du durchaus Wissen hast. Dadurch bist du nicht automatisch für ihn in untergeordneter Position und daher auch nicht so leicht zu überrumpeln und zu dominieren.

Für jeden leidenschaftlichen Machtspieler wirst du - wenn du dein Wissen zugibst - ziemlich schnell uninteressant, weil du ihm zu "kompliziert" bist. Widerspruch ist dann nämlich von deiner Seite aus vorprogrammiert, sobald er dich bevormunden und unterdrücken will. Widerspruch ist aber genau das, was er gar nicht leiden und akzeptieren kann. Ihm ist ein "leichteres" Opfer immer lieber.

4.) Falls du dich deinem (Gesprächs-) Partner bisher immer als "dumm" präsentiert und darauf keine Lust mehr hast, stell dich darauf ein, dass er dir an den Kopf schmettert, du hättest trotzdem keine Ahnung. Lass dich davon nicht beeindrucken.

Im Grunde ist so ein Verhalten seinerseits nichts anderes als reine Verzweiflungstat. Er spürt genau, du willst ihm entgleiten, weil du nicht mehr gewillt bist, dir alles gefallen zu lassen. Das erzürnt ihn natürlich. Schließlich bekämpfst du damit seine alleinige Machtposition! Er wird sicher unleidig, überheblich oder pampig und wird versuchen, dich niederzumachen. Und zwar so lange, bis er dich davon überzeugt hat, doch nichts zu wissen und du mundtot bist.

In diesem Fall, wenn er also ausrastet, hilft dir nur eines: Ganz schnell die Ohren umklappen! Nicht beeinflussen und beeindrucken lassen, egal was er versucht oder tut. Schon gar nicht aufgeben! Sonst hat *er* nämlich (wieder) gewonnen, du fühlst dich hundsmiserabel und die Selbstzweifel haben dich sofort wieder in ihren Krallen. Standhaft bleiben!

Deine Ausstrahlung und Wirkung auf andere:
unselbstständig, unmündig, unwissend

Noch häufiger passiert es, dass sich (bedürftige) Frauen als "dumm" darstellen, um Hilflosigkeit zu signalisieren, verbunden mit der unausgesprochenen Bitte: "Mach du das doch lieber, ich kann das nicht oder mache es eh nur falsch." Sie sind darin Spezialisten, nur um dem Mann das Gefühl der Stärke und Überlegenheit vermitteln zu wollen, so z. B. bei simplen Dingen, wie einen Nagel in die Wand zu schlagen oder in die Autowaschanlage zu fahren. "Nein, nein, mach du das lieber, du kannst das viel besser als ich."

Hierbei gibt es zwei Kategorien Frauen: Die einen, die sich nicht *zutrauen,* so etwas alleine zu machen und dann diejenigen, die zu *bequem* sind, solche alltäglichen Dinge selbst zu machen, denn dafür ist doch der Mann zuständig.

Sich hin und wieder als hilfloses Weibchen der Männerwelt zu präsentieren, ist manchmal durchaus praktisch - vorausgesetzt, die Taktik wird *richtig* angewandt. Zugegeben, sogar ich tue das ab und zu, dann aber *ganz gezielt und mit gutem Grund.* Mal so als Beispiel: Neulich wollte ich noch schnell am Wertstoffhof vorbeifahren, um dort meinen Krempel abzugeben, bevor ich zum Kaffeetrinken in die Stadt wollte. Lust darauf, mit meinen High Heels auf den Gitterrosttreppen der Container herumzuklettern und mir dabei die Absätze zu ruinieren, hatte ich keine. Ich griff also in die Trickkiste, obwohl ich ganz genau weiß, was in welchen Container kommt: Mit einem bezaubernden, hilflos wirkenden Lächeln auf einen der dort arbeitenden Herren zugestöckelt, fragte ich nach, wo ich das entsorgen dürfe - und Volltreffer! Der Herr riss mir den Kram aus der Hand und meinte, er würde das schon für mich erledigen. Fein! Er hatte etwas zu tun und ich verließ den Wertstoffhof mit tadellosen Schuhen und Absätzen.

Klar habe ich mich auch "dumm" gestellt, aber mit voller Absicht, weiblicher "List und Tücke" und das mit Erfolg - für mich! Beim nächsten Mal, wenn ich keine High Heels anhabe, kann ich alles wieder ganz alleine und sonst auch. Es ging *nur* um diesen einen Ausnahmefall. Wenn du es so handhabst, ist es in Ordnung. Wir Frauen dürfen schließlich ab und an die Kleines-Biest-Karte ausspielen und an den versteckten Charmeur in jedem Mann appellieren.

Sich aber laufend "dumm" zu stellen, ist kontraproduktiv. Warum? Frag dich mal: Was willst du damit wirklich erreichen? Dem Partner signalisieren, für wie groß, stark und mächtig du ihn hältst? Seinen Beschützerinstinkt für dich schwaches Weibchen zu wecken? Ihm das Gefühl vermitteln, dass er sich um dich kümmern muss und deshalb wichtig ist? Hast du Angst, es nicht (gut genug) zu schaffen und dich zu blamieren? Befürchtest du, es könnte "stressig" oder "anstrengend" werden? Bist du zu unselbstständig, selbst etwas gebacken zu kriegen? Oder bist du einfach nur zu bequem, es selbst zu tun und suchst deshalb ein passendes Opfer, das dir die Arbeit abnimmt?

Vergiss die ganzen sogenannten "Ratschläge" aus Frauenzeitschriften oder entsprechenden Sendungen im TV zum Thema "So kannst du beim anderen Geschlecht punkten". Ein Körnchen Wahrheit ist sicherlich darin enthalten. Hauptsächlich sind diese ganzen "Tipps" aber nur auf eines ausgerichtet, ganz objektiv und nüchtern betrachtet: auf Manipulation und Tricksen. Dir solche "Taktiken" anzueignen, bringt dir alles Mögliche, aber nicht den Partner, der dich um deinetwillen mag, sondern nur das, was du ihm präsentierst. Dazu aber mehr unter Schritt 9.

In berechtigten Fällen um Hilfe zu bitten, ist in Ordnung. Sich immer auf die Hilfe anderer aus Gründen der Bequemlichkeit zu verlassen, jedoch nicht. Nicht nur, dass du andere ausnutzt, du machst dich von anderen *abhängig*! Was, wenn einmal niemand da ist, der dir Hilfe gewährt oder sie dir gewähren will? Bleibst du dann jammernd sitzen und lässt die Welt um dich herum zusammenbrechen?

Steh auf, werde aktiv und trau dir was zu, dann schaffst du es auch. Wenn vielleicht auch nicht beim ersten Mal, aber nach und nach. Hör auf, dich in Abhängigkeiten zu geben, denn das bedingt grundsätzlich eine "Revanche". Selbst dann, wenn diese Revanche "nur" darin besteht, dass du zum Spielball des anderen wirst, weil er von dir eine Gegenleistung erwartet nach unendlichen vielen Hilfestellungen seinerseits. Denn mit Abhängigkeiten bietest du dich Machtspielern mit rosa Schleifchen um den Hals auf einem Silbertablett an.

Was also tun?

1.) Mach dir eines klar: Tiefstapeln schadet nur dir selbst. Je öfter du dich anderen gegenüber als unwissend und "dumm" zeigst, umso mehr wirst du davon selbst überzeugt werden. Wo bleibt dein Selbstwert? Bist du es dir nicht wert, als das akzeptiert zu werden, was du bist? Wenn du ein gutes Allgemeinwissen hast oder dich in einem speziellen Bereich gut auskennst, ist das kein Grund, dich zu schämen. Im Gegenteil. Du möchtest doch respektiert und anerkannt werden, auch vom Partner. Heutzutage, wo sich alles um Show, Prestige und Image dreht: Welche "Show" willst du abliefern? Welches Image willst du dir aufbauen? Das eines Dummchens oder das einer vernünftigen, erwachsenen Frau?

2.) Sei dir klar darüber, dass die anderen dich nach dem bewerten, was du ihnen präsentierst. Du willst vor anderen - auch vor dem Partner - gut dastehen, willst einen guten Eindruck erwecken und respektiert werden. Du hoffst vielleicht, Aufmerksamkeit zu bekommen und ggf. beliebt(er) zu werden.

Aufmerksamkeit bekommst du mit dieser Taktik sicher, nur leider im negativen Sinne. Stellst du dich ständig als "dumm" hin, werden die anderen dich nämlich mit der Zeit auch dafür halten. Wenn es um interessante Dinge geht, werden sie dich eher meiden als dich mehr mit einzubeziehen. "Die hat doch sowieso keine Ahnung, das wird nur kompliziert und anstrengend, ihr das alles überhaupt begreiflich zu machen." Beliebt oder beliebter als bisher wirst du damit auch nicht. Jemanden, der bei gar nichts mitreden kann oder von nichts eine Ahnung hat, den lässt man lieber außen vor. Allerhöchstens wirst du beliebt bei Menschen, die sich dir ebenbürtig fühlen. Du willst aber doch keine weiteren Bedürftigen anziehen, sondern aus deiner eigenen Bedürftigkeit herauskommen!

Gleich und Gleich zieht sich an, deshalb solltest du umso mehr darauf aufpassen, was du ausstrahlst und dadurch anziehst: Menschen, die dich in deiner Situation festhalten, weil sie in derselben stecken oder lieber Menschen, die dir ein Vorbild sein können und von denen du lernen kannst, dich aus deinem selbst gemachten Gefängnis zu befreien?

3.) Frage dich immer: Was soll mein Partner in mir sehen: eine Unterlegene oder eine Partnerin auf Augenhöhe? Ein kleines, unmündiges Kind oder eine erwachsene Frau? Grundsätzlich wird er immer *das* zuerst sehen, was du ihm zeigst und präsentierst. Zwischendurch mag es ihm auch schmeicheln, wenn du ihm solche Dinge überlässt. Er wird sich vielleicht auch für dich verantwortlich fühlen und danach handeln.

Wenn er aber für dich verantwortlich ist, bist du von ihm abhängig. *Er* ist dann dafür zuständig, wann und wie die Dinge gemacht werden. Soweit seine Verantwortlichkeit für dich sich nur auf diverse Erledigungen bezieht, ist das vielleicht noch vertretbar. Wer aber merkt, dass der Partner *nichts* alleine bewältigen kann, sondern nur mit Anleitung oder indem man ihm *alles* erledigen muss, wird dich für völlig unselbstständig halten und - insbesondere die Machtspieler - alles komplett an sich reißen. Wenn du ihm damit die Verantwortung für dich übergibst, gibst du ihm quasi einen Freibrief. Wenn er für alles zuständig ist, weil du es ja nicht kannst, musst du damit rechnen, dass er dann insgesamt am längeren Hebel sitzt und dich dirigiert. Dass du dich ihm damit auslieferst, vor allem auch in emotionaler Hinsicht, ist der Nebeneffekt davon.

4.) Merk dir eines: Du bist ein erwachsener Mensch, der selbst für sich verantwortlich ist und dazu gehört es auch, Dinge, die zu erledigen sind, in Angriff zu nehmen! Nicht alles, was zu tun ist im alltäglichen Leben, macht Spaß und ist lustig. Aber es geht nicht nur dir so, sondern allen anderen auch. Wenn du ständig nur unangenehme Dinge auf andere abwälzen willst, wirst du immer deinen aktuellen Wissensstand beibehalten, nicht aber irgendwas dazulernen. Wer nichts dazulernt, kann sich auch nicht weiterentwickeln. Sich weiterzuentwickeln ist nicht nur notwendig, sondern gibt vor allem Selbstvertrauen sowie Selbstbewusstsein. Beides ist unabdingbar dafür, dich aus deiner vermeintlichen Bedürftigkeit herauszumanövrieren.

5.) Sobald du anfängst, ein gesundes Selbstvertrauen und Selbstbewusstsein zu entwickeln, wirst du unabhängig von anderen. Als Unabhängige übernimmst du für dich selbst die Verantwortung, auch die Verantwortung für dein Wohlergehen, deine Stimmung und deine Gefühle. Du hörst dann nämlich auf, anderen auch in diesen Bereichen die Verantwortung zu übergeben.

Wer die Verantwortung trägt, trägt gleichzeitig auch immer die Schuld, wenn es ein Problem gibt. Solange du einem anderen die Verantwortung für dich übergibst, ist er für dich auch immer "schuld" daran, dass es dir schlecht geht, du traurig oder unglücklich bist. Das mag im Kleinkindalter durchaus noch zutreffend sein, schließlich sind kleine Kinder in jeder Hinsicht von ihren Eltern abhängig.

Du bist aber kein Kleinkind mehr, sondern *erwachsen!* So, wie du dafür verantwortlich bist, deine Miete zu bezahlen, deinen Job jeden Tag zu machen, dich morgens anzuziehen und abends schlafen zu gehen, so bist du als erwachsener Mensch auch für deine Stimmung und deine Emotionen zuständig. *Du und niemand anderes!*

Egal wie jemand dich behandelt, ob du dich davon betroffen fühlst oder nicht, liegt ausschließlich in deiner Entscheidung. Je mehr du in deiner Opferhaltung verharrst, die für Bedürftige normaler Alltag ist, umso mehr lässt du dein Wohlergehen von anderen beeinflussen. Sie behandeln dich schlecht, du bist traurig deswegen oder wütend, aber du kannst ja nichts dagegen tun. Schuld sind ja die anderen! Das ist allerdings die Einstellung eines kleinen Kindes, nicht die eines Erwachsenen.

Ein verantwortungsbewusster, selbstständiger Erwachsener ändert umgehend, was ihm nicht passt und auch nicht gut tut. Er versucht es zumindest. Du kannst zwar das Verhalten des anderen nicht direkt ändern, aber dein eigenes auf jeden Fall. Es zwingt dich auch niemand, mit jemandem in Kontakt zu sein, wenn du es nicht möchtest... Außer du zwingst dich selbst dazu, weil du Angst davor hast, alleine zu sein, ganz nach dem Motto: Lieber mit irgendjemandem (einem Machtspieler oder Narzissten etwa) zusammen und unglücklich als ganz alleine sein (zu können).

6.) Wenn du dich schon absichtlich "dumm" im Sinne von hilflos stellen willst: Setz diese Taktik nur sporadisch und ganz gezielt ein, im Ausnahmefall, *nicht aber laufend*. Natürlich mag es für dich einfacher sein, wenn dir jeder alles abnimmt. Deine positive Wirkung auf andere nimmt aber ebenso ab und du wirst ziemlich schnell in die Kategorien "unfähig" und "unselbstständig" geschoben.

Zusätzlich werden diejenigen, die dir am Anfang noch bereitwillig die Arbeit abgenommen haben, egal wie groß oder wie klein sie auch sein mag, mit der Zeit immer weniger Lust bekommen, dir zu helfen, weil sie sich irgendwann von dir benutzt vorkommen. Und so ganz nebenbei öffnest du mit der laufenden Anwendung dieser Taktik den Machtspielern und Narzissten natürlich Tür und Tor.

Schritt 5
Hör auf, ständig direkt um Anerkennung und Bestätigung zu betteln

Deine Ausstrahlung und Wirkung auf andere:
unsicher, bedürftig, unselbstständig

Sehr häufig kommt es vor, dass insbesondere Frauen ständig direkt um eine positive Resonanz betteln:

"Das habe ich doch gut gemacht, oder?"

"Schmeckt dir das Essen auch wirklich?"

"Hättest du gedacht, dass ich das so toll hinbekomme?"

"Ist mein Hintern in der Jeans auch nicht zu dick?"

Auf den ersten Blick ganz normale Fragen. Jeder stellt sie einem anderen mal, aus einer spontanen Laune heraus, aber darum geht es hier nicht. Es geht vielmehr um diejenigen, die bei jedem noch so geringen Anlass eine solche Frage anbringen müssen, selbst wenn es um so nichtige Dinge geht wie die aufgeräumte Küche. "Schau, wie schön sauber und ordentlich sie jetzt ist. Hab ich das nicht gut gemacht?"

In diesen Fall spiegelt sich in großem Maße Unsicherheit verbunden mit der unausgesprochenen Bitte und Hoffnung, der andere möge daraufhin in Lob und/oder Bestätigung ausbrechen. Denn darum geht es einem Bedürftigen ja nur. Er selbst kann sich schließlich die Bestätigung und Anerkennung nicht geben, weil er in Selbstzweifeln steckt, sich wertlos und minderwertig fühlt und von anderen emotional abhängig ist. Vor allem steckt in ihm ständig die Angst, von anderen abgelehnt zu werden.

Ein minimales Zögern beim anderen reicht schon aus, um die Selbstzweifel zu schüren und es wird weitergebohrt, bis eine konkrete Antwort kommt. Fällt diese allerdings nicht wie erhofft aus, bricht die Welt zusammen. Deine Stimmung rutscht in Bruchteilen von Sekunden ins tiefste Kellerloch. Die Selbstzweifel werden noch größer und du fühlst dich noch schlechter als vorher. Warum? Weil deine Hoffnungen enttäuscht wurden.

Selbst wenn es schön ist und gut tut, von anderen gelobt und bestätigt zu werden, du weißt doch selbst, ob du deine Sache gut gemacht hast oder ob das Essen, das du gekocht hast, schmeckt! Wie dein Hintern in der Jeans aussieht, siehst du mit eigenen Augen im Spiegel. Warum bist du dann so auf die Bestätigung anderer angewiesen?

Ganz klar: Du zweifelst an dir und deinem eigenen Urteilsvermögen, weil du dich selbst nicht für gut genug hältst.

Doch woher kommen diese Selbstzweifel? Irgendeinen Grund oder Auslöser muss es für sie ja geben. Der ursächliche Auslöser liegt fast immer weit zurück, nämlich im Elternhaus. Nicht alle Eltern sind in der Lage, ihren Sprösslingen auch eine gute Portion Selbstbewusstsein mitzugeben, schon gar nicht, wenn es ihnen selbst daran mangelt. Ob sie nun zur Kategorie "Schwarzseher" gehören oder einfach nur überängstlich sind, beides ist kontraproduktiv. Kinder übernehmen automatisch das, was sie im Elternhaus vorgelebt und mitgeteilt bekommen.

Wem immer "Das schaffst du nicht" oder "Das kannst du nicht" oder auch "Das ist viel zu schwer für dich" gesagt wurde, lernt damit vor allem eine Sache, nämlich irgendwann *genau davon* überzeugt zu sein.

Das andere Elternextrem gehört zur Kategorie "Perfekt musst das Kind sein". Übertriebener Ehrgeiz, zu hohe Anforderungen aufgrund perfektionistischen Denkens und ein ständiges: "Das ist nicht gut genug, du musst besser werden!" oder "Nimm dir ein Beispiel an ..., der/die kann das viel besser als du!" Wie sollen da aus Kindern selbstbewusste Erwachsene werden, die nicht ununterbrochen daran zweifeln, dass sie auch etwas können? Die ständig das Gefühl haben, genug ist nicht genug? Die sich nicht immer mit anderen vergleichen?

Wenn du merkst, du hast etwas gut gemacht - *gut im Vergleich zu dem, wie du es früher gemacht hast* - dann darfst du das auch anerkennen. Was spricht dagegen, dir selbst dafür ein Lob auszusprechen? Nichts. Gar nichts!

Vergiss eines niemals: Jeder Mensch sieht die Dinge aus *seinem* Blickwinkel, aus *seinen* Erfahrungen und *seinen* Kenntnissen heraus. Er beurteilt aufgrund seiner eigenen, individuellen und subjektiven Einstellung andere. Jeder Mensch hat auch seinen eigenen Geschmack und Geschmackssinn. Was dem einen schmeckt - ob nun optisch oder auch beim Essen - muss einem anderen noch lange nicht schmecken.

Wenn jemandem nun das Essen, das du gekocht hast, nicht schmecken sollte, hat das überhaupt nichts damit zu tun, dass du eine schlechte Köchin bist. Es hat lediglich mit seinem Geschmackssinn und persönlichen, subjektiven Vorlieben zu tun. Dir trotzdem ein Lob auszusprechen, nur damit du dich gut fühlst, käme in dem Fall einer Lüge gleich. Was ist dir lieber? Seine ganz persönliche Wahrheit, dass es ihm nun mal nicht schmeckt oder hübsch verpackte Lügen?

Was bringt es dir, wenn dich jemand belügt, nur um dir damit einen Gefallen zu tun? Gar nichts. Du wirst davon ausgehen, dass das Gericht ihm schmeckt und es ggf. noch einmal oder öfter servieren. Und dann? Versetz dich in seine Situation: Soll er das, was er nicht mag, mit Begeisterung essen, nur weil er dich deswegen einmal belogen hat?

Natürlich gibt es Dauernörgler. Dazu gehören vor allem Narzissten. Egal was du tust, sie finden immer etwas, woran sie herumnörgeln können. Nichts ist ihnen gut genug. Selbst der hochprämierteste Fünfsternekoch eines Luxusrestaurants könnte nicht so gut kochen, als dass ein Narzisst nichts zum Nörgeln finden würde. Warum? Weil es seine ganz "persönliche Vorliebe" ist, andere herabzusetzen und zu kritisieren. Nur dann fühlt er sich stark, mächtig und überlegen und genau darum geht es ihnen.

Je mehr du von einem solchen Menschen ein Lob haben möchtest und direkt oder indirekt darum bettelst, er "riecht" den Braten und wird - selbst wenn es ihm noch so gut schmecken würde - dir mitteilen, es wäre ganz okay (im Bestfall) oder es sei ungenießbar etc. Für ihn ist deine "Bettelei" um Lob, Bestätigung und Anerkennung unterm Strich nur die Befriedigung, dich in jeglicher Hinsicht beeinflussen zu können. Du bist ihm quasi auf Gedeih und Verderben ausgeliefert. Will er dich "belohnen", weil du so gehorsam warst, sagt er dir nette Dinge. Bist du ungehorsam und kuscht nicht so, wie er es möchte, wirst du "bestraft". Er wird dann Dinge sagen, von denen er im Grunde genau weiß, dass sie dich verletzen und an deinem ohnehin geringen Selbstwertgefühl herumnagen. Auf diese Art manipuliert er dich ständig und macht dich gefügig.

Was also tun?

1.) Hör auf, dich mit anderen zu vergleichen! Jeder andere ist anders und vor allem anders als du. Jeder Einzelne. Kein Mensch ist haargenau so wie du. Was der eine kann, kann der andere nicht, dafür kann er etwas anderes. Sich mit anderen zu vergleichen wäre so, als ob du Äpfel mit Heidelbeeren vergleichst: Welche Frucht schmeckt besser? So ein Vergleich hinkt und ist total unsinnig. Das eine ist ein Apfel und das andere eine Heidelbeere, auch wenn beides Obst ist.

Wenn du dich schon mit jemandem vergleichen möchtest, dann vergleiche dich *mit dir* vor z. B. einem Jahr oder zehn Jahren. Dann siehst du, *ob* und *wie sehr* du dich weiterentwickelt, Neues dazugelernt und dich verändert hast. *Das ist der einzig sinnvolle und richtige Vergleich. Alles andere ist Unfug!*

2.) Werde dir bewusst: Niemand ist perfekt und kann alles. Vielleicht schaffst du manche Dinge wirklich nicht, so etwa einen Kuchen zu backen, der schmeckt und ansprechend aussieht. Das ist aber noch lange kein Grund für "Ich kann eben einfach nicht backen". Natürlich wirst du etwas nicht richtig gemacht haben, wenn er eine klebrige Pampe und ungenießbar ist. Bevor du dir aber nun einredest, unfähig zu sein, fang lieber an, nach den Ursachen für dein "Versagen" zu forschen. Frage einfach jemanden, der sich damit auskennt. Mit Sicherheit wird er dir deinen Fehler erklären können.

Häufig sind es nur Kleinigkeiten, an denen etwas scheitert. Beleg einen Kurs an der Volkshochschule, kauf dir ein Backbuch, in dem die einzelnen Schritte bebildert und genau erklärt sind, backe zusammen mit einer Freundin, stöbere im Internet nach detaillierten Anleitungen, probiere ein einfacheres Rezept aus.

Egal was auch immer du tust, *eines auf keinen Fall*: Sofort das Handtuch werfen und aufgeben. Mit dieser Variante tust du dir selbst überhaupt keinen Gefallen. Hinter "Geht's einmal schief, gebe ich auf" steckt - von der Angst zu versagen mal abgesehen - nur Halbherzigkeit, Desinteresse und Unlust. Wer mit so einer (De-) Motivation an die Sache rangeht, kann keinen Erfolg erzielen. Das klappt nur, wenn der entsprechende Wille auch dahinter steht und natürlich Übung. Wenn du vielleicht nach zwanzig gebackenen Kuchen immer noch kein Konditormeister geworden bist, wer sagt dir, dass der Kuchen dann nicht wenigstens schon genießbar ist?

Du musst ja niemandem erzählen, dass du deinen allerersten Kuchen backen willst, wenn du Angst davor hast, dumme Kommentare zu ernten oder ausgelacht zu werden. Probiere es zuerst alleine aus, ein paar Mal hintereinander. Wenn es geklappt hat, kannst du erst mal deine beste Freundin etc. davon versuchen lassen, bevor du für die nächste Geburtstagsfeier selbst gebackenen Kuchen beisteuern möchtest.

Dir mag jetzt vielleicht der Gedanke kommen: "*Wenn* es klappt, dann bin ich ja motiviert und kann es irgendwann noch mal machen oder probieren." Nun ja, es stimmt zwar, dass dich Erfolge (weiter) motivieren. Wenn du dir jedoch etwas vorgenommen hast oder Neues ausprobieren willst und dir fehlt jegliche Motivation, es zu tun und/oder ein gutes Ergebnis zu erreichen, wirst du in 99,9 % der Fälle scheitern. Motivation beinhaltet nämlich immer auch den

Willen dazu, etwas zu tun. Also: *Zuerst die Motivation, dann der Versuch!*

3.) Rede dir nicht ständig ein: "Das kann ich nicht." Es ist nämlich wie eine selbsterfüllende Prophezeiung. Je öfter du dir etwas vorsagst, immer und immer wieder, umso überzeugter wirst du davon. Du trichterst dir solche Dinge damit so lange ein, bis es in deinem Unterbewusstsein abgespeichert ist und quasi zum Selbstläufer beim Denken wird.

Im Grunde ist es nichts anderes, als wenn dir jemand immer und immer wieder vorsagt: "Du kannst das nicht. Du bist unfähig." Egal wer es dir einredet, ob du es selbst bist oder ein anderer, es wird sich in deinem Hinterkopf einbrennen. Du tust irgendetwas, sofort flüstert dir eine Stimme in deinem Kopf zu: "Du kannst das nicht" und du bekommst noch mehr Angst, zu versagen. Du wirst noch unsicherer als zuvor und dir schwirrt, während du immer noch am Machen bist, nur immer "Du kannst das eh nicht" durch den Kopf.

Was denkst du wohl, welches Ergebnis du bekommst, wenn du dich ausschließlich deiner Angst hingibst und du dich voll und ganz auf Versagen konzentrierst? Es *kann* gar nicht anders als schiefgehen! Warum? Weil du deine gedankliche Festplatte auf *Versagen* programmierst. Ob du dir nun "Das kann ich nicht" oder "Ich bin ein Versager" eintrichterst, der Effekt ist ein und derselbe.

Falls du mir oder dir selbst nun widersprechen willst, weil du dir doch gesagt hast: "Diesmal klappt es"... Sei ganz ehrlich zu dir: Warst du auch aus tiefsten Inneren davon überzeugt? Oder schwirrte dir schon wieder die

Versagensangst oder der Zweifel durch den Kopf, noch während du diese Worte gesprochen hast?

Es kommt *nicht* auf die schönen Worte an, die du verwendest, sondern *ausschließlich* auf deine innere Überzeugung. Wer voll und ganz davon überzeugt ist, ein "Versager" zu sein, der kann sich den Mund fusselig reden mit motivierenden und positiv klingenden Sätzen. Es wird trotzdem nicht funktionieren. Nicht, solange du nicht von deinen schönen Worten selbst *voll und ganz überzeugt* bist!

Was im Negativen bestens funktioniert, funktioniert immer auch in die andere Richtung. Dir negative Dinge so lange "einzureden", bis du davon absolut überzeugt bist, hat bislang doch tadellos geklappt! Dein Gefühl, deine Worte und deine Gedanken dazu waren absolut in Einklang. Nun einfach herzugehen und nur die Worte auszutauschen, ohne das negative Gefühl, die Enttäuschung, den Frust, die Angst u. v. m. samt dazu passender, düsterer, deprimierter Gedanken *ebenfalls* zu verändern, wird dir keinen Erfolg bringen.

Warum nicht? Deine Gefühle und Gedanken sind ständig da, du kannst sie nicht "einfach so" stoppen. Worte schon. Du kannst jederzeit den Mund schließen und schweigen, von einer Sekunde auf die andere. Achte also drauf, dass du *nicht nur deine Worte* veränderst, sondern vor allem und in erster Linie *deine Gefühle und Gedanken* dazu.

Auch in der positiven Richtung kannst du dir - mit Ausdauer und Geduld natürlich - ebenfalls alle möglichen Dinge "einreden", bis zu davon überzeugt bist, so denkst und auch fühlst. Erwarte aber keine Veränderung auf Knopfdruck. Wer sich selbst 10, 15, 20 Jahre lang klein gemacht und sich unfähig gefühlt hat, erwies dabei ziemliche Ausdauer und Hartnäckigkeit. Das zu verändern geht nicht von heute auf morgen. Das braucht Zeit und die solltest du dir nehmen und geben.

4.) So schön es auch ist, wenn andere deine Fähigkeiten erkennen oder deine guten Resultate sehen, hör auf, sie ständig um Bestätigung anzubetteln. Sie sehen die Dinge ohnehin nur aus *ihrer* Sicht.

Der schönste Beifall ist immer der, der freiwillig und spontan kommt und obendrein ehrlich gemeint ist. Dir Lob und Anerkennung zu geben, weil du es von jemandem erwartest oder ihn dazu aufforderst (genau das tust du ja, indem du ihm o. g. Fragen stellst), gibt dir keine Garantie, dass beides auch wirklich *ehrlich* gemeint ist. Wer sagt dir, dass der andere dir nicht nur einfach das sagt, was du hören möchtest, um seine Ruhe zu haben oder um dir einen Gefallen zu tun?

Willst du wirklich Beifall, der u. U. geheuchelt und unehrlich ist? Oder willst du Beifall vom anderen, weil dieser tatsächlich von dir bzw. deinem Ergebnis begeistert ist?

Wohl eher Letzteres. Also überlass dem anderen doch, *wann* er Lob und Anerkennung an dich vergeben will. Ob du eine Sache gut gemacht hast oder nicht, muss dir niemand sagen. Das siehst und weißt du ganz alleine. Du selbst weißt am besten, wie sehr du dich bemüht oder angestrengt hast, was du in welcher Geschwindigkeit dazugelernt hast, wie aufwendig oder einfach die ganze Sache für dich war. Wenn *du* mit dem Ergebnis voll und ganz zufrieden bist, *dann* ist es gut und richtig.

Andere haben *ihre* Maßstäbe, setze du deine eigenen. Kein Vergleichen mehr, kein Streben nach Perfektionismus, nur noch deine eigenen Maßstäbe aufgrund deiner ganz persönlichen Fähigkeiten. Und gewöhne dir an, dir ab und an selbst mal kräftig auf die Schulter zu klopfen.

Schritt 6
Hör auf, alles dem Partner oder anderen zu überlassen

Deine Ausstrahlung und Wirkung auf andere:
unselbstständig, unwissend, untergeben

"Damit kenne ich mich nicht aus, das macht mein Mann." Wenn es nicht der Mann ist, dann eben der Partner, der Bruder, die Schwester etc. Wie oft höre ich diesen Satz nicht nur bei Frauen jenseits der Fünfzig, sondern auch schon bei (viel) jüngeren. Erschreckend einerseits, immens schade andererseits. Damit übertragen Frauen nicht nur Entscheidungen auf den Partner, sondern geben im Prinzip ihre Selbstständigkeit als erwachsener Mensch ab.

Es geht hier nicht nur darum, dem Partner Dinge zu überlassen wie etwa, mit dem Auto in die Waschanlage zu fahren oder einen Nagel in die Wand zu schlagen. Vielmehr geht es um die sogenannten "wichtigen" Dinge wie etwa: Versicherungen abschließen, Verträge prüfen, Möbel aussuchen und kaufen, Reklamationen erledigen, Verhandlungen führen, Papiere ordnen, den Urlaub buchen, Verabredungen ausmachen oder auch so etwas Lapidares wie Gespräche auf Partys führen.

All diese Dinge bringen Entscheidungen und damit verbunden Verantwortung mit sich. Der Rattenschwanz, der daran hängt, nennt sich Konsequenzen. Egal wobei bzw. wofür du die Verantwortung übernimmst, die Schuld, wenn dabei etwas schief geht, wird dann natürlich auch *dir* angelastet. Logische Schlussfolgerung: wo keine Verantwortung, da auch keine Schuld.

"Soll *er* das mal lieber tun, bevor ich was Falsches tue und mich lächerlich mache.... Nein, nein, das lasse ich lieber", so die bewusste oder manchmal auch unbewusste Einstellung einer Bedürftigen.

Gründe dafür, lieber den anderen alles machen und/oder entscheiden zu lassen, gibt es einige. Manchmal ist es wirklich Unwissenheit und die Erkenntnis, dass der andere es tatsächlich besser kann, weshalb er es machen soll. Manchmal ist es auch einfach nur Bequemlichkeit. Soll der andere ruhig Stress und Arbeit haben, man selbst hat schließlich "Besseres" zu tun, auch wenn es nichts zu tun gibt. Für viele ist Nichtstun eben "etwas Besseres".

Doch meistens liegt dieser "Mach du das lieber"-Einstellung lediglich *Angst* zugrunde. Angst, sich zu blamieren. Angst, zu versagen. Angst, aktiv zu werden. Angst, Verantwortung zu übernehmen. Angst, Entscheidungen zu treffen. Angst, Konsequenzen zu tragen. Angst, aufzufallen. Angst, als zu forsch und selbstbestimmt zu gelten. Dazu kommt noch die Angst, was der Partner denken oder fühlen könnte, wenn man selbstständig Entscheidungen trifft und/oder handelt. Fühlt er sich vielleicht unwichtig, zurückgesetzt, untergebuttert oder gar unmännlich? Vor allem taucht oft die Frage auf: "Was denkt der Partner denn dann über *mich*?"

Wenn du ständig in Angst lebst, bist du wie gelähmt. Du bewegst dich nicht und entwickelst dich nicht weiter. Du bleibst einfach in der Bewegungslosigkeit und Ohnmacht stecken. Du wirst alles versuchen, um jeglichen Konflikten, die u. U. drohen könnten, schon im Vorfeld aus dem Weg zu gehen. Zu groß ist alleine die Angst davor, dass sich diese Angst bewahrheiten könnte.

Als Bedürftige, die von Selbstzweifeln und fehlendem Selbstwert geplagt ist, wirst du alles tunlichst vermeiden, womit du auffallen könntest. Auffällig wird dagegen jeder, der aktiv ist. Bleibt logischerweise nur eines übrig: Passiv sein und sich wie eine Schnecke ins Häuschen zurückzuziehen. Die sicherste Möglichkeit ist das immer, wenn es um irgendwelche "verantwortungsvollen" Tätigkeiten und/oder Entscheidungen geht. Nur leider keine, die für dich irgendeinen Nutzen in *positiver* Hinsicht hat, schon gar nicht, wenn du es mit einem Machtspieler oder Narzissten zu tun hast.

Du tust ihnen mit dieser "Mach du das lieber"-Taktik einen riesigen Gefallen. Ob Machtspieler oder Narzisst, er ist mit Sicherheit begeistert, wenn du ihm dazu freiwillig deinen Segen gibst. Du bestätigst ihm ja schließlich damit einiges:

- Er ist derjenige, der die Macht hat und du bist die Untergebene.
- Er weiß, was gut ist und du hast keine Ahnung.
- Er macht die Ansagen und du fügst dich bereitwillig.
- Er besitzt Wissen und Stärke, du bist ungebildet, unfähig und obendrein ohne ihn völlig hilflos.

Willst du einem Machtspieler oder Narzissten wirklich die Freude machen und ihn in seiner Macht stärken? Wohl kaum, sonst würdest du dieses Buch nicht lesen!

Was also tun?

1.) Mach dir eines klar: Wer immer nur den anderen Entscheidungen überlässt, lebt vielleicht bequemer, befindet sich jedoch in einer Befehlsempfängerposition und ist automatisch der Untergebene. Damit überlässt du dem anderen die Macht. Du beförderst dich somit freiwillig genau dorthin, wo du nicht (mehr) sein möchtest: in die Rolle eines kleinen, unmündigen Kindes!

Du hast genug davon, immer nur herumgeschubst und bevormundet zu werden? Warum lässt du es dann zu, indem du deinem Partner alles überlässt? Hast du keine eigene Meinung, keine eigenen Wünsche und Bedürfnisse oder interessieren diese dich nicht? Willst du immer nur das tun, was dem anderen in sein Konzept passt? Ist es dir so viel lieber, Anweisungen zu erhalten, was du denken, fühlen, tun sollst? Fühlst du dich in deiner selbstgewählten Opferrolle so wohl, dass du sie gar nicht verlassen möchtest?

Wie soll dich jemand als gleichberechtigt und erwachsen sehen, wenn du bei allem immer nur den Kopf einziehst und schweigst? Du signalisierst mit dieser "Ich habe dazu nichts zu sagen"-Einstellung vor allem Gleichgültigkeit, auch dir selbst gegenüber. Wenn es dich auch nur im Geringsten interessieren würde, was dir gut tut oder eben auch nicht, würdest du für dich selbst Partei ergreifen.

2.) Mach dir eines bewusst: Verändern kannst du grundsätzlich nur *dann* etwas, wenn du etwas anderes tust oder anders machst als bisher. Zieh immer den gleichen Stiefel durch, mach immer ein und dasselbe und alles in deinem Leben wird genau so weitergehen wie bisher. Wenn du weiterhin passiv bist, kannst du nur immer *reagieren* und zwar auf das, was andere dir präsentieren und vor die Nase stellen. Es ist völlig egal, ob es sich dabei um Meinungen, Entscheidungen, Taten oder Verhaltensweisen handelt. Die anderen geben den Takt vor und du darfst dich nur danach bewegen.

Der Schlüssel liegt darin, *selbst aktiv zu werden*. Vielleicht wissen andere, so z. B. der Partner, wirklich manche Dinge besser als du. Aber es geht um *deine* Belange und was für *dich* höchste Priorität und/oder Bedeutung hat. All das weißt *du* selbst am allerbesten.

Du kannst selbstverständlich die Meinung oder den Rat anderer einholen und dir ihre Argumente anhören. Besorge dir zusätzlich *neutrale* Informationen. Das Internet z. B. ist eine unversiegbare Quelle an Informationen, die zwar durchaus auf ihren Wahrheitsgehalt zu prüfen sind, aber je mehr verschiedene Informationen du bekommst, umso mehr erfährst du über die Problematik und ihre Vor- und Nachteile und kannst dir dann daraus *deine eigene, persönliche Meinung* dazu bilden - und als Folge deine eigene Entscheidung treffen.

3.) Vergiss eines nicht: Jeder sieht alles grundsätzlich aus *seiner* Perspektive heraus, aufgrund seines eigenen Wissensstandes und seiner eigenen Erlebnisse, Gefühle und Einstellungen. Davon hat jeder genug in seinem persönlichen "Rucksack" und als Resultat dessen trifft *er* seine Entscheidungen. Du dagegen musst nichts von alledem auch in deinem "Rucksack" haben. Du bist schließlich kein Klon oder Abziehbild eines anderen, sondern ein eigenständiges Individuum. Was für die anderen gut ist, logisch und einfach, muss für dich deshalb keineswegs ebenso gelten, schon gar nicht in Verbindung mit einem Dritten, so z. B. deinem Partner.

Wenn du dir bei anderen einen Ratschlag holst, wie du dich deinem Partner gegenüber verhalten solltest, werden auch deine Freunde bzw. Bekannten deinen Partner aus *ihrer* Perspektive heraus betrachten und einschätzen. Es ist immer leichter, einem anderen zu sagen "Tu dies und lass jenes" als es selbst zu tun oder zu lassen. *Sie stecken nicht in deiner Haut, sie sind ja nicht du!*

4*)* "Ich meine es ja nur gut mit dir" ist sicher nett gemeint von Freunden und Bekannten, in den meisten Fällen jedenfalls. Häufig ist das ein Argument, das Eltern ihren Sprösslingen gegenüber verwenden. Warum? Die Eltern sind für ihre Kinder verantwortlich. Machen Kinder etwas falsch, sind es die Eltern, die es ausbaden dürfen. Deshalb entscheiden sie in wichtigen Dingen für ihre Kinder, und zwar aus *eigenen* Erfahrungen oder Informationen aus fremder Quelle heraus. *Du* bist aber kein Kind mehr, dem man alles abnehmen muss!

Wenn Eltern in der Lage sind, sich über Kinder und Erziehung etc. Informationen aus 2. und 3. Hand zu beschaffen, wieso solltest du es nicht sein? Was würdest du als Elternteil tun: Deine (unmündigen) Kinder selbst entscheiden lassen, wann sie zu Bett gehen, wie sie sich ernähren oder ob sie zur Schule gehen wollen? Sicher nicht. Du würdest weiterdenken, welche Konsequenzen jede dieser Entscheidungen für dein Kind hätte und die auswählen, die *deiner Meinung nach* am besten, vernünftigsten und erfolgreichsten wäre.

Das Gleiche kannst du auf dich selbst genauso anwenden. Du bist zwar nicht dein eigener Elternteil, aber ausschließlich für dich und dein Leben selbst verantwortlich. Übernimm diese Verantwortung, denke voraus, überlege, wäge ab und entscheide dich. Du bist alt genug und erwachsen genug dafür, um für dich selbst die Verantwortung zu übernehmen!

5.) Wenn du es mit einem Machtspieler oder Narzissten in deiner Partnerschaft oder Beziehung zu tun hast, gibt es nichts Kontraproduktiveres, als ihm alles zu überlassen. Damit legst du dir selbst ein riesiges Kuckucksei ins Nest. Ihm, der es gewohnt ist, die Macht und das Sagen zu haben, kannst du keinen größeren Gefallen tun, als ihm beides definitiv zu überlassen. Denn das ist es doch genau, was er möchte! Eine Partnerin, die sich wie ein kleines Kind benimmt, der man alles abnehmen muss, die keine eigene Meinung hat und wie eine willenlose Marionette tanzt, sobald er an den Fäden zupft.

Auch wenn dein Partner *kein* Machtspieler oder Narzisst ist, sondern eben ein "ganz normaler" Mensch: Wie bedürftig, hilflos und unselbstständig willst du eigentlich auf ihn wirken? Und nicht nur auf ihn. Auch jeder "normale", selbstständige Mensch gewinnt durch so ein Verhalten deinerseits früher oder später zusätzlich den Eindruck und die Meinung, dass du zu allem zu faul und zu bequem bist, sonst würdest du nämlich auch einmal selbst aktiv werden. Zu allem Überfluss kommen bei deinem Partner noch solche Einschätzungen über deine Ansichten eurer Partnerschaft hinzu: Ihr ist alles egal, sie hat kein besonders großes Interesse und eine Partnerschaft auf Augenhöhe will sie schon gar nicht, sondern lediglich eine Art "Papa-Ersatz".

Glaubst du wirklich, dass ein "normaler" Partner darauf Wert legt und auf lange Sicht an dir Interesse hat? Ganz bestimmt nicht! Hätte er ein Kleinkind gewollt, er wäre selbst Vater geworden (falls er es nicht schon ist und damit ausgelastet).

Eine *Partnerin* ist eine Frau auf gleicher Augenhöhe, die Hand in Hand mit einem am gleichen Strang zieht, aber keine, die sich in eine bequeme Hängematte zurückzieht und die Welt allen anderen überlässt. Vielleicht weckst du auf diese Art eine Zeit lang einen "Beschützerinstinkt". Mit der Zeit wird ein Mensch, der völlig unselbstständig und hilflos wirkt (und es meist auch ist), aber schnell nervig und lästig! Wach also auf und nimm dein Leben endlich selbst in die Hand!

Schritt 7
Hör auf, ständig nur auf andere zu hören

Deine Ausstrahlung und Wirkung auf andere:
hilflos, unmündig und zu bequem, um selbst nachzudenken
bzw. zu denken

"An deiner Stelle würde ich..." oder auch "Mach am besten..." - Das sind sicher gut gemeinte Ratschläge von Freunden und Bekannten. Dir diese anzuhören, ist *eine* Sache. Vor jeder noch so geringen Entscheidung darum zu bitten und den jeweiligen Rat dann ständig ohne oder mit Zögern anzunehmen, eine ganz andere.

"An deiner Stelle würde ich..." - Was heißt das eigentlich? Im Grunde nur, dass sie dies oder jenes tun würden, wenn sie du wären. Die Krux daran ist allerdings, dass die anderen sich dabei nicht in deine *Person*, sondern nur in deine *Situation* hineinversetzen (können). Sie sehen, dies oder das ist passiert und überlegen blitzschnell, ob sie schon in der gleichen oder einer sehr ähnlichen Situation waren, was sie getan haben und was danach passiert ist. Oder sie stützen sich dabei auf Dinge, die sie irgendwann und irgendwo gelesen oder gehört haben.

Je nachdem, wie ihre eigenen Erfahrungen waren, werden sie dir *das* raten, was bei ihnen damals zum gewünschten Erfolg geführt hat oder etwas anderes, falls der gewünschte Erfolg nicht eingetreten ist. Oder eben das, was sie aus dem Gelesenen oder Gehörten als logische Erkenntnis schlussfolgern.

Kurz gesagt: Ihr Rat ist das, was *sie selbst* in deiner Situation tun würden. Im Bestfall berücksichtigen sie dabei deine ureigene Persönlichkeit (vielleicht bist du ängstlicher als sie, weniger wortgewandt, unsicherer o. ä.), in den meisten Fällen aber nicht oder nur unzureichend.

Einwände deinerseits wie etwa "Das kann ich so nicht" auf ihren Ratschlag hin werden ungeduldig zur Seite gewischt mit einem "Nun stell dich nicht so an! Du musst einfach mal..." Warum? Weil sie sich nicht (vollständig) in dich hineinversetzen können! Sie sehen wohl, was du tust und wie du auf sie wirkst. Sie hören auch, was du sagst. Aus diesen Dingen ziehen sie die logische Schlussfolgerung, wie du denkst und fühlst, und sie *glauben zu wissen*, was also in dir vorgeht. Denn sie sehen grundsätzlich nur das, was du ihnen *zeigst*. Du, genauso wenig, wie jeder andere auch, zeigst ihnen aber niemals alles aus den unterschiedlichsten Gründen.

Als Bedürftige brauchst du nämlich nicht nur Aufmerksamkeit, sondern vor allem auch Bestätigung und Lob. Wenn du nun alleine irgendetwas tust und es geht schief, bekommst du sicherlich Aufmerksamkeit. Allerdings der negativen Art, so lautet deine Befürchtung. Du könntest ausgelacht oder verspottet werden, was deinen Selbstzweifeln wahre Wasserfälle auf die Mühlen gießen würde. Für dich ist es beschämend, Fehler zu machen, vielleicht kritisiert zu werden, als "dumm" oder inkompetent dazustehen u. v. m. Du willst aber um jeden Preis anerkannt werden. Das gelingt dir jedoch nur dann, wenn du alles "richtig" machst.

Was tust du also? Du frägst andere um Rat, weil du davon ausgehst, sie wissen besser Bescheid als du, sie sind wertvoller als du und schlauer sowieso.

Du vergisst dabei eines: Auch wenn sie dir einen Rat à la "An deiner Stelle würde ich..." geben: Deine Gedanken, Erinnerungen, Hemmungen, Emotionen und Gefühle können sie niemals *wirklich* sehen und damit auch nicht nachvollziehen bzw. verstehen. Du kannst ihnen zwar davon erzählen, *alles* wirst und kannst du ihnen aber trotzdem nicht vermitteln. Und vor allem, du wirst es ihnen niemals vollständig zeigen.

"Mach am besten..." - Das ist ein sicherlich ein gut gemeinter Tipp, nur *du* bist es, die mit den Konsequenzen, die sich daraus ergeben, klarkommen muss und nicht sie. Du kannst den Tipp annehmen und auch umsetzen, aber eben *nur im Rahmen deiner ureigenen Möglichkeiten.* Auch wenn *du* haargenau das tust, was dir geraten wurde, muss es keineswegs zum erhofften Resultat führen. Warum? Gerade bei Ratschlägen, die eine weitere Person (so z. B. deinen Partner) betreffen, können die anderen weitaus weniger dessen Reaktion vorausahnen als du selbst. Du erlebst ihn ja tagtäglich und verbringst mehr Zeit mit ihm als deine Freunde und Bekannten.

Außerdem bist *du* nicht derjenige, der dir den Rat gibt. Selbst wenn du jedes Wort sagst, das dir ein anderer aufträgt, und die Art und Weise, *wie er* es sagen würde, imitierst, es würde trotzdem ganz erheblich differieren. Eine Bedürftige wie du tritt niemals so überzeugend und selbstsicher auf wie ein Nicht-Bedürftiger oder ein selbstbewusster Mensch. Selbst wenn der Ratschlag von einer/m ebenfalls Bedürftigen kommt, er bzw. sie hat so wie jeder andere seine "Eigenheiten", die mit deinen keineswegs übereinstimmen müssen. Niemand ist, denkt, fühlt, lebt exakt so wie du!

Gerade, wenn du es mit einem Machtspieler oder Narzissten als Partner zu tun hast, wird er dich trotz eines spitzenmäßigen Rates deiner Freundin o. ä. und bester Argumente nicht "für voll" nehmen, sondern es eher für einen Mäuseaufstand halten, aber nicht mehr.

Was also tun?

1.) Merk dir eines: Dir hin und wieder einen Rat einzuholen, ist in Ordnung. Tust du es aber laufend, bei jeder kleinen und großen Gelegenheit, wirkst du auf andere sehr schnell unselbstständig, hilflos und mit dem "normalen" Leben überfordert. Die Folge davon: Der andere wird mit der Zeit immer häufiger genervt und ungeduldig, weil er für dich dein Leben managen soll. Dass er so jemandem gegenüber langsam, aber sicher auch den Respekt verliert, ist zwangsläufig. Ein erwachsener Mensch, der nie Ahnung hat, was er tun soll, benimmt sich wie ein Kleinkind, das nicht weiß, ob es mit dem Tretauto oder dem Dreirad fahren soll.

2.) Vergiss nie: Nur *du selbst* steckst in deiner Haut, niemand sonst! Es ist *dein* Leben, das außer dir sonst niemand leben *kann*! Du kannst zwar an andere Dinge delegieren wie Erledigungen, Aufgaben, Entscheidungen, Verantwortung usw., aber weder deine Gedanken und Gefühle noch deine Körperfunktionen noch jede einzelne Minute des Tages und der Nacht. Niemand kann dir ununterbrochen 24 Stunden am Tag zur Seite stehen, nicht bei deiner Arbeit, nicht bei zwischenmenschlichen Kontakten, nicht bei deiner Beziehung und schon gar nicht bei Dingen, die ausschließlich dich selbst betreffen - so z. B. dein Leben!

3.) *Bevor* du das nächste Mal um Rat frägst, egal zu welchem Thema: Mach dir die Arbeit, setz dich hin und schau dir die Problematik genau an. Was ist los? Was stört dich? Was möchtest du erreichen? Was ist dein Ziel? Wenn du die Antworten auf diese Fragen gefunden hast, geh einen Schritt weiter: Welche Möglichkeiten hast du, dieses Ziel zu erreichen? Mach ein Brainstorming, bei dem du dir jede noch so unmöglich oder abwegig erscheinende Idee notierst, völlig ohne Bewertung und Aber.

Selbst wenn dir nicht sofort etwas einfällt und dir diese Fragen Kopfzerbrechen bereiten, und das werden sie am Anfang ganz bestimmt, nicht aufgeben! Ist es ein Wunder, wenn dir keine Idee kommt? Natürlich nicht, denn wer immer andere für sich die Denkarbeit machen lässt, verlernt das Denken mit der Zeit und wird völlig einfallslos. Deshalb nicht aufgeben, sondern erst recht das (Nach-) Denken anfangen, auch wenn's schwerfällt!

Geh im Geist noch mal alle bereits erlebten Situationen durch, die der aktuellen ähneln, und erinnere dich daran, was du damals getan hast und welche Konsequenzen sich daraus ergeben haben. Waren sie *für dich* tragbar und angenehm? Dann nimm das als Denkansatz und versuche, etwas Ähnliches als Lösung für die aktuelle Situation zu finden. Waren die Konsequenzen damals für dich unangenehm und nicht, wie erhofft? Dann nimm auch das als Denkansatz und versuche, etwas Besseres zu finden.

Wenn dir noch nichts einfällt oder du zum ersten Mal in dieser Situation steckst, schau dir andere an, die in einer ähnlichen Situation gesteckt haben. Was haben sie damals getan? Was für Konsequenzen gab es bei ihnen? Wenn du dich mit deren Reaktion auch nur irgendwie identifizieren kannst, nimm sie als *Gedankenanstoß*, dir daraus eine eigene Lösung zu erarbeiten, allerdings auf Grundlage deiner ganz persönlichen, ureigenen Eigenschaften und Möglichkeiten.

Was auch immer du tust, um auf eine Lösung zu kommen, eines tu jedoch nicht: Beim Auftauchen eines Problems sofort losrennen und andere für dich denken lassen. Wach endlich auf aus deinem passiven Zustand, hör auf zu jammern und werde selbst aktiv!

4) Wenn du dir am Anfang noch unsicher bist, ob deine eigenen Lösungsmöglichkeiten klappen könnten, *dann* kannst du jemanden um Rat fragen. Aber! Schildere dem anderen *nur kurz, knapp und sachlich* das Problem und präsentiere *sofort im Anschluss daran* deine Überlegungen, so in etwa: "Hör mal, das ist passiert: ... Ich habe mir Folgendes überlegt: Ich mache... oder... oder... Was davon bringt mich am weitesten?"

Was du jedoch nicht tun solltest: eine emotionsgeladene, weitschweifige Geschichte erzählen gefolgt von der Frage: "Was soll ich jetzt tun?"

Wenn der andere merkt, du hast dir bereits Gedanken gemacht und weißt, welche Möglichkeiten für dich infrage kommen, kann er dir auch einen Rat geben, der wirklich für *dich* der passende ist. Ob *er* anders handeln würde, ist völlig irrelevant. Denn es ist *dein* Leben, *dein* Ärger und *deine* Konsequenz! *Er* ist immerhin *nicht du!*

Falls er dir einen Vorschlag hat, geh nach Hause und denke in Ruhe darüber nach. Überlege dir die Vor- und Nachteile, fühle dich hinein, vergleiche mit deinen eigenen Einfällen und dann triff eine Entscheidung. Berücksichtige dabei aber *immer*, wozu du dich wirklich imstande fühlst.

Der Gedanke "Ich mache doch lieber das, was er mir geraten hat, das ist sicher besser" kommt dir ganz bestimmt. Falls das *tatsächlich* zutreffend ist, tu es. Falls du es *nur deshalb* tun willst, weil du dir selbst nichts zutraust und davon ausgehst, dass er bzw. andere besser wissen, was die richtige Lösung für dich ist... Dann tu es und im Anschluss kannst du dir kräftig auf die Schulter klopfen und dich dafür loben, dass du alles dafür tust, weiterhin unselbstständig und bedürftig zu bleiben!

5.) Egal, was von deiner Seite aus nun geplant ist, zu tun: *Bevor* du es tatsächlich tust, übe!

Stell dir im Detail vor, was du tun und sagen willst, stelle dich vor den Spiegel (am besten ein möglichst großer!) und spiele das Gespräch laut durch. Schau dich dabei im Spiegel an, halte Augenkontakt. Beobachte dabei deine Mimik und Gestik. Wie wirkt beides? Ängstlich, unterwürfig, unsicher? Schließe die Augen und fühle dich in die Situation hinein. Spule den Film vor deinem geistigen Auge bis zum Ende vor, und zwar *zu dem Ende*, das *du* dir wünschst. Fühle dich auch dort wieder hinein. Wie fühlt es sich für dich an, den ersehnten Erfolg zu haben? Das erreicht zu haben, was du dir vorgenommen hast? Mit Sicherheit gut! Bleibe in diesem Gefühl und koste es aus, solange du willst. Dann mache die Augen auf und spiele die Situation als *Gewinner* noch mal durch. Beobachte dich dabei wieder ganz genau.

Stellst du noch keine große Veränderung in dir fest, wiederhole diese Schritte so oft, bis du dich so gut und sicher wie möglich fühlst bzw. bis du dich als Gewinner fühlst.

Egal was du dir mit Worten und Gedanken einzureden versuchst, solange du es nicht *gleichzeitig fühlen* kannst, bist du auch nicht davon überzeugt. Im Umkehrschluss heißt das: *Nur das, was du gleichzeitig sagst (ob in Worten oder Gedanken) und fühlst, von dem bist du auch durch und durch überzeugt!*

Höre ich jetzt ein Stöhnen? Ja, *natürlich* ist das alles viel Aufwand und Arbeit. Doch wie sonst willst du bei dir irgendetwas verändern, wenn nicht durch TUN? Im Schlaf, das wäre sicher leichter und schneller, keine Frage. Doch glaub mir, dieser Fall wird *nicht* eintreten. Also MACH!

6.) Sei dir bewusst: Du bist ein erwachsener Mensch und kein Kleinkind mehr. Angst haben vor einer prekären, schwierigen oder komplizierten Situation darfst du jederzeit. Das darf jeder. Nur eines darfst du nicht, denn das ist das ausschließliche Privileg eines Kleinkindes: Dich der Angst hingeben und darin sitzen bleiben!

Solange du das tust, blockierst du dich selbst und bleibst bis über beide Ohren in deinen alten Mustern und Verhaltensweisen stecken. Du willst aber doch etwas verändern!

Egal wie sehr dich die bevorstehende Situation also ängstigen mag, du hast zwei Möglichkeiten:

a) Schieb sie aus Angst vor dir her, bis es nicht mehr geht. Dann bist du unvorbereitet und der Misserfolg ist vorprogrammiert.

b) Du nimmst es in Angriff und bereitest dich gut darauf vor, Angst hin oder her, völlig unabhängig davon, wie sehr dir auch die Knie schlottern mögen. Augen zu und durch!

Nur so kannst du deine Angst überwinden. Vielleicht hast du beim nächsten Mal auch wieder Angst. Dann kannst du jedoch zurückschauen auf dein letztes Erfolgserlebnis und dich damit motivieren.

7.) Mach dir eines bewusst: Selbst wenn mit ausreichender und guter Vorbereitung das Ergebnis nicht so war wie erhofft, du hast *trotzdem* einen Erfolg erzielt! Erfolg heißt in diesem Fall schon alleine, eine Angst machende Situation bei den Hörnern gepackt zu haben. Du bist *nicht* davongelaufen, sondern hast *trotz Angst* gehandelt. Du hast deine Angst dieses eine Mal überwunden, die Situation durchgestanden und sie überlebt. Vor allem hast du gehandelt und warst aktiv! Was du einmal geschafft hast, schaffst du auch ein weiteres Mal.

Bereite dich dann wieder gut darauf vor, motiviere dich selbst, rede dir gut zu, lass dich ggf. zusätzlich von einer Freundin oder jemand Vertrautem aufbauen und motivieren. Danach heißt es wieder: Augen zu und durch! Mit jedem einzelnen Mal wirst du spüren, wie deine Angst abnimmt und du dich im Gegenzug stärker, sicherer und selbstbewusster fühlst.

Entscheidungen können andere dir vielleicht abnehmen, die *Angst* davor, etwas zu verändern, jedoch *niemand*.

Wofür auch immer du dich entscheidest, du kannst dich ihr entweder hingeben oder dich ihr stellen.

Es ist *dein* Leben und *du selbst* bist dein bester Ratgeber. Niemand sonst kennt dich so exakt wie du dich selbst! Andere können dir zwar ab und an Hilfestellung geben, aber *du* bist es, die *aktiv* werden, *handeln* und *tun* muss. Also TU es! Bleibst du weiter im Passivsein sitzen, wird sich nie etwas verändern.

Schritt 8
Hör auf, anderen ein schlechtes Gewissen machen zu wollen

Deine Ausstrahlung und Wirkung auf andere:
typische Opferhaltung, Dauerjammerer, manipulativ, berechnend

Anderen ein schlechtes Gewissen machen zu wollen, ist ein beliebtes Mittel, um seinen Willen durchzusetzen. Vor allem in Beziehungen wird es sehr häufig angewandt, um zu erreichen, dass der Partner klein beigibt und das tut, was man selbst gerne möchte.

Im Grunde ist diese Taktik nichts anderes als die, die Kleinkinder bei ihren Eltern und Großeltern anwenden, also ein Relikt aus der Kinderzeit. Schmollend wird sich in die Ecke gesetzt oder schreiend auf den Fußboden im Supermarkt geworfen, wenn Mama & Co nicht das tun, was Kind gerne hätte. In diesem Alter ist diese Taktik noch bis zu einem gewissen Grad akzeptabel, bei Erwachsenen jedoch nicht mehr. Kinder müssen nämlich erst noch den zwischenmenschlichen Umgang und Kontakt lernen, im Erwachsenenalter solltest du das inzwischen beherrschen.

Machtspieler und Narzissten setzen diese Taktik gerne ein, um ihre willigen Marionetten wieder gefügig zu machen mit Sprüchen wie etwa: "Du bist wieder mal schuld, dass...", "Immer machst du..." oder auch "Wenn du nicht immer..." Die aktuelle Situation wird verallgemeinert (*wieder!*

immer!), um den Eindruck beim anderen zu erwecken, dass genau das regelmäßig und ununterbrochen passiert. Klar, dass dadurch nur *einer* (nämlich du!), den Schwarzen Peter zugeschoben bekommt, während er selbst natürlich völlig unschuldig ist und seinen selbst gemachten Heiligenschein spazieren tragen kann.

Diese Taktik wirkt jedes Mal verblüffend gut im Umgang mit einem Bedürftigen. Hat dieser ohnehin schon genug mit seinen Minderwertigkeitskomplexen und Selbstzweifeln zu kämpfen, ist der Erfolg, nämlich das schlechte Gewissen, vorprogrammiert. Er wird also alles daran setzen, um nicht mehr beschuldigt und angeklagt zu werden. Warum? Ganz klar, wenn er der "Böse" ist, könnte ihm nämlich Liebesentzug und Ablehnung drohen. Genau das will der Bedürftige aber unter allen Umständen vermeiden! Was bleibt ihm also anderes übrig, als sich zu fügen und genau das zu tun, was der "Big Boss" wünscht?

Im Gegensatz dazu wenden aber auch Bedürftige selbst oft genug diese Taktik bei anderen an. Es fließen Krokodilstränen, es wird geschmollt, es werden direkte oder indirekte Vorwürfe gemacht, bei denen der Partner schlecht abschneidet. Es fallen Sätze wie: "Der Mann von A ist nie so gemein zu ihr wie du zu mir!", "Niemand sonst würde sich von dir so etwas gefallen lassen, nur ich bin so doof" oder (ganz beliebt) "Ich tue doch alles nur für dich, aber du weißt das gar nicht zu schätzen, sondern..."

Zutreffend sein muss das alles nicht mal. Darum geht es ja auch nur zweitrangig. Der eigentliche Grund, wieso dem anderen oder dem Partner solche Sprüche an den Kopf geknallt werden, liegt ganz woanders: Ihm soll gefälligst ein

Licht aufgehen, wie schlecht er einen doch behandelt. Damit verbunden ist auch die unausgesprochene Forderung, es künftig besser zu machen, und zwar so, wie man selbst es für richtig und passend betrachtet und braucht. Schließlich ist das oberste Ziel eines Bedürftigen, dass ausschließlich *seine* Bedürfnisse voll und ganz befriedigt werden.

Die Hoffnung, dass dies auch passiert, ist berechtigt. Das nimmt jedenfalls der Bedürftige an. Wieso auch nicht? Er weiß es ja selbst aus eigener Erfahrung: Wer ein schlechtes Gewissen hat, ist immer bemüht, den Schaden, den er verursacht hat, schnellstens und bestmöglich wieder gutzumachen. Und wie geht es einfacher, als dass dem armen, bemitleidenswerten Opfer der (unausgesprochene) Wunsch erfüllt wird und man sich vermehrt kümmert?

Soweit die Annahme. Manchmal funktioniert dieses manipulative und berechnende Spielchen tatsächlich. Es gibt mehr als genug andere Bedürftige, die ebenfalls Angst davor haben, abgelehnt und nicht (mehr) geliebt zu werden. Nur aus diesem Grund geben sie nach und fallen darauf herein. Das wiederum ist eine Bestätigung für den Macher und Verursacher des schlechten Gewissens, dass diese Taktik funktioniert und sie werden sie sofort bei der nächsten Gelegenheit wieder anwenden.

Doch egal wie oft es klappt und wie oft auf diese Weise die eigenen Bedürfnisse gestillt werden, es ist immer nur eine vorübergehende Befriedigung. Schon bald wird der Bedürftige feststellen, dass er wieder die volle Aufmerksamkeit, Bestätigung und "Liebesbeweise" braucht. Immerhin sind das ja seine Hauptbedürfnisse! Die logische Schlussfolgerung des Bedürftigen: Hatte er mit seiner Kleinkindertaktik einmal Erfolg, muss es also auch beim nächsten Mal funktionieren. Und schwups, geht das Spielchen von vorne los.

Natürlich gibt es dabei einen Pferdefuß, den du berücksichtigen solltest: Triffst du als Bedürftige auf jemanden, der über ein ausreichendes Maß an Selbstwert und Selbstbewusstsein verfügt, stößt du damit sehr schnell an deine Grenzen. Dein kleines Spielchen geht nicht mehr auf. Der andere lässt sich partout kein schlechtes Gewissen aufdrücken, weil er gelernt hat, sich abzugrenzen. Zum anderen durchschaut er ganz genau, dass das nur ein Heischen um Aufmerksamkeit ist und du eigentlich nur eine einzige Sache willst: ihn manipulieren!

Du hast richtig gelesen. *Es ist Manipulation.* Nichts anderes steckt hinter dieser Kleinkindertaktik "Ich mache dir ein schlechtes Gewissen, damit du tust, was ich will". Du willst nämlich lediglich den anderen beeinflussen und mit Tricks dazu bringen, nach deiner Pfeife zu tanzen. Absichtlich geschieht dies vielleicht nicht, wenn du ein Bedürftiger bist. Trotzdem: So, wie du selbst dich (bewusst oder unbewusst) von Machtspielern und Narzissten manipulieren lässt, genauso manipulierst du deinerseits andere. Du versuchst es zumindest.

Selbst wenn der andere auf deine Wünsche eingeht und sich tatsächlich von dir manipulieren lässt, du übersiehst dabei vier Dinge:

a) Unabhängig davon, wie viele Wünsche er dir auf diese Weise erfüllt, es wird dir nie genug sein, was er dir gibt. Du wirst immer mehr und mehr (davon) haben wollen und deshalb mit deinem manipulativen Spielchen aus Kindertagen weitermachen.

b) Der andere erfüllt dir deine Wünsche oder unausgesprochenen Forderungen nur, weil du ihn manipulierst, aber weder freiwillig und schon gar nicht gerne. Was immer er auch tut, es geschieht nur aus Mitleid mit dir armen Opfer und/oder weil er sich von dir erpresst sieht.

c) Falls du damit glaubst, Liebe (auch Liebe in Form von Bestätigung und Anerkennung) zu erhalten, täuschst du dich gewaltig. Niemand wird dich dafür lieben, wenn du ihn austrickst und ihn zu sogenannten "Liebesbeweisen" zwingst. Nicht anderes tust du nämlich!

d) Egal ob du mit deinem Spielchen erfolgreich bist oder nicht, eines verändert sich dadurch niemals und das ist deine Bedürftigkeit.

Was also tun?

t.) Mach dir eines klar: Alle Tricks, die du anwendest, um deine immensen Bedürfnisse befriedigt zu bekommen, werden nichts, aber auch gar nichts daran ändern, dass du weiterhin in der Kategorie "Bedürftige" bleibst. Du kannst dir damit vielleicht vorübergehend Erleichterung verschaffen, mehr aber auch nicht. Deine verzweifelte Suche nach Anerkennung, Bestätigung, Aufwertung und Liebe wird weitergehen. Denn all das ist es, was du von anderen dringendst benötigst. Warum? Du weißt es inzwischen: Weil *du selbst* dich nicht für gut genug und liebenswert hältst.

Wenn du an deiner Bedürftigkeit etwas nachhaltig ändern willst, um aus Abhängigkeiten herauszukommen, dann helfen keine Tricks, keine Spielchen und auch kein

Betteln, sondern nur eines: die Gründe für deine Bedürftigkeit aufdecken und sie beseitigen.

Willst du jedoch weiterhin deine Selbstzweifel, deine vermeintliche Wertlosigkeit, dein mangelndes Selbstbewusstsein pflegen, dich weiter in deiner Opferrolle suhlen und dich im Selbstmitleid baden, weil all das so viel einfacher ist als Veränderung - Nur zu! Du wirst dann allerdings - trotz aller Tricks und Spielchen - weiterhin in deiner Bedürftigkeit und Abhängigkeit stecken und der Spielball anderer sein und bleiben. Es ist *deine* Entscheidung!

2.) Verinnerliche dir eines: *Nicht die anderen müssen sich ändern, sondern du!* Natürlich kannst du dich weiterhin von ihnen abhängig machen und mit ihnen Spielchen spielen. Was hast du aber davon? Bringt dich das auch nur einen Schritt weiter in Richtung Selbstwert und Selbstbewusstsein? Kannst du damit deine Bedürftigkeit beseitigen? Ganz sicher nicht. *Du* bist es, die anders behandelt werden möchte. *Du* bist es, die mit ihrem jetzigen Leben nicht glücklich ist. *Du* bist es, die geliebt, anerkannt und bestätigt werden will.

Dann hör bitte endlich auf, dich ständig um die anderen zu kümmern und ihnen für alles, was in deinem Leben passiert - oder eben auch nicht - die Schuld zuzuschieben. Wenn sich bei dir nichts, aber auch gar nichts verändert, dann nur, weil du dich laufend um die falschen Dinge kümmerst: nämlich die der anderen. *Sie* sollen sich verändern. *Sie* sollen etwas anderes tun. *Sie* sollen sich anders benehmen. Egal wobei, du beschäftigst dich immer nur mit ihnen.

Selbstverständlich ist es sehr bequem, wenn du in deiner Hängematte der Bequemlichkeit, des Negativdenkens und des Selbstmitleids liegen bleiben kannst. Alle anderen rings um dich herum sollen sich gefälligst bewegen und es dir einfach machen. Nur, völlig passiv darauf zu warten, dass *andere* sich verändern, damit vergeudest du lediglich deine Zeit. Möglich, dass sich andere verändern können. Möglich, dass sie es auch eines Tages tun. Möglich, dass sie irgendwann mal so funktionieren, wie du es gerne hättest. Möglich ist alles. Eine Garantie erhältst du dafür aber nicht.

Erst wenn du begreifst, dass du *bei dir* etwas verändern musst, damit andere dich auch anders behandeln, wird sich was verändern. Das wird aber nicht von alleine und schon gar nicht vom Nichtstun eintreten! Also steh auf, bewege dich, werde aktiv und fange an mit Veränderungen *bei* und *in dir*!

3.) Hör damit auf, dir Horrorvisionen auszumalen, dass dich alle verlassen werden, wenn du dich veränderst. Vielleicht bleiben die Menschen, die jetzt in deinem Leben sind, danach wirklich nicht mehr bei dir, so z. B. dein Partner, der Machtspieler oder Narzisst. Sobald du nicht mehr so spurst, wie er es gerne hätte, sondern anfängst, dein Leben in die eigenen Hände zu nehmen, wirst du für ihn als Opfer uninteressant.

Sobald du anfängst, Selbstwert und Selbstbewusstsein zu haben und auszustrahlen, weiß er ganz genau, dass er sich an dir künftig die Zähne ausbeißen wird. Er will lediglich ein unterwürfiges Opfer, das er nach Belieben herumdirigieren kann, aber ganz bestimmt keine selbstbewusste Frau! Von dieser wird nämlich jeder Machtspieler und Narzisst sofort die tiefrote Karte bekommen, wenn er auch nur den vagen, halbherzigen Versuch macht, sie zu dominieren, bevormunden oder herumzuschubsen. Eine selbstbewusste Frau wird sich das nämlich niemals bieten lassen!

Wenn du dich verändert hast, wenn du weißt, was du selbst wert bist, wenn du dir deiner selbst bewusst bist und all das auch ausstrahlst, kann es natürlich passieren, dass diverse Menschen dann dein Leben verlassen. Du bist nicht mehr gefügig, tanzt auch nicht mehr nach ihrer Pfeife und gibst ihnen nicht mehr das, was sie so dringend von dir benötigen. Doch genau diese Menschen wirst du dann auch nicht mehr brauchen. Du wirst sie nicht mehr in deinem Leben haben *wollen*, weil sie nicht mehr zu dir passen: Menschen, die dich bislang unterdrückt, schlecht behandelt, herumgeschubst, bevormundet oder sich mit dir zusammen in der Hängematte der Bequemlichkeiten und des Selbstbemitleidens gesuhlt haben. Du bist dann nämlich nicht mehr wie sie und vor allem, du bist dann nicht mehr bedürftig! Stattdessen wirst du dich mit anderen Menschen umgeben wollen und dich auf diejenigen konzentrieren, die mit dir genauso respekt- und liebevoll umgehen wie du mit dir selbst.

Wenn *du* von anderen voller Respekt, Anerkennung und Liebe behandelt werden willst, dann setz deine Kraft *dafür* ein, der Mensch zu werden, den man auch respektieren, anerkennen und lieben *kann*: Ein Mensch, der weiß, was er wert ist und gesunde Grenzen setzen kann.

Jemand, der sich jedoch selbst nicht leiden kann, ununterbrochen abwertet, andere manipuliert und sich laufend im Selbstmitleid suhlt, wird vor allem *bemitleidet*, aber keinen Respekt, keine Anerkennung und auch keine (echte!) Liebe bekommen!

104

4) Fakt ist eines: Liebe, ob nun in einer romantischen oder auch in einer zwischenmenschlichen Beziehung (wie etwa innerhalb der Familie oder unter Freunden), *lässt sich nicht erzwingen!* Wenn du geliebt und anerkannt werden möchtest, dann gib dem anderen einen Grund dazu.

Was ist dir lieber? Dass der andere nur so tut, als ob, nur damit du denkst, von ihm geliebt (oder gemocht) zu werden? Oder willst du wirklich und wahrhaftig um *deinetwillen* geliebt (oder gemocht) werden?

Wenn du jemanden beeinflusst, manipulierst und emotional erpresst, damit du vielleicht mehr Aufmerksamkeit und Zuspruch erhältst, geht der Schuss nach hinten los.

Der andere wird dir vielleicht beides geben, allerdings nur aus zwei Gründen:

a) aus Mitleid, weil du dich ihm als armes, schwaches und bedauernswertes Opfer präsentierst und

b) weil er - als ebenfalls Bedürftiger, so wie du - sein schlechtes Gewissen erleichtern will.

Geliebt oder gemocht, *wirklich* geliebt oder gemocht, wirst du in beiden Fällen aber nicht.

Schritt 9
Hör auf, dich zu verstellen und zu verbiegen

Deine Ausstrahlung und Wirkung auf andere:
nicht authentisch, wie ein Fähnchen im Wind, unehrlich

Sich zu verstellen und zu verbiegen ist ein weiterer beliebter Trick, den Bedürftige anwenden. Es wird so getan, als ob und etwas vorgegeben, was sie gar nicht sind. Es wird jeweils *die* Meinung geteilt, die der (Gesprächs-) Partner vertritt. Es wird sich so verhalten, wie der andere es auch tut. Es wird alles dafür getan, dass der andere mit dir "zufrieden" ist. Kurz gesagt, es wird sich genau *so* präsentiert, dass mit dem anderen ins gleiche Horn getutet wird.

Wieso auch nicht? Wer sich so verhält wie die anderen, fällt nicht auf, gilt als "gleich" und wird deshalb anerkannt. Und genau das ist es doch, was ein Bedürftiger dringendst braucht: Anerkennung, Bestätigung und Akzeptanz. Verhält er sich anders und hat differierende Meinungen, fällt er dagegen auf und kann u. U. abgelehnt werden. Abgelehnt zu werden setzt er gleich mit "nicht geliebt" bzw. "nicht gemocht" werden. Exakt das ist es doch, darum dreht sich doch alles bei ihm.

Unter allen Umständen will er geliebt werden. Wer geliebt wird, ist wertvoll, gut genug, beliebt und vieles mehr. So seine Gedanken. Jemand, der von sich jedoch eine gegenteilige Meinung hat, braucht all diese Dinge umso mehr, um sich gut zu fühlen. Deshalb müssen andere ihm all diese Dinge geben, weil er selbst sich nichts davon geben kann.

Jemand, der über ein gesundes Maß an Selbstwert, Selbstbewusstsein und Selbstliebe verfügt, wird weder um Anerkennung bei anderen betteln noch sich verstellen. Er ist und bleibt authentisch, auch wenn andere völlig anderer Meinung sind und ihn deswegen evtl. sogar ablehnen.

Eine andere Meinung als die eigene anzunehmen bzw. diese einfach ungefragt zu übernehmen, wird nur derjenige tun, der sich absolut unsicher ist und nicht zutraut, seine eigene Meinung zu vertreten und argumentieren zu können. Er geht davon aus, wenn viele andere alle der gleichen Meinung sind, muss sie richtig sein. Bedürftige unterdrücken gerne ihre eigene Meinung und nehmen stattdessen - wenn auch nur nach außen hin - die von anderen an aus der Hoffnung heraus, damit Probleme zwischenmenschlicher Art zu umgehen. Ein Nicht-Bedürftiger kann natürlich auch seine Meinung ändern, aber er tut dies aus absoluter Überzeugung und nicht aus Angst vor anderen oder deren Reaktion.

Sich verstellen und verbiegen funktioniert aber nicht nur in Bezug auf Meinungen, sondern ebenso im alltäglichen Verhalten. Da wird behauptet, Jazz zu lieben, weil der andere es tut, obwohl man selbst dieses Gedudel absolut verabscheut. Es wird vorgegeben, gerne Sushi zu essen, weil der andere es tut, obwohl einem davor ekelt. Im TV sieht man sich gruselige Horrorfilme an, weil der andere sie mag, obwohl man genau weiß, danach wieder tagelang nicht schlafen zu können. Make-up und Klamotten werden getragen, die der andere bevorzugt, obwohl man sich damit unwohl fühlt. Weitere Beispiele, aus jedem Bereich des Lebens, gibt es mehr als genug. Es wird alles Mögliche getan, was keineswegs den eigenen Wünschen entspricht, sondern nur aus einem einzigen Grund: um zu gefallen!

Wenn du dich laufend verstellst und verbiegst, nur um anderen zu gefallen, was tust du damit eigentlich wirklich? Du bist unehrlich und lieferst eine Show ab. Nichts anderes. Du bist nicht nur dem anderen gegenüber unehrlich, sondern vor allem auch dir selbst gegenüber. Anders ausgedrückt: Du belügst dich selbst. Du redest dir nämlich ein, dass du das alles nur tust, weil du dem anderen damit "deine Liebe beweisen willst".

Er mag dich mit kunterbuntem Make-up, während du normalerweise eher dezent trägst. Nur aus "Liebe" trägst du trotzdem bunt. Ihm gefällt es doch an dir! Er sieht gerne Horrorfilme an, während du lieber Liebesfilme kuckst. Aus "Liebe" schaust du seinetwegen bei diesem gruseligen Gemetzel zu, weil er diese Filme doch so sehr mag. Er isst gerne Sushi, du lieber gebratenen Fisch. Aus "Liebe" holst du aber dreimal die Woche Sushi für ihn vom Japaner. Ihm schmeckt es doch so und er ist absolut zufrieden und happy!

Diese angeblichen "Liebesweise" sind - ganz objektiv betrachtet - aber nichts anderes als *Lüge*. Du belügst schlicht und ergreifend deinen Partner, wenn du behauptest, Sushi zu mögen, obwohl du es zutiefst verabscheust und es nur seinetwegen isst. Ein "Beweis" deiner Liebe zu ihm ist es auch nicht. Der einzige Beweis, den du ihm damit lieferst, ist der, dass du bereitwillig alles tust, was *er* möchte, nur um damit von ihm akzeptiert zu werden. Anders ausgedrückt beweist du ihm damit lediglich, wie bedürftig du bist und wie sehr du deshalb um Beifall und Aufmerksamkeit heischst.

Du willst von ihm geliebt werden, so, wie du bist, um deinetwillen. Und was präsentierst du ihm? Eine Person, die du gar nicht bist. Wie sollte er dich also um "deinetwillen" lieben (können), wenn du dank deines Verbiegens und Verstellens gar nicht *du* bist? Du bist vielleicht eine Person, die schlichtes Make-up und Jeans mag, im TV Tier-Dokus bevorzugt, gerne bunte Salatteller isst und Heavy Metal hört. Was du ihm aber *zeigst*, ist jemand, der ein und dieselben Dinge "liebt" wie er auch.

Hast du dich schon mal gefragt: "Was hat das alles mit *mir* zu tun?" Das, was du ihm gegenüber vorgibst zu sein, wer ist das? Bist das wirklich *du*? Kannst du dich selbst im Spiegel ansehen und aus vollem Herzen und tiefster Überzeugung behaupten: "Ja, das bin ich! Ich stehe auf grelles Make-up, High-Heels und Minirock, Horrorfilme, Sushi und Jazz, weil ich all diese Dinge wunderbar finde." Oder hast du etwa ein komisches Gefühl in der Magengegend und hörst brüllenden Widerspruch im Hinterkopf, wenn du das behauptest?

Hast du dir schon mal bewusst gemacht, dass dein Partner damit im Bestfall eine *Illusion* liebt, aber nicht wirklich *dich*? Er liebt die Illusion, die du ihm vorgaukelst. Dich selbst kennt er ja gar nicht, weil du ihm die ganze Zeit etwas vorspielst und vormachst. Deine Angst, dann abgelehnt und nicht geliebt zu werden, wenn du *nicht* die gleichen Dinge bevorzugst wie er, ist viel zu groß, als dass du ehrlich und authentisch sein wolltest und könntest. Lieber verbiegst du dich und verstellst dich. Einfach ist zwar was anderes, aber es ist die einfachste Möglichkeit, auf Akzeptanz bei ihm zu stoßen.

Hast du dich schon mal gefragt, welcher Partner *dir selbst* lieber ist? Einer, der ehrlich ist oder einer, der lügt und betrügt? Deine Antwort wird sicherlich "Natürlich der ehrliche Partner" lauten, außer du bist einer der berühmten Ausnahmefälle, die jede Regel bestätigen. Allerdings... In den ganzen Jahren meiner Tätigkeit als Life-Coach habe ich *noch nie* eine Frau sagen hören: "Ich wünsche mir aus ganzem Herzen einen Partner, der mich belügt und betrügt."

Gehen wir also davon aus, du wünschst dir einen *ehrlichen* Partner. Den hast du, denn er gibt *ehrlich* zu, dass er auf Jazz, grellbuntes Make-up, High Heels, Minirock, Horrorfilme und Sushi steht. Ob dein Partner ein Machtspieler oder Narzisst ist oder ein ganz "normaler" Mann, ist dabei völlig irrelevant. Deine Reaktion auf seine Ehrlichkeit? Knapp, präzise und konkret gesagt: Lüge und Betrug. Lüge, weil du *nicht* - so wie er - ehrlich zugibst, was *dir* gefällt und auch nicht dazu stehst. Betrug, weil du ihm etwas vormachst, das so überhaupt nicht existiert. Du täuschst ihn in jeder Hinsicht. Was aber haben Lüge und Betrug in einer harmonischen, gut funktionierenden Beziehung zu suchen? Klare Antwort: *gar nichts!*

Was also tun?

1.) Mach dir eines bewusst: Sich verstellen und verbiegen ist - ganz konkret ausgedrückt - nichts anderes als Lüge, Betrug und Manipulation: die denkbar schlechtesten Grundlagen, eine ehrliche, gut funktionierende (Liebes-) Beziehung zu beginnen oder zu führen. Wenn du eine Beziehung haben möchtest, die auf Ehrlichkeit in jeder

Hinsicht beruht, wirst du nicht darum herumkommen, auch selbst ehrlich zu sein. Ehrlich mit dir selbst, genauso wie dem Partner gegenüber. Wenn du um deiner selbst willen, so, wie du wirklich bist, geliebt werden willst, dann zeige dich dem anderen gegenüber auch genau so, wie du wirklich bist.

Begeisterung für Dinge zu heucheln, die dir zuwider sind, bringt dir vielleicht keinen Stress mit dem anderen, keine Diskussionen, keine Ablehnung, keinen Streit. Eines bringt sie dir jedoch nicht: Liebe. Denn die Gefühle, die dein Partner hegt, gelten nicht *dir*, sondern der Person, mit der er es vermeintlich zu tun hat. Diese Person bist aber nicht *du*, sondern eine Illusion, nicht viel mehr als eine Rolle, die jeder x-beliebige Schauspieler in einem Film übernimmt. Auch ein Schauspieler ist in einem Film nicht er selbst, sondern stellt jemand anderen dar und erzeugt damit beim Publikum Illusionen. Im Gegensatz zu dir gibt jeder Schauspieler aber offen und ehrlich zu, dass diese Rolle *nur gespielt* ist, nicht aber ihn persönlich widerspiegelt.

Und ganz nebenbei: Mit welcher Berechtigung forderst du von anderen Ehrlichkeit, wenn du nicht bereit und gewillt bist, dasselbe zu geben?

2.) Klar ist es nicht leicht, einem Machtspieler oder Narzissten gegenüber deine ureigenen Wünsche auszusprechen und zu ihnen zu stehen. Ein Machtspieler oder Narzisst liebt aber auch nicht dich als Mensch, egal was er behauptet. Auch diese Behauptung dient nämlich nur zu deiner Beeinflussung! Er liebt vor allem das willige Opfer, das er nach Belieben benutzen kann. Ihm geht es vor allem darum, seine Machtposition zu stärken und zu verteidigen, um sich selbst besser zu fühlen.

Um bei vorgenanntem Beispiel zu bleiben: Wenn er Sushi liebt, du es aber verabscheust und auch zu dieser Meinung stehst, wird er dir natürlich "erklären" wollen, dass du keine Ahnung hättest, noch hinterm Mond lebst, altbackene Ansichten hast etc. und dich so lange drangsalieren, bis du nachgibst. Um des lieben Friedens willen wirst du dich versucht fühlen, wirklich nachzugeben und Sushi zu essen, obwohl der bloße Gedanken daran schon Brechreiz bei dir auslöst. Mach dir dabei aber eines klar: Es geht ihm lediglich darum, *deinen eigenen Willen* zu untergraben und dir *seinen* aufzuzwingen. Mit Liebe hat das nichts zu tun. Das, was er dir als "Liebe" verkauft, ist nichts weiter als eine Art Belohnung dafür, dass du dich ihm unterwirfst und fügst!

Jeder "normale" Partner wird dagegen deine Ansichten über Sushi akzeptieren, weil auch *er* weiß, dass nicht jeder den gleichen Geschmack hat und haben muss.

3.) Schau dir mal ganz genau die Situationen an, in denen du etwas anderes vorgibst, als du wirklich bist oder willst. Frage dich dabei, wieso du das tust. Du wirst ganz schnell feststellen, wenn du wirklich schonungslos ehrlich mit dir selbst bist, dass du das nur aus einem Grund machst: damit der andere mit dir zufrieden ist. Zufrieden ist er dann (meinst du), wenn du genauso tickst wie er, ihm nicht widersprichst, sondern zustimmst. Um das zu erreichen, tust du eben so, als ob. Der andere hat dann das, was er wollte. Was aber ist mit dir? Hast du auch das, was du wolltest? Von der vermeintlichen "Harmonie" mal abgesehen? Glaubst du wirklich, damit einen Kompromiss einzugehen?

Kompromiss wird lt. Duden so definiert: "Übereinkunft durch gegenseitige Zugeständnisse". Betonung liegt hier ganz klar auf *"gegenseitig"*. Der Kompromiss, den *du* mit Verbiegen und Verstellen eingehst, sieht aber folgendermaßen aus: "Einseitige Annahme des Machtinhabers, dass er die Spielregeln aufstellt und der Schwächere alle Zugeständnisse macht."

Anders ausgedrückt sieht der Kompromiss folgendermaßen aus:

Er macht die Ansagen und stellt die Regeln auf und du beschließt für dich, dich lieber dem zu fügen, um keinen Ärger zu verursachen.

Von einem "gegenseitig" oder einer "Übereinkunft" ist dabei nichts zu erkennen. Ist aber auch nicht so wichtig, so lange die Illusion der "Harmonie" erhalten bleibt und du dich sicher fühlen kannst...oder etwa doch?

Schau mal genau hin: Es ist *keine* Harmonie vorhanden und auch *keine* Sicherheit. Es ist lediglich alles Illusion und Wunschdenken, nichts anderes. Die vermeintliche Harmonie ist erkauft (mit Nachgeben, Schweigen und Erdulden) und gespielt. Die Sicherheit, die dir diese Beziehung geben soll, existiert gar nicht! Wärst du dir nämlich sicher (ob im Hinblick auf die Gefühle deines Partners, das Miteinander, Verständnis oder Akzeptanz usw.), bräuchtest du nicht so tun, als ob. Wärst du dir nämlich sicher, hättest du nicht laufend die Angst, dein Partner könne verärgert werden, dich ablehnen oder nicht mehr lieben. Wärst du dir nämlich sicher, würdest du nicht ständig in der Angst leben, deinen Partner oder diese "Beziehung" verlieren zu können. Du *bist* dir aber nicht sicher, mit gar nichts. Du lebst *ständig* in der *Angst*. Nur deshalb verbiegst du dich, verstellst dich und unterdrückst deine eigenen Wünsche und Meinungen ununterbrochen.

4.) Merk dir eines: Du kannst lange Zeit dich und deine eigenen Wünsche unterdrücken. Irgendwann aber geht es nicht mehr, denn dann ist der Punkt erreicht, an dem es genug ist. Entweder du wirst, rasend vor blindem Zorn, verbal wild um dich schlagen oder aber du stürzt ins allertiefste, emotionale Kellerloch, in dem bereits die depressive Verstimmung, Selbsthass und Selbstzweifel auf dich warten. Weder die eine noch die andere Variante bringt dir auch nur den geringsten Vorteil. In blinder Wut reagierst du grundsätzlich über und trampelst auch jedes noch so kleine Grashälmchen um dich herum nieder. In dem emotionalen Kellerloch wird es dir schon gar nicht gut gehen. Nicht mit diesen Dauermitbewohnern!

Es ist an der Zeit, zu dir selbst und deinen eigenen Wünschen zu stehen! Niemand verlangt von dir, von heute auf morgen ununterbrochen dem anderen zu widersprechen und dich allem, was er haben möchte oder wünscht, zu verweigern. Das wäre auch übertrieben. Es geht hier *nicht* um grundsätzlichen Protest oder einem "Ich bin aus Prinzip gegen alles, was du willst". Es geht vielmehr *nur um die Dinge*, mit denen du *überhaupt nicht* klarkommst.

Dein Partner will Sushi essen? Dann lass ihn doch! Du kannst ihm gerne dabei Gesellschaft leisten, wenn er alleine nicht essen mag. Dir aber selbst Sushi zu bestellen, obwohl dich beim Gedanken daran schon schüttelt und würgt, musst du nicht. Du musst dich auch nicht großartig rechtfertigen, warum und wieso du keines möchtest. Wenn du es nicht magst, dann magst du es nicht. Wenn es dir nicht schmeckt, dann schmeckt es dir nicht. Punkt und basta. Lass deinen Partner reden, solange er möchte und dir erklären, warum es lecker ist und für ihn das Nonplusultra. Das ist *seine* Meinung. Du als erwachsener, selbstverantwortlicher Mensch hast *deine eigene.*

"Aber warum willst du keines?" kommt mit Sicherheit von ihm, wenigstens einmal. Die richtige Antwort darauf lautet: "Mir schmeckt es nicht und deshalb will ich keines." Zum Beispiel. Vorausgesetzt, dir schmeckt es wirklich nicht. Oder "Ich möchte keinen rohen Fisch essen." Punkt und basta. Auch beim 20. Mal "Warum nicht?" bekommt er zum 20. Mal die Antwort "Ich möchte keinen rohen Fisch essen." Genauso wie beim 30. Mal und beim 40. Mal... Vorausgesetzt, deinem Partner wird bei dem immer gleichen Frage-und-Antwort-Spiel nicht langweilig.

5.) Falls dein Partner sauer wird, beleidigt oder am Ausrasten ist, weil du dich ihm nicht mehr willig unterwirfst - und das wird er mit Sicherheit! - erinnere dich: Ihm geht es vorrangig und in allererster Linie um eines, nämlich darum, seine Machtposition zu behalten! Er weiß ganz genau, dass er dich mit emotionaler Bestrafung immer wieder so beeinflussen kann, dass du dich ihm fügst. Deine Bedürftigkeit hat er von der ersten Sekunde an durchschaut und weiß daher, je mehr er herumnörgelt und schlechte Laune zeigt, dir Vorwürfe und/oder Schuldgefühle aufdrängen will, umso schneller kann er dich wieder zur willenlosen Marionette machen.

Ein Machtspieler oder Narzisst wird aber nur dann "Vergnügen" an seinen Machtspielchen haben, wenn er ein passendes Opfer hat. Wem sonst soll er bitte seine Überlegenheit und Macht beweisen, wenn nicht einem schwachen und bedürftigen Opfer? Egal welche Aufstände er macht, sie werden völlig wirkungslos sein, wenn er es mit einem ebenbürtigen oder gar selbstbewussten Menschen zu tun hat. Jemand, der ebenfalls die Macht haben will, wird sich von ihm nichts gefallen lassen und die Diskussion wird eskalieren. Jemand, der genaue Grenzen setzt für andere ("Bis hierher und nicht weiter!") wird sich ebenfalls nicht von seinen Aufständen beeindrucken lassen und das Thema als erledigt betrachten.

6.) Fang gar nicht erst an, dich wortreich zu verteidigen und/oder zu rechtfertigen. Zum einen musst du dich nicht rechtfertigen und zum anderen wirst du einem Machtspieler oder Narzissten (zumindest anfangs) dabei unterliegen. Er wird dich derart mit Worten und Argumenten niederquasseln, bis du freiwillig aufgibst. Vermeide also jegliche Diskussion mit ihm. Gib ihm eine kurze, präzise Begründung, warum du nicht willst: "Mir schmeckt Sushi nicht!" Punkt und basta!

Egal welche Argumente er anschließend auffährt, dich ggf. als "dumm" oder "völlig ohne Ahnung" beschimpft - *nicht zuhören!* Denk dir dabei, dass er all diese Dinge nur deshalb sagt, um dich wieder gefügig zu machen und um dich zum Nachgeben zu bringen. Du bist weder dumm noch ohne Ahnung oder sonst irgendwas von dem, was er dir auch immer an den Kopf knallen mag. Du bist nur nicht mehr bereit, auf Knopfdruck zu springen, wie er es gerne hätte. Nicht mehr und nicht weniger.

7.) Übe für dich ganz alleine, "Nein!" zu sagen. Stell dich vor den Spiegel, nimm mit dir Blickkontakt auf, achte auf deine Gestik und Mimik und sage "Nein!" *Sagen*, nicht murmeln oder wispern. "Nein!" Nicht zögerlich, nicht ängstlich, nicht unsicher, nicht vorsichtig, sondern mit Nachdruck und voller Zuversicht. Wenn's bei den ersten zehn Mal nicht klappt, hänge weitere zehn an und nochmals zehn und nochmals zehn. Wenn's sein muss, auch noch hundert Mal "Nein!" Oder tausend Mal "Nein!"

So lange, bis du weder deinem Blick ausweichst noch den Kopf zwischen die Schultern ziehst. So lange, bis du weder am Rande einer Ohnmacht stehst noch dir die Knie wie Espenlaub zittern. So lange, bis du das "Nein!" in deinem ganzen Körper spürst und du das "Nein!" kurz, nachdrücklich und überzeugend herauskatapultierst.

Natürlich ist das viel Arbeit. Natürlich geht das nicht über Nacht und natürlich muss das trotz Vorbereitung und Übung nicht gleich hundertprozentig in der Praxis klappen. Das ist für dich jedoch kein Grund zum Aufgeben. Jahrelanges Verstellen und Verbiegen lassen sich genauso wenig wie andere, schlechte Gewohnheiten per Fingerschnipsen beseitigen, sondern brauchen Geduld und Ausdauer und müssen durch neue Gewohnheiten ersetzt werden. Auch die musst du dir erst antrainieren.

Übe dein "Nein!" immer wieder und wieder, bis nicht nur diese Übung vor deinem Spiegel, sondern auch die Leichtigkeit, mit der du es über die Lippen bringst, Gewohnheit geworden ist.

8.) Wenn du ehrlich und authentisch bleibst mittels "Nein, das will ich nicht!", wenn du etwas nicht willst, nicht ständig wieder einknickst und mit deinem manipulativen Spielchen wieder von vorne anfängst, wirst du definitiv *eine* Sicherheit bekommen: nämlich die, ob dein Partner wirklich dich als Mensch mag, so wie du bist, oder nur die Illusion, die du ihm selbst geschaffen hast.

Vielleicht wird er von deinem wahren Ich, das auf einmal zum Vorschein kommt, nicht begeistert sein. Doch sei mal ehrlich mit dir selbst: Was ist dir lieber? Weiterhin in einer Illusion zu leben, die dich lediglich von Angst und Bedürftigkeit getrieben reagieren lässt? Die dich trotz allem nicht glücklich macht? Oder willst du in einer Beziehung leben, in der *du* auch du sein darfst?

Wenn dein Partner dich so, wie du wirklich bist, mit all deinen Wünschen, Vorlieben und Abneigungen, nicht mag, liebt und/oder akzeptiert, kannst du natürlich wieder mit deinem Spielchen anfangen, nur um nicht alleine zu sein getreu dem alten Motto: "Lieber unglücklich und unterdrückt zu zweit als ganz alleine." Wenn dir das lieber ist, dann tu es.

Sobald du aber *einmal* dieses wunderbare Gefühl ausgekostet hast, das dich durchströmt, wenn du dir selbst zum ersten Mal treu geblieben bist, einfach nur du selbst warst und nicht getan hast, als ob... Du wirst es immer wieder haben wollen. Immer und immer wieder. Das Leben lebt sich so viel einfacher und besser, wenn du immer du selbst bist und bleibst, als dir ständig den Kopf darüber zu zerbrechen, wie und in welche Rolle du diesmal wieder schlüpfen sollst.

Schritt 10
Hör auf, dich selbst zu vernachlässigen

Deine Ausstrahlung und Wirkung auf andere:
unselbstständig, lustlos, bequem, schlampig

"Ist doch egal, wie ich aussehe", höre ich von bedürftigen Frauen sehr häufig. Gleich im Anschluss folgt - bei bedürftigen Single-Frauen - ein: "Ich kümmere mich dann wieder mehr um mich, wenn ich einen Partner habe" oder "... wenn ich einen Partner habe, der das auch bemerkt und zu schätzen weiß".

Bei bedürftigen Frauen, die in einer Beziehung leben, lautet die häufigste Ausrede: "Meinem Partner ist es eh egal, wie ich aussehe." Gleichzeitig beklagen sie sich aber darüber, dass ihr Partner kein Interesse mehr an ihnen hat, mit anderen Frauen flirtet oder ihnen auf der Straße hinterher sieht. Meist unterscheiden sich jene Frauen gravierend von ihnen selbst.

Bedürftige Frauen vernachlässigen mit der Zeit oft ihr Äußeres: Sogenannter "Frustspeck" wird sich angefuttert, die Kleidung dient nur noch praktisch-bequemen Zwecken, Make-up wird komplett weggelassen oder lustlos aufgemalt, Haare wildern einfach vor sich hin.

Bei bedürftigen Frauen - ob Single oder in einer Beziehung - geht die Vernachlässigung aber über ihr äußeres Erscheinungsbild hinaus und erstreckt sich auf alle Bereiche des Lebens. Hobbys, Freunde, Interessen, Weiterbildung,

Wohnung, Wellness - alles Fehlanzeige. Es wird nur das Notwendigste gemacht, alles darüber hinaus ist "sinnlos". Vernachlässigung der eigenen Person auf ganzer Linie. Und wieso? Weil es "den ganzen Aufwand gar nicht wert" ist, da es "ohnehin niemanden interessiert".

Kochen, schön gedeckter Esstisch - wozu? Für einen allein (bei Singles) zu viel Aufwand oder (in Beziehungen) weil der Partner ja alles ohnehin nur kommentarlos in sich hineinschaufelt!

Neue Klamotten, Frisur, Aussehen - wozu? Sieht und/oder bemerkt ja eh keiner!

Frühjahrsputz, neue Wohnungsdeko - wozu? Zu viel Aufwand dafür, eh kein Lob zu kriegen!

Wellnessabend, Neues ausprobieren und/oder lernen - wozu? Ändert doch an der Situation nichts!

Egal was auch immer, aus welchem Bereich auch immer, alles ist *egal*, weil niemand darauf reagiert. Alles ist offenbar nur dann wichtig und wird gerne gemacht, wenn es *jemand anderen* beeindruckt und wenn *jemand anderes* den "Aufwand" lobt oder bewundert. Nur *dann* ist der ganze Aufwand etwas wert. Nur für sich selbst macht eine Bedürftige so gut wie gar nichts. Sie ist nämlich absolut von Anerkennung und Bestätigung anderer abhängig. Bekommt sie das, fühlt sie sich gut. Die Anstrengung hat sich gelohnt und war es wert. Selbstwert - Totale Fehlanzeige!

Was heißt das eigentlich: Selbstwert? Nichts anderes als das, was man sich selbst wert ist bzw. welchen Wert man sich selbst zuschreibt. Was nichts wert ist, ist nicht wertvoll. Wer sich selbst als "nicht wertvoll" betrachtet, gibt sich keinen Wert. Und wer sich selbst nichts wert ist, vernachlässigt sich in jeder Hinsicht. Eine traurige, aber wahre Tatsache!

Spricht man eine derart frustrierte Bedürftige direkt auf etwas an, z. B. "Du solltest wirklich mal wieder zum Friseur gehen" kommt als Antwort meistens etwas wie "Ja, aber ich habe im Moment keine Zeit" oder - noch schlimmer - "Ach, ist doch egal. Das geht schon noch so." Obendrein ist sie meist noch beleidigt und/oder gekränkt wegen dieser Bemerkung.

Beide Antworten sind jedoch lediglich eine Ausrede dafür, dass es für sie selbst keinen Grund gibt, sich aufzuhübschen oder einfach für sich selbst etwas zu tun... und auch keine Lust! Denn wo keine Bestätigung im Außen in Aussicht ist, ist der ganze Aufwand vergebliche Mühe.

Hast du dir schon mal die Frage gestellt: "Was bin ich mir selbst wert?" Oder anders ausgedrückt: "Lohnt es sich für mich, mir selbst etwas Gutes zu tun?" Nichts anderes steckt nämlich dahinter!

Wenn du immer nur etwas *wegen der anderen* tust, so etwa, um ihnen zu gefallen (optisch z. B.) oder dass es ihnen in deiner Wohnung gefällt, wirkst du durch dein damit verbundenes, um Beifall heischendes Verhalten nicht nur bedürftig, du bist es auch! Bedürftig wonach? Nach Komplimenten, Lob, Anerkennung, Bestätigung, Aufmerksamkeit, Bewunderung und guter Bewertung.

Natürlich freut sich jeder, wenn er ein Kompliment erhält. Wenn es aber - wie bei Bedürftigen - zur Sucht wird, dieses ständige "Fishing for Compliments", hat das mit "sich einfach nur freuen" gar nichts mehr zu tun. Du machst es nämlich aus den *falschen* Gründen. Es gibt einen immensen

Unterschied zwischen "Ich tue das für mich" und "Ich tue das wegen..."

Was steckt hinter "Ich tue das für mich"?

In erster Linie natürlich Selbstwert. Du bist es dir selbst wert, dass es dir gut geht, du dich insgesamt wohlfühlst mit allem, was zu dir und deinem Leben dazugehört. Schließlich verbringst du den Großteil deiner Zeit mit dir selbst. Du siehst dich etwa im Spiegel und freust dich über deinen Anblick. Du gönnst dir einen Wellnessabend, um dich zu erholen, zu verwöhnen und zu pflegen. Du dekorierst deine Wohnung mit hübschen Accessoires, um dich in einer gemütlichen, attraktiven (Wohn-) Umgebung aufzuhalten. Egal was du tust, es hebt deine Laune und es geht dir damit gut.

Wenn es dir doch mal weniger gut geht, tust du erst recht etwas für dich, um dich wieder gut zu fühlen. Denn du weißt, dass du dir das wert bist. Und du weißt, dass du dafür im Grunde nur eine einzige Person brauchst: dich! Du bist Konditor und Kuchen in einem, die anderen (samt deren Lob und Anerkennung) sind nur der Klecks Sahne obendrauf. Vor allem weißt du eines: *Du und nur du* trägst für dich, dein Wohlbefinden und dein Leben die Verantwortung.

Was dagegen steckt hinter "Ich tue das wegen..."?

In erster Linie die unausgesprochene Bitte bzw. Forderung: "Sag mir doch, wie toll ich bin, ich halte mich selbst nämlich nicht dafür". Du bist durchzogen von Selbstzweifeln und dem Gefühl, nicht gut genug zu sein.

Dein eigener Wert als Mensch beschränkt sich auf den, den *andere* dir geben. Du lässt dich von anderen beWERTen:

Viel Lob = hoher Wert. Wenig Lob = wenig Wert. Kein Lob = kein Wert. Ist also z. B. niemand da, weil du Single bist und alleine lebst, kann dir keiner Lob und Bestätigung geben. Daher macht es für dich als Bedürftige und Komplimentsüchtige auch keinen Sinn, etwas zu tun. Niemand sieht und bemerkt es ja.

So, wie du dich selbst von anderen bewerten lässt, bewertest du auch andere. Du siehst ein Pärchen und denkst dir etwa: "Kein Wunder, dass die Tussi einen Mann hat. Sie sieht ja viel besser aus als ich und hat ne bessere Figur. Ich dagegen bin klein, hässlich und fett. Und dumm bin ich auch. Ein Versager bin ich auch noch. So jemanden wie mich will niemand. Wozu also was tun? Mich übersehen die Männer ja sowieso und ich falle von vornherein durch ihr Raster."

Wenn du in einer Beziehung lebst und deinem Partner fällt nicht auf, dass du beim Friseur warst oder er verschlingt das Abendessen, ohne deine Kochkünste überschwänglich zu loben, lautet deine Bewertung: "Egal was ich tue, es interessiert ihn ohnehin nicht. Ich bin ihm nicht mal einen Blick wert. Ich habe extra für ihn so lange gekocht und wozu? Er weiß es gar nicht mal zu würdigen. Wozu mache ich all das überhaupt, wenn nicht für ihn? Ist doch alles völlig sinnlos, ich bin ihm nicht mal ein nettes Wort wert."

Was passiert in diesem Fall?

Du hast dich vorher schon nicht gut gefühlt. Wenn nun kein Lob kommt, fühlst du dich noch schlechter. Du zweifelst noch mehr an dir. All das, was du getan hast, brachte nicht den erwarteten Erfolg und du bist zutiefst enttäuscht. Deine Erwartung und Hoffnung, dass ein anderer dir einen wertvollen Wohlfühlmoment beschert, hat sich zerschlagen.

Du bist nämlich davon überzeugt: Andere sind dafür verantwortlich, dass es dir gut geht, du dich wohlfühlst und nur sie können dir einen Wert geben. Du bist von ihnen und ihrer BeWERTung abhängig. Denn je nachdem, wie sie dich behandeln, ist das die Ursache dafür, ob es dir gut oder schlecht geht.

Dich selbst zu vernachlässigen, bezieht sich allerdings nicht nur auf Äußerlichkeiten, sondern auch auf ganz andere Dinge. Dazu jedoch mehr unter Schritt 17.

Was also tun?

1.) Mach dir als Erstes eines bewusst: Niemand anderes ist dafür verantwortlich, wie es dir geht, *außer dir selbst!* Du bist erwachsen und das heißt, dass *du* für alles selbst verantwortlich bist, was du tust. Verstößt du als Erwachsener z. B. gegen ein Gesetz, wirst *du* dafür angeklagt und *du* musst die Konsequenzen tragen, niemand sonst. Bist du noch ein unmündiges Kind und begehst einen Gesetzesverstoß, werden *andere* - nämlich deine Eltern - zur Verantwortung gezogen, du jedoch nicht.

Schau in den Spiegel und frag dich: Was bin ich? Ein Erwachsener oder ein Kind?

Genauso wie in Bezug auf Gesetze bist du als Erwachsener für dein Tun *in jedem Bereich deines Lebens* verantwortlich. Wenn du Hunger hast, wirst du essen, ohne darauf zu warten, dass es dir jemand sagt. Wenn du müde bist, wirst du schlafen gehen, ohne darauf zu warten, dass dich jemand zu Bett schickt. Wenn dein Kühlschrank leer ist, wirst du einkaufen gehen, ohne dass es dir jemand sagen muss.

Warum wartest du also darauf, dass jemand anderes etwas tut, damit du dich wohlfühlst?

Wieso tust du selbst nicht etwas zur Erholung, wenn du dich gestresst fühlst?

Wieso ziehst du dich nicht hübsch an, wenn du weißt, dass du selbst dich dann attraktiver findest?

Wieso kochst du dir nicht selbst ein leckeres Abendessen, wenn du weißt, dass du gut kochen kannst und es dir schmeckt?

Wenn es dir nicht gut geht, wieso tust du nichts dagegen, sondern versuchst alles, dass andere dir die "Arbeit" abnehmen und sich darum kümmern?

Wenn du denkst, zu unwissend zu sein, wieso lernst du nicht für dich irgendwas Neues oder informierst dich?

Vor allem:

Wenn du der Meinung bist, dass du für niemanden einen Wert hast, warum bläst du lieber Trübsal und hältst dich im Jammertal und Selbstmitleid gefangen, als *dir selbst einen Wert zu geben*?

2) Mach dir eines klar: Wie andere sich dir gegenüber benehmen, kannst du nicht (immer) beeinflussen. Jemand anderes hat schlechte Laune, Ärger, Stress und behandelt dich schlecht? Kommt vor. Es ist aber ein himmelweiter Unterschied, ob du dann sein Verhalten persönlich nimmst ("Das ist nur meine Schuld, ich mache alles falsch. Immer sind alle so gemein zu mir, obwohl ich...") oder ob du es als Ausdruck seiner ganz persönlichen Laune und Stimmung ansiehst ("Meine Güte, der hat heute wohl ein Problem mit sich selbst, aber ich lasse mir davon nicht meine gute Laune verderben").

Es ist *immer* deine eigene Entscheidung, wie du auf Benehmen und Verhalten anderer reagierst. Solange du jedoch immer und alles auf dich beziehst, dich verantwortlich fühlst, dir die Schuld gibst aufgrund deiner vermeintlichen Mangelhaftigkeit, machst du andere für deine Laune verantwortlich und lässt dich von ihnen beeinflussen.

Sieh das Verhalten eines anderen vorrangig als das an, was es ist: sein ganz persönlicher Ausdruck seiner eigenen Laune aufgrund seiner eigenen Tageserlebnisse und/oder Probleme. Nicht alles, was im Leben der anderen passiert, hat mit *dir* zu tun, genauso wenig wie das, was sie sagen oder tun! Wenn einer ohnehin schon schlechte Laune hat und irgendjemand (ob nun du oder jemand ganz anderes) sagt etwas "Falsches", etwas, das ihm gerade nicht in den Kram passt, verschlechtert sich vielleicht seine Laune noch ein wenig mehr. Das wird bei dir auch nicht anders sein. *Du* bist dann aber keineswegs der Grund für seine miese oder gereizte Stimmung.

Klar kann es vorkommen, dass der andere zweideutige bzw. verallgemeinerte Sprüche vom Stapel lässt, die du sofort auf dich münzt. Ihr sitzt z. B. in einem Straßencafé, betrachtet die vorbeilaufenden Leute, dein Gesprächspartner deutet verstohlen auf die andere Straßenseite und raunt dir zu: "Wie kann man sich mit dieser Figur nur in so enge Klamotten zwängen?" Falls du nun ohnehin von dir denkst, derzeit ein bisschen zu viel Speck auf Rippen und Hintern zu haben, wirst du dich sicher davon zutiefst betroffen fühlen. Sofort rattert es in deinem Hinterkopf los: Er wollte dir eben durch die Blume mitteilen, du wärst in seinen Augen zu umfangreich und kleidest dich unvorteilhaft. Kann sein, muss aber nicht! Fast immer denkt dein Gesprächspartner bei so etwas gar nicht an *dich*, sondern reagiert lediglich auf das, was er in *diesem* Moment im Blickfeld und direkt vor Augen hat.

Mach dir eines bewusst: Als Bedürftige, die sich in allem ohnehin mangelhaft und unzulänglich fühlt, siehst du in solchen Augenblicken genau dies von einem anderen bestätigt. Sofort fühlst du dich noch schlechter als zuvor. Es ist aber im Grunde nichts anderes als ein Signal für dich, dass du tief in Selbstzweifeln steckst und in der Angst, nicht gut genug für andere zu sein bzw. ihren Ansprüchen nicht gerecht zu werden.

Diese "Beurteilung" anderer brauchst du gar nicht! Wenn du dir unsicher bist, welche Farben oder Kleidungsschnitte an dir am besten aussehen und dich zum Strahlen bringen, besuche eine Farb- und Stilberatung oder besorge dir hierzu Informationen (Bücher, Internet usw.) Im Normalfall weißt du jedoch selbst, mit welchen Klamotten und/oder welcher Figur du dich wohlfühlst. Wenn dir beides nicht passt, weil du *dich selbst* damit unwohl fühlst, liegt es lediglich an dir, diesen Zustand zu ändern. Wann du das tust, das ist ganz alleine deine Entscheidung. Schließlich bist du kein kleines Kind mehr, sondern erwachsen und trägst für dich, deine Klamotten, deine Figur und alles andere selbst die Verantwortung!

3.) Fange an, dich wieder um dich selbst zu kümmern! Jemand anderen z. B. auf dich aufmerksam machen und ihn damit indirekt aufzufordern, sich um dich zu kümmern, indem du dich vernachlässigst, mag vielleicht im "Bestfall" Erfolg haben. Wenn du dich selbst vernachlässigst, bestrafst du damit jedoch nur einen einzigen Menschen, nämlich dich. *Nur du selbst trägst den Schaden daraus.* Denn *du* bist es, die sich schlecht, minderwertig und wertlos fühlt, niemand sonst.

Je weniger ansprechend oder attraktiv du herumläufst, je weniger du dich um Erholung, Spaß, Hobbys, Bildung etc. kümmerst, je liebloser du deine Wohnung und private Umgebung hältst, umso unwohler und schlechter fühlst du dich. Nicht nur, wenn du alleine bist, sondern vor allem auch in Gegenwart anderer.

Nur mal so als Beispiel: Es müssen nicht immer sündhaft teure Besuche bei der Kosmetikerin, im Nagelstudio, in der Boutique oder im Wellnessressort sein. Ein entspannendes Bad in der eigenen Badewanne mit Duftölen, Peelings, Schönheitsmasken etc. in romantischer Atmosphäre wie etwa Teelichtern, Kerzen, deiner Lieblingsmusik im Hintergrund oder auf dem MP3, vielleicht ein Glas Prosecco dazu zum Verwöhnen, ist mindestens genauso erholsam und wertvoll.

Ob nun Wohnungsdeko, Klamotten, Make-up, Wissen, Hobbys, was auch immer, nichts davon muss Unmengen Geld verschlingen. Wenn dir selbst nichts einfällt, informiere dich, ob nun in der Bücherei, bei Freunden, Gleichgesinnten, VHS-Kursen, Zeitschriften oder im Internet. Mach dich auf die Suche und du wirst fündig werden.

Was auch immer du tun willst, *fang damit an!* Heute noch! Und bald wirst du feststellen, dass du dich Stück für Stück besser fühlst, je mehr du anfängst, etwas ganz allein *nur für dich* zu tun!

4.) Stell dir selbst mal die Frage: "Was bedeutet es für mich, einen Wert zu haben?" Was für ein Mensch ist deiner Meinung nach "wertvoll"? Welche Definition du für diese Begriffe verwendest, ist ausschlaggebend dafür, wie du dich selbst siehst. Ein "Wert" ist nicht immer nur materiell zu sehen, also etwa, viel materieller Besitz = hoher Wert. Damit lässt sich nämlich lediglich die Höhe der finanziellen Mittel bemessen, nicht aber der "Wert" eines Menschen. Es geht auch nicht darum, wie viel beruflichen Erfolg jemand hat, welchen IQ er besitzt, wie groß sein Freundeskreis ist, welches gesellschaftliche Ansehen er genießt oder wie oft er für einen Nobelpreis nominiert wurde.

All diese Dinge mögen zwar für den einen oder anderen wichtig sein, sagen aber nichts über den Menschen als solches aus, der dahinter steckt. Ein Mensch, der zwar auf der Karriereleiter ganz oben steht, mag ein hohes Renommee genießen. Er kann aber auch u. U. durch Ausnutzen von Beziehungen, Bestechung und unlauteren Mitteln dorthin gelangt sein.

Ist er deshalb zwangsläufig ein "wertvoller" Mensch, nur weil er beruflich on top ist? Ganz sicher nicht. Oder ist jemand dann besonders "wertvoll", wenn er einen großen Freundeskreis hat? Nein, auch nicht. Das muss nämlich noch lange nicht heißen, dass er besonders beliebt ist. Viele "Freunde" sind häufig nur Nutznießer eines anderen, weil sie sich von ihm gute "Connections", "Vitamin B" oder sonstige Vorteile versprechen. *Echte* Freunde müssen das noch lange nicht sein.

Auch der Irrglaube, nur dann einen "Wert" zu haben, wenn du in einer Partnerschaft lebst und/oder eine eigene Familie hast, ist Unfug. Ein Mann an deiner Seite, ein Ehering, Kinder, nichts davon stellt einen "Wert" dar, den *du* hast oder eben nicht. Selbst wenn alle in deinem Freundes- oder Bekanntenkreis verheiratet sind oder in einer Beziehung leben, bist du als Single deshalb nicht weniger wert. Sie haben *ihr* Leben und du hast deines. Nicht mehr und nicht weniger. Punkt und basta. Nur weil die anderen etwas Derartiges vorweisen können, müssen sie nicht zwangsläufig rundum glücklich sein. Also hör auf, deinen Wert davon abhängig zu machen und dir so etwas einzureden.

Was sind also "wertvolle" Menschen? Kurz gesagt: Menschen, die *wahre Werte* vorweisen können wie z. B. Ethik, Moral, Charakterstärke, Empathie, Mitgefühl, Authentizität, Ehrlichkeit usw.

Ich will damit keineswegs sagen, dass materiell begüterte Menschen keine dieser menschlichen Werte besitzen (können). Häufig jedoch stehen die anderen Dinge (Geld, Erfolg, Karriere, Macht etc.) im Vordergrund, nach denen sie beWERTet werden.

Du hast u. U. einen "normalen" Job, dein Gehalt reicht gerade mal so bis zum Monatsende, bist "nur" durchschnittlich schlau und würdest bei keiner Modelagentur die Anforderungen erfüllen. Du bist also eine völlig "unauffällige" Person. Aber du bist mitfühlend, würdest niemals jemandem absichtlich schaden, kannst andere gut trösten, kannst wunderbar kochen und hilfst anderen, ohne dich betteln zu lassen, sondern packst einfach mit an. Willst du da allen Ernstes behaupten, du hättest keinen "Wert"? Was für ein Unsinn! Du hast jede

Menge Werte und sogar solche, die jenseits von Oberflächlichkeit, Statussymbolen und Prestigegehabe liegen.

Was denkst du, was passiert, wenn bei einem Menschen die ganzen "wertvollen" Äußerlichkeiten wie ein Kartenhaus in sich zusammenstürzen? Womit definieren und identifizieren sie sich dann noch? Was ist, wenn bei solchen Menschen der ganze Glamour wegbricht und übrig bleibt nichts als der "pure" Mensch? Sind sie dann in den Augen anderer immer noch so "wertvoll" wie vorher? Sicher nicht. In diesem Fall sind fast immer auch ihre ganzen "Fans" bzw. "Freunde" spurlos verschwunden und sie stehen alleine da. Die wahren Werte, die dich als Menschen ausmachen, kann dir dagegen nichts und niemand wegnehmen. Sie bleiben immer, egal was im Außen passiert.

5.) Mach dir eine Liste mit zwei Spalten: "Lässt mich gut fühlen" und "Lässt mich schlecht fühlen". Notiere dir dann jeweils alles dazu, was dir einfällt. Du kannst jederzeit ergänzen. Achte dabei jedoch auf eine *ganz wichtige* Sache: Nichts in dieser Liste darf *andere* betreffen!

Es mag zwar zutreffend sein, doch bei dieser Liste geht es nicht um *andere*, sondern *nur um dich*. Frage dich bei jeder Spalte: Was kann *ich selbst* tun, um mich gut (oder schlecht) zu fühlen?

Beispiele:

FALSCH wäre also:

Lässt mich gut fühlen	Lässt mich schlecht fühlen
wenn A mich lobt	wenn B mich ignoriert
wenn C mich zum Essen einlädt	wenn D keine Zeit für mich hat

RICHTIG wäre also:

Lässt mich gut fühlen	Lässt mich schlecht fühlen
wenn ich ein spannendes Buch gelesen habe	wenn ich mich mit anderen vergleiche
wenn ich mich zum Shoppen so richtig aufgebrezelt habe	wenn ich mir keine Erholungspause gönne

Sicher wird es eine Weile dauern, bis du ein paar Punkte auf deiner Liste hast. Als Bedürftige bist du es gewöhnt, dich laufend auf andere zu konzentrieren, von ihnen - vor allem emotional - abhängig zu sein und dich beeinflussen zu lassen.

Betrachte diese Liste als Herausforderung. So, wie du sonst etwa herausfinden willst, womit du andere beeindrucken kannst. Darüber hast du dir bislang oft genug und lange genug das Köpfchen zerbrochen. Schau *dich* jetzt einmal mit der gleichen Neugierde und Aufmerksamkeit an, am besten wieder vor dem Spiegel. Kuck dir diese Person da vor dir genau an. Womit könntest du ihr (also dir selbst) eine Freude machen? Was würde sie dagegen traurig machen?

Wenn dir ein Gedanke kommt wie "Das geht alles nicht, weil..." - z. B. zu wenig Geld, zu kompliziert etc. - wirf ihn *sofort* (!!!) aus dem Fenster. Lass dir einfach etwas anderes einfallen!

Schon klar, zwischen dem Meer und dem Baggersee um die Ecke *ist* ein Unterschied. Aber lieber einen Sonntagnachmittag im Baggersee planschen als überhaupt kein Wasser, in dem du baden und die Sonne darauf herumtanzen beobachten kannst... Oder?

Ein Kostüm von Chanel mag zwar etwas Besonderes sein, aber Millionen anderer Frauen tragen auch Klamotten von der Stange und sehen darin attraktiv und hübsch aus. Du sicher auch! In einem "normalen" Kleid, das du in die Waschmaschine werfen kannst, siehst du tausendmal besser aus als in einem Chanelkostüm, das laufend in der Reinigung ist und nicht auf deinem Körper.

Für *alles* gibt es Alternativen. Findest du keine? Dann schau dir deine "Argumente" mal genau an. In 98 % der Fälle sind es nur Ausreden, um diese Alternativen nicht akzeptieren zu *wollen*. Hauptsächlich nämlich wegen der anderen, auf die du schon wieder schielst: "Die Nachbarin fährt an den Gardasee in Urlaub, warum sollte ich als Alternative in den Bayrischen Wald fahren? Wenn ich mir den Gardasee nicht leisten kann, will ich überhaupt nirgends hin!"

Fällt dir dabei was auf? Das ist die Aussage eines trotzigen Kleinkindes, das statt des großen Eisbechers in der Knusperwaffel nur eine Kugel im Becher angeboten bekommt! Arme vor der Brust verschränkt, Flunsch gezogen, vielleicht noch ein trotziges Krokodilsträncheln zerquetscht und ab in die Schmollecke: "Wenn ich nicht kriege, was ich will, will ich gar nichts! So, nun weißt du's!"

6.) Frage dich: Was kann dich motivieren, um den Anfang dabei zu machen, dich (wieder) mehr um dich selbst zu kümmern? Aller Anfang ist bekanntlich schwer, und bis diese neue Gewohnheit bei dir zur geliebten Routine und Selbstverständlichkeit geworden ist, wird es nach der langen Zeit der Vernachlässigung sicher eine Weile dauern. Womit könntest du dir als (noch) Bedürftige den entscheidenden Tritt verpassen?

Kleiner Tipp: *Ausnahmsweise* darfst du *jetzt*, für den *Anfang*, nur einen winzigen Moment mal auf die anderen schielen. Ich meine hier mit "die anderen" nicht nur deinen Partner, deine Freunde oder die Familie, sondern auch die auf der Straße zum Beispiel. Wie sollen sie dich sehen? Welchen Eindruck sollen sie von dir bekommen?

Etwa den einer Frau, die mit miesepetriger Miene, verhärmt, ungepflegt und farblos zu sein scheint, die mit sich und Welt im Clinch liegt und mit allem unzufrieden ist? Wohl kaum, doch eher das Gegenteil, oder? Wenn du dir eines immer und immer wieder bewusst machst, nämlich: Gleiches zieht immer Gleiches an, wirst du dir sehr genau überlegen, wie du dich der Welt präsentieren willst.

Was möchtest du anziehen und in deinem Leben haben? Weitere Dauernörgler, Pessimisten und Bedürftige? Oder möchtest du positiv gestimmte, motivierte Menschen um dich herum? Möchtest du Komplimente, die ehrlich gemeint sind? Willst du gesehen, bewundert und gelobt werden, weil du eine gute Ausstrahlung hast und andere dich als Mensch mögen? *Dann tu etwas dafür!* Nicht nur einmal, sondern regelmäßig. Auch wenn du nur den Müll runterbringst oder zum Supermarkt fährst, du wirst *immer* gesehen, egal von wem. Der andere sagt vielleicht nichts zu deiner äußeren Aufmachung und deiner Miene, aber er registriert beide auf jeden Fall und zieht daraus seine Schlüsse. Überleg dir deshalb vorher genau, *wie* du anderen in Erinnerung bleiben willst.

Vernachlässigst du dich äußerlich weiterhin, werden sich auch lediglich Gleichdenkende von dir angezogen fühlen. Jemand, der etwas auf sich hält und dem es Spaß macht, sich aufzuhübschen und der gute Laune hat, wird dich allerhöchstens als bedauernswertes Geschöpf betrachten und bestenfalls bemitleiden, mehr aber auch nicht. Ist es das, was du willst? Sicher nicht!

Interessen, Hobbys, Bildung, Kultur - all das mag vielleicht im Augenblick niemand bei dir bemerken und bewundern. Auch hier kannst du aus Motivationsgründen, um *den Anfang* zu machen, ganz kurz, nur ein bisschen auf die anderen schielen: Je mehr du diesbezüglich für dich tust, umso breitgefächerter und interessanter ist das, was du später bei bzw. mit anderen verwenden kannst. Sieh es für den Moment quasi als Vorbereitung an. Außerdem erleichtert es die Kontakte bzw. Kontaktaufnahme zu Gleichgesinnten und damit ebenfalls Menschen mit unterschiedlichsten, breitgefächerten Interessen.

Auch deine Wohnung sieht evtl. niemand außer dir, genauso wenig wie all das, was du (für dich) selbst zur Erholung und Entspannung tust, so etwa einen Wellnessabend. Doch auch hier genügt ein winziger Blick auf all die Menschen dort draußen: Wer sich regelmäßig erholt und relaxt, wirkt insgesamt gelassener und fröhlicher. Du wirst lockerer, sogar deine Mimik ist entkrampfter. Wenn du von der Arbeit nach Hause kommst in eine hübsche, ansprechende Wohnung, ist das keine Behausung, in der du schläfst und wohnst, sondern *du bist zu Hause* und fühlst dich geborgen.

Egal, was du für dich selbst tust, es wirkt sich *immer* auch auf die Menschen aus, die mit dir direkt oder indirekt zu tun haben. Geht es dir gut, bist du gelassen und zufrieden, ziehen sich die *richtigen* Menschen automatisch zu dir hingezogen. Richtig heißt, genau die Menschen, mit denen dir der Kontakt in jeder Hinsicht gut tut und Spaß macht. Und genau das ist es doch, was du dir wünschst, oder?

Fang an, darauf hinzuarbeiten, am besten noch heute. Je besser du dich selbst nämlich fühlst, umso selbstsicherer wirst du und das hebt (fast von alleine) auch deinen Selbstwert an. Und schwups! Du brauchst den Blick auf andere nicht mehr, weil du dich nämlich *gerne* um dich selbst kümmerst.

Schritt 11
Hör auf, dich aufzuopfern

Deine Ausstrahlung und Wirkung auf andere:
unselbstständig, willenlos, leicht zu benutzen und
auszunutzen

"Aber ich tu doch das alles nur für ihn" oder "Ich bin es doch, die sich um alles kümmert" sind zwei der häufigsten Sätze, die ich von bedürftigen Frauen zu hören bekomme. Nach außen hin klaglos übernehmen Frauen für ihren Partner gerne die Rolle von Mutter, Haushälterin, Sekretärin u. v. m. Was auch immer zu tun ist, sie übernehmen es. Warum? Damit der Partner sieht, wie sehr sie sich für ihn und die Beziehung engagieren und wie viel er ihnen bedeutet. So der Tenor dieser bedürftigen Frauen.

Am Anfang der Beziehung tun sie es gerne und von sich aus. Besuchen sie den Partner in dessen Wohnung, wird unaufgefordert das Geschirr gespült, der Teppich gesaugt und die Wohnung geputzt. Sein Auto muss zum Kundendienst? "Lass nur, ich rufe in der Werkstatt an und vereinbare dir einen Termin." Er braucht Briefmarken? "Kein Problem, ich fahre für dich zur Post." Sein Kaffeevorrat geht zur Neige? "Macht nichts, ich gehe einkaufen."

Sind doch alles nur Kleinigkeiten. Häufig stellen diese bedürftigen Frauen gleich noch die Anschlussfrage: "Brauchst du sonst noch etwas?" oder "Kann ich dir sonst noch was erledigen?" Überflüssig zu sagen, dass er *natürlich* noch eine Winzigkeit braucht. Nach einer Weile kommt der

Herr dann von sich aus an: "Könntest du vielleicht...?" Na klar kann Frau! Gerne doch! Zeigt seine Frage schließlich, wie unentbehrlich und wichtig sie für ihn ist und dass das hier ein partnerschaftliches Miteinander ist. Einer ist für den anderen da und hilft dem anderen. So weit, so gut. Nach einer Weile läuft es allerdings darauf hinaus, dass der Herr *alles* auf sie abwälzt.

Anstatt nun langsam aufzuwachen, was tut die bedürftige Frau? Sie macht weiter und spielt auch künftig seinen (unbezahlten) Butler. Denkt sie auch nur im Entferntesten an eine Verweigerung, verzieht sich der Partner in die Schmollecke und lässt anklagende, verschnupft-klingende Sprüche vom Stapel wie etwa: "Ich habe zwar fürchterlichen Stress, aber schon in Ordnung. Dann mache ich es eben selbst, wenn du keine Lust und Zeit hast, mir diesen kleinen Gefallen zu tun."

Schwups, schon hat die bedürftige Frau ein schlechtes Gewissen, lässt alles liegen und stehen und bettelt förmlich darum, ihm diesen Gefallen doch tun zu dürfen.

Eigene Termine, eigene Pläne und Wünsche, alles wird über den Haufen geworfen. Seine Dinge sind viel wichtiger als ihre und werden deshalb bevorzugt behandelt. Irgendwann wird nur noch gemacht, was für *ihn* wichtig ist, was *er* will und natürlich zu dem Zeitpunkt, *wann* er es braucht. Eine bessere Beschäftigungstherapie für Frau gibt es seiner inneren Überzeugung nach nicht, und eine billigere Leibeigene schon gar nicht.

Anders ausgedrückt: Eine Spezialität bedürftiger Frauen ist es, sich für den Partner aufzuopfern. Nichts ist ihnen zu viel, alles wird klaglos und widerspruchslos übernommen. Zumindest nach außen hin.

Wieso schlüpfen bedürftige Frauen jedoch so gerne in diese Rolle der Aufopferung, bis hin zur Selbstaufgabe? Sie tun es aus zwei Gründen:

a) Vor allem an Anfang tun sie es, um Anerkennung, Bestätigung und Lob zu bekommen. Sie brauchen unbedingt das Gefühl, für den Partner wichtig und unabkömmlich zu sein und sie genießen es regelrecht, ihm damit ihre "Liebe" zu beweisen.

b) Zusätzlich haben bedürftige Frauen wahnsinnige Angst vor Liebesentzug, Ablehnung, Kritik und Disharmonie. Sie befinden sich in dem (Irr-) Glauben, dass der Partner, der sie doch liebt, bei Verweigerung von ihnen enttäuscht sein und sich deshalb von ihnen abwenden könnte. Kurz gesagt, die Verlustangst sowie die Angst vor dem Alleinsein treibt sie an.

Die Frau, die wegen ihrer nach außen hin sichtbaren Bedürftigkeit an einen Machtspieler oder Narzissten geraten ist, steht ganz gewaltig unter Druck. Beide Arten Mann verstehen es nämlich perfekt, ihr ein schlechtes Gewissen aufzudrücken, sie zum eigenen Vorteil zu manipulieren und immer mehr In die Rolle der Untergebenen zu drängen. Vor allem Narzissten sind darin Meister. Sie finden grundsätzlich an allem, was andere tun, etwas zum Nörgeln, weil es außer ihnen selbst niemanden gibt, der überhaupt etwas richtig machen kann.

Ein spitzes Wort von ihm reicht aus und die Partnerin als bedürftige Frau schrubbt das ganze Wochenende über mit Lupe und Zahnbürste das gesamte Badezimmer, nur damit es "endlich mal richtig sauber" wird und seinen Wünschen und Vorstellungen entspricht.

Ein Wort genügt und Frau verzichtet auf die lange ersehnte Free-TV-Premiere einer Liebesschnulze, weil dieser für ihn "Schwachsinn" und völlig unwichtig ist und *er* dafür die hochinteressante, stundenlange Dokumentation über das richtige Verlegen von Teppichböden sehen kann, obwohl ihm lt. eigener, früherer Aussage niemals ein Teppichboden in die Wohnung kommen würde.

Alles, restlos alles wird für den Partner getan, nur um zu gefallen, akzeptiert und geliebt zu werden. Um nichts anderes geht es einer Bedürftigen nämlich. Ob sie sich dabei selbst aufgibt und/oder sich (oft bis hin zur physischen und psychischen Erschöpfung) aufopfert, spielt für sie keine Rolle.

Die Krux daran ist: Gedankt wird es ihr nicht, im Gegenteil. Je mehr sie sich aufopfert, umso mehr wird - gerade von Machtspielern und Narzissten - von ihr gefordert und der Respekt vor ihr sinkt unaufhörlich.

Die Folge: Sie opfert sich verstärkt auf, um den Partner zufriedenzustellen in der Hoffnung, dann endlich das von ihm zu bekommen, was sie so dringend braucht.

Was also tun?

1.) Werde dir klar über eine Tatsache: Indem du dich aufopferst, beweist du *keine Liebe*, sondern lediglich, dass du eine willenlose Dienstbotin ohne Gehaltsanspruch bist!

Liebe hat *überhaupt nichts* damit zu tun, sich alles gefallen zu lassen und nur Nachteile davonzutragen. Das alles ist nichts als Bedürftigkeit, Angst und Abhängigkeit, verbunden mit romantischen Gefühlen für den anderen. Mit wahrer Liebe hat das absolut nichts zu tun.

Bist du der Meinung, wenn man jemand liebt, "tut man doch alles für ihn" und du willst doch nur, dass dein Partner glücklich ist? Noble Absichten und grundsätzlich nicht ganz falsch. Jedenfalls nicht, solange du dabei eine ganz wichtige Sache nicht übersiehst bzw. vergisst: nämlich *dich*!

"Alles für jemanden tun" heißt keineswegs, sich vollständig aufzugeben und der Handlanger des anderen zu sein. Es heißt nur, dass einem nichts zu unangenehm oder schwer wäre, als dass man dem anderen nicht zur Seite stünde, *ohne* sich selbst dabei zu verlieren. Man nennt das auch Loyalität und Zueinanderstehen. Du bist jedoch nicht das Eigentum oder der Besitz des anderen. Du bist ein eigenständiger Mensch mit eigenen Wünschen, Bedürfnissen und Ansprüchen.

Du hast die gleichen Rechte wie dein Partner und jeder andere Mensch. Dazu gehört es auch mal, Nein zu sagen und für dein eigenes Wohlgefühl und Wohlergehen zu sorgen. Dein Partner tut es nämlich. Er fühlt sich wohl und ihm geht es gut, wenn er jemanden gefunden hat, der ihm alle unangenehmen oder lästigen Dinge des Alltags abnimmt. Je mehr davon, umso lieber. Denn dann hat er Zeit, sich um sich selbst, seine Interessen oder für ihn weitaus wichtigere Dinge zu kümmern. Für ihn spielt es keine Rolle, ob du dasselbe tun kannst oder nicht, solange *er* hat, was er will.

Glaubst du allen Ernstes, dass *das* Liebe ist? Dass er dich liebt, wenn du dich aufopferst? Das, was er für dich wirklich empfindet, das, was er dir wirklich gibt, ist *Respektlosigkeit*. In seinen Augen bist du nicht nur unselbstständig, sondern vor allem eine willenlose, schwache Marionette, die er nach Belieben herumkommandieren, aus- und benutzen kann. Gerade Machtspieler und Narzissten tun dies regelmäßig. Sie wissen (bewusst und auch unbewusst) ganz genau, wie sie dich manipulieren und beeinflussen können, damit du so funktionierst, wie sie es gerne hätten. Der einzige "Dank", den sie dir dafür entgegenbringen, ist der, mit der für sie altbewährten Taktik weiterzumachen und auch künftig ihre ureigenen Vorteile daraus zu ziehen.

2.) Sich gegenseitig zu helfen und zu unterstützen gehört zu einer "normalen" Partnerschaft dazu. Betonung hierbei liegt aber auf *gegenseitig*!

Stell dir eine Apothekerwaage oder eine Kinderwippe vor. All das, was du für deinen Partner tust, pack auf eine Seite. All das, was er für dich tut, auf die andere. Bewegt sich die Waage bzw. die Wippe noch? Ganz sicher nicht. Sie ist auf der einen Seite nämlich derart überladen, dass sie auf dem Boden aufliegt. Dass das *deine* Seite ist, brauche ich dir nicht sagen, das weißt du inzwischen sicher selbst. Nur eine Waage oder Wippe, die sich *bewegt*, kann jederzeit ins Gleichgewicht kommen. Dann sind nämlich auf beiden Seiten Geben und Nehmen richtig verteilt.

Deine Waage oder Wippe wird *niemals* ins Gleichgewicht kommen, da du ständig und immer wieder etwas auf deine Hälfte dazu packst. Du gibst noch mehr darauf und noch mehr. Selbst wenn du nichts mehr obenauf packst, sondern dein Partner sich endlich mal revanchiert, wird sie nicht ins Gleichgewicht kommen. Denn dann packst du automatisch wieder eine ganze Wagenladung auf deine Seite obendrauf. Warum? Du legst dich jetzt erst recht ins Zeug, damit du nochmals eine Winzigkeit von ihm zurückbekommst.

Bei einer "normalen" Beziehung zwischen Menschen, die *nicht* bedürftig sind, wird sich die Waage oder Wippe immer in Bewegung finden. Selbst wenn einer von beiden mal mehr für den anderen tut, sie bewegt sich, denn beide nehmen und geben *gleichzeitig*!

Wenn aber nur *einer* gibt (du, die sich aufopfert) und der andere nur nimmt (er, der Pascha), ist das alles Mögliche, aber *niemals* Liebe und schon *gar keine* Partnerschaft oder Beziehung.

3) Verwechsle niemals Hilfsbereitschaft mit "sich ausnutzen und unterwerfen lassen". Hilfsbereitschaft ist ein edler Charakterzug, über den nicht jeder verfügt. Jemandem beiseite zu stehen, der Hilfe benötigt, weil er etwas definitiv nicht selbst (tun) kann, ist positiv. Jemandem aber laufend Dinge abzunehmen, meist sogar ungefragt, weil derjenige selbst dazu keine Lust hat oder sich keine Zeit dafür nimmt, nennt man Verhätscheln und Bedienen.

Dein Partner, der Machtspieler, der abends neben dir auf der Couch lümmelt und gerne einen Kaffee oder ein Bier hätte, dir aber das Holen aufs Auge drückt, ist nur zu faul zum Aufstehen. Er ist keineswegs "hilflos". Er ist auch nicht urplötzlich gelähmt und daher unfähig zum Aufstehen. Zeit hat er nicht mehr und nicht weniger als du im selben Augenblick. Auch lauern keine gefährlichen Monster in der Küche, die ihn fressen wollen. Er könnte es selbst tun, nur *will* er nicht, er hat ja dich dazu!

Sicher ist das nur eine Kleinigkeit und bedeutet für dich weder einen immensen Kraftakt noch einen riesigen Zeitaufwand. Hin und wieder so eine Bitte ist in Ordnung, nur eben nicht, wenn sie zur Regelmäßigkeit wird. Warum solltest du ihn bedienen wie ein Butler? Er kann sich das Gewünschte als "starkes Geschlecht" durchaus selbst holen, ohne bleibende physische oder psychische Schäden davonzutragen!

Er kann im Normalfall auch seine eigene Wohnung aufräumen. Vor deiner Zeit ging es ja auch irgendwie! Sollte dich sein "Dreck" oder seine "Unordnung" stören, dann triff dich doch einfach mit ihm in *deiner aufgeräumten* Wohnung, um dir den Anblick zu ersparen. Ist er bis jetzt nicht im eigenen Staub, herumliegenden, muffelnden Klamotten und seiner Unordnung erstickt, wird er es künftig auch nicht. Falls er seiner (bezahlten) Putzfrau gekündigt hat, weil es ja jetzt *dich* dafür gibt... Sein Pech! Er kann sich gerne nach einer neuen Haushaltshilfe umsehen, wenn ihm die Hausarbeit zu anstrengend oder zu "unmännlich" ist.

Frag dich selbst mal, als was er dich in diesem Fall betrachtet: Als Putzfrau, Haushälterin oder Ersatz für Mama, die ihm seinen Haushalt schmeißt und ihm hinterher räumt? Oder als *gleichberechtigte* Partnerin, als die Frau, die er um ihretwillen liebt? Letzteres tut er ganz sicher nicht, sonst würde er dich nicht völlig respektlos derart degradieren.

Ihm dabei zu helfen, wenn er am Putzen oder Aufräumen ist (aus eigenem Antrieb wohlbemerkt!), weil ihr *gemeinsam* schneller fertig seid und mehr Zeit für die schönen Dinge übrig bleibt, das ist eine andere Sache.

Was willst du für ihn sein? Eine kostenlose Dienstbotin, die für seine bloße Anwesenheit in seinem Leben einen 24-Stunden-Job hat oder eine Partnerin und Geliebte auf gleicher Augenhöhe? Willst du dir allen Ernstes von ihm bestätigen lassen, dass du ein perfekt funktionierender Butler bist, den er nach Strich und Faden herumkommandieren und aus- bzw. benutzen kann, wie er will? Willst du? Dann frag dich doch mal, wieso du dir nicht diesen Beruf ausgesucht hast. Ein ausgebildeter Butler verdient gutes Geld damit, genauso wie eine Haushälterin, ein Dienstmädchen, eine Putzfrau oder auch eine persönliche Assistentin (Personal Assistant auf Neudeutsch).

4) Stell dich mal wieder vor den Spiegel und schau dir direkt in die Augen, nachdem du dich wieder mal für deinen Pascha aufgeopfert hast. Was siehst du im Spiegel?

Eine stolze, selbstbewusste Frau, die sich geliebt und respektiert fühlt und glücklich ist mit sich, ihrem Leben und ihrem Partner? Oder eine Frau, die abgekämpft und deprimiert ist? Eine Frau, die sich hilflos und ohnmächtig fühlt? Eine Frau, die nicht mehr weiß, was sie noch tun soll, um endlich mal ein "Danke" zu erhalten? Eine Frau, die in der Partnerschaft der devote, untergebene Part ist? Eine Frau, die respektlos behandelt wird? Eine Frau, deren Wünsche und Bedürfnisse nicht beachtet, sondern ignoriert werden? Eine Frau, die verzweifelt dagegen ankämpft, unterdrückt zu werden? Eine Frau, die wirkt, als müsse sie das Unglück der ganzen Welt auf ihren Schultern tragen?

Schau dich ganz genau an und fühle in dich hinein. Was fühlst du? Wie empfindest du dich im Moment selbst? Als anerkannt, geliebt, bestätigt, respektiert, geachtet, als Frau und Geliebte an seiner Seite? Oder vielleicht als gehorsam, untergeben, ausgenutzt, erschöpft, niedergeschlagen, verzweifelt, hoffnungslos, machtlos?

Kannst du dir selbst in die Augen sehen und voller Überzeugung sagen: "Ich bin stolz auf mich, achte und respektiere mich und meine Wünsche"? Fühlt es sich gut für dich an in dem Moment, in dem du dir das sagst, oder steht dein Gefühl im krassen Gegensatz zu deinen Worten?

5.) Sei darauf vorbereitet, dass dein Partner, der Pascha, keineswegs in Begeisterungsstürme ausbrechen wird, wenn du seine "Aufträge" ablehnst. Sobald du anfängst, nicht mehr in Habachtstellung mit einem scheinbar freudigen "Jawohl! Zu Befehl!" zu salutieren, wird vor allem ein Machtspieler oder Narzisst sofort das Nörgeln und Protestieren anfangen. Wieder einmal, wie im Prinzip bei jedem einzelnen dieser ganzen (Veränderungs-) Schritte.

Bei "normalen" Männern wird es zuerst auch nicht viel anders sein, auch sie werden das Quengeln anfangen. Sie haben sich ebenfalls daran gewöhnt, dass du ihnen alles abnimmst, und wollen diese Angewohnheit natürlich *aus Bequemlichkeit* und *Gewohnheit* nicht aufgeben.

Machtspieler und Narzissten sind zutiefst empört, weil du ihnen den bisherigen Gehorsam verweigerst. Mit allen ihnen zur Verfügung stehenden Mitteln (z. B. emotionale Erpressung und/oder Bestrafung, übertriebenen Vorwürfen, Wecken von Schuldgefühlen und schlechtem Gewissen etc.) werden sie dich so lange in die Mangel nehmen, bis du wieder gefügig bist. Damit haben sie nämlich wieder ihre ursprüngliche Position als "Dirigent" oder "Kommandogeber" inne und die augenscheinliche Harmonie ist wieder hergestellt - falls du dich wirklich wieder manipulieren lassen und nachgeben solltest. Folge davon: Es geht weiter wie gehabt.

Diesem unglücksseligen Kreislauf kannst du - so schwer es dir anfangs auch fällt - *nur* mit Konsequenz unterbrechen. Mach dir immer wieder selbst klar:

Du bist keine Dienstbotin! Du verdienst es, respektvoll behandelt zu werden! Du bist erwachsen und weißt selbst ganz genau, ob es sich bei ihm um einen echten, akuten

Notfall handelt, bei dem er deine Hilfe braucht oder ob es einfach nur seine ureigene Faulheit ist! Du bist selbstständig und alt genug, um zu entscheiden, ob deine Antwort auf seine "Bitte" bzw. seine "Aufträge" ein Ja oder ein Nein ist!

Noch einmal der altbekannte Tipp:

Stell dich vor den Spiegel, schau dir in die Augen und sage: "*Nein!*" Einmal, zehn Mal, tausend Mal oder notfalls so lange, bis dir die Zunge ausfranst. Egal wie oft es sein muss: Mach es so lange, bis du die Stärke und Überzeugung dahinter von Kopf bis Fuß *fühlen* kannst. Spiel dir solche Situationen immer wieder und wieder im Geiste durch. Gib dir selbst einen Tritt in den Allerwertesten und überwinde deine Angst vor seiner zickigen Reaktion. (*Das kann dir leider niemand abnehmen, aber mit ein bisschen Wut im Bauch auf dich selbst klappt es, glaub mir!*) Leicht ist das anfangs keineswegs, zugegeben. Doch ohne den Anfang damit zu machen, wird sich *niemals* etwas verändern. Du wirst dann *immer* in der devoten, untergebenen Opferrolle bleiben und dich weiterhin benutzt und ausgenutzt fühlen.

6.) Hake ein für alle Mal die trügerische Hoffnung ab, dass dein Partner dir für deine Aufopferung Dank entgegenbringt. Sei dir bewusst, dass diese Hoffnung lediglich aus Bedürftigkeit und Angst in dir herumkreist, er könne dich verlassen und du müsstest einsam leben und sterben, nur weil du ihm den Gehorsam verweigerst!

Ein "normaler" Mann wird sich u. U. wirklich bedanken. Die Macht der Gewohnheit schlägt aber auch bei ihm zu und siegt. Sein Dank wird sich meist darauf beziehen, dass du es ihm - und das auch noch freiwillig! - ermöglichst, seiner Bequemlichkeit und/oder Faulheit zu frönen.

Aber weder ein Machtspieler noch ein Narzisst wird dir in irgendeiner Form dafür dankbar sein. Für beide ist deine Aufopferung nämlich Selbstverständlichkeit, die sie von dir einfordern und erwarten. *Sie* haben das Sagen, *nicht du!* Nur so funktioniert für sie eine "vernünftige" Beziehung. *Sie* geben das Kommando und *du* führst widerspruchslos den Befehl aus, wie bei der Bundeswehr oder in der Army.

Dankbarkeit empfindet dort kein Befehlshaber, wenn der Rangniedrigere seinem Befehl Folge leistet. Nichts anderes sind Machtspieler und Narzissten innerhalb einer Beziehung. Auch Liebe wird ein Befehlshaber in der Bundeswehr oder Army nicht für seine Befehlsempfänger verspüren. Dein "Partner" genauso wenig. Wie jeder Befehlshaber steht er ganz oben auf dem Podest und erwartet uneingeschränkten Gehorsam und Respekt, ganz nach Vorschrift. Mehr will er nicht.

Du trägst aber keine Uniform und bist auch weder in der Bundeswehr noch in der Army. *Er* ist auch kein General und du nur ein einfacher Soldat. Auch wenn es nicht den Anschein hat, du befindest dich - oder willst es zumindest - in einer *Beziehung* mit ihm und nicht im gemeinsamen Kampfeinsatz in einem Kriegsgebiet! Wenn er seinen "Dienstrang" als General unbedingt beibehalten möchte, um jeden und alle herumzukommandieren, kann er gerne zur Bundeswehr gehen.

Du hast Besseres verdient, als nur sein Befehlsempfänger zu sein. Du verdienst es, geliebt zu werden, wie jeder einzelne Mensch auf Erden. Wenn er dazu aber nicht in der Lage ist, liegt es nicht an *dir*, sondern ausschließlich *an ihm*. Er hat dann nämlich immer noch nicht begriffen, wie eine funktionierende Beziehung wirklich aussieht.

Schritt 12
Hör auf, dich selbst zu belügen

Deine Ausstrahlung und Wirkung auf andere:
blauäugig, illusorisch, verzweifelt, naiv

Gerade Frauen, die in Beziehungen mit Machtspielern und Narzissten stecken, belügen sich meist selbst, ohne es zu bemerken. "Wenn ich mich nur anstrenge... Wenn ich nur dies und das tue... Wenn ich nur..., dann wird alles gut. Er liebt mich doch!"

Egal was du dir als Bedürftige auch versuchst einzureden, es ist nichts anderes als Lüge und Selbstbetrug. Du kannst nämlich tun und lassen, was du willst, dieser Mensch - dein Partner, der Machtspieler bzw. Narzisst - wird dich weder anders oder besser behandeln noch liebt er dich wirklich! Das klingt hart, aber es ist Tatsache, nichts anderes, völlig unabhängig davon, was er sagt und/oder behauptet.

Weder ein Machtspieler noch ein Narzisst sind zu *der* Art Liebe fähig und bereit, die von Herzen kommt und einfach nur ist. Beiden geht es im Grunde nur um *eine* Sache, nämlich darum, ihre (vermeintliche) Machtposition beizubehalten.

Sie sind diejenigen, die das Zepter in ihrer Hand halten und am längeren Hebel sitzen. Je nachdem, wie es ihnen beliebt, legen sie den Hebel in *die* Richtung um, die ihnen gerade dienlich ist. Wollen sie dich unterwürfig machen, weil du ihnen nicht genug Anerkennung zollst oder ihnen zu "aufmüpfig" geworden bist, legen sie den Schalter auf

"Kalt" um. Härte, Unnachgiebigkeit, (emotionale) Bestrafung, schlechte und lieblose Behandlung stehen an der Tagesordnung. Bist du davon dann derart gefrustet und erniedrigt, dass du entweder wieder eine willenlose Marionette bist oder vielleicht sogar eine Trennung ansprichst, legen sie den Schalter auf "Warm" um. Sie sind wieder freundlich, aufmerksam und eventuell sogar für kurze Zeit liebevoll, damit sie dich darin bestärken, mit ihm doch die "richtige" Wahl getroffen zu haben. Sie werden alles daran setzen, dich zurückzuerobern, um ihr gut funktionierendes Spielzeug (genau als das sehen sie dich nämlich) nicht zu verlieren.

Egal was sie tun, es wirkt jedes Mal. Du als Bedürftige lässt dich manipulieren. Noch schlimmer als diese Tatsache ist der Gedanke, der dir auf "Warm"-Stellung durch den Kopf schießt: "Na also, es war alles nur meine Schuld. Wenn ich ihm alles recht mache und ihm gebe, was er braucht, dann behandelt er mich gut. Er liebt mich also doch."

Falsch gedacht! Mit solchen Gedanken belügst du dich lediglich selbst. Als Bedürftige siehst du nämlich nicht, welch übles Spiel er mit dir treibt und du dir gefallen lässt. Freiwillig!

Läuft es wieder einmal nicht so gut, belügst du dich genauso: "Ich muss mich einfach ändern und muss nur dies oder das tun, dann liebt er mich wieder." Oder noch schlimmer: "Ich muss das einfach aushalten, denn ich kann ihn nicht verlassen. Alleine schaffe ich es nicht und einen anderen werde ich nicht finden, der ausgerechnet jemanden wie mich will. Ich mache nur alles falsch und bin es einfach nicht wert, wirklich geliebt zu werden. Ich habe nichts Besseres verdient, also muss ich weiter ausharren. Das ist weniger schlimm, als wenn ich ganz alleine wäre." Für dich gibt es nämlich nichts Schlimmeres, als die Illusion zu verlieren, alleine nicht (über-) lebensfähig zu sein und unbedingt einen Partner an deiner Seite haben zu müssen und zu brauchen.

Natürlich kannst du dich weiter selbst belügen und dir solche Dinge einreden, glücklich wirst du dabei allerdings nicht werden. Du kannst dir natürlich auch einreden, du müsstest mit dem zufrieden sein, was du hast. Zwischen zufrieden (im Sinne von duldsam) und glücklich ist allerdings ein himmelweiter Unterschied.

Davon mal abgesehen: Falls du tatsächlich zufrieden oder gar glücklich mit deinem aktuellen Leben bzw. deiner aktuellen Situation wärst, hättest du dir wohl kaum dieses Buch zugelegt, oder?

Was also tun?

1.) Schau dir die aktuelle Situation einmal anders an, nämlich so, als würdest du sie in einem Film sehen mit zwei Schauspielern. Stell dir vor, du sitzt im Kino und siehst den beiden auf der Leinwand zu: dem Mann, der auch im übertragenen Sinn die Hosen anhat und der Frau, die sich willig herumschubsen lässt.

Was würdest du dieser Frau im Film sagen, wenn sie dich um deinen Rat bitten würde? "Halte aus und lass dir das weiter gefallen, ist doch alles gar nicht so schlimm. Du siehst doch, wie sehr er dich liebt" oder "Sei lieber froh, nicht alleine zu sein. Nur dafür lohnt es sich schon, dir jeden einzelnen Tag deines Lebens verderben zu lassen"?

Möglich, dass du etwas in der Art antworten würdest, denn genau das ist ja auch deine Einstellung. Du lässt dich ja nicht nur von deinem "Partner", sondern vor allem von deinem Minderwertigkeitsgefühl und deiner Panik vor dem Alleinsein regieren.

Was aber würdest du dieser Frau raten, wenn du diese beiden Faktoren - dein Minderwertigkeitsgefühl und deine Angst - einmal beiseitelassen würdest? Wenn du einfach mal nur rein mit der Vernunft diese Situation betrachtest? Dazu noch einmal in Kürze: Da ist ein Mann, der eine Frau schlecht und lieblos behandelt und eine Frau, die sich das alles gefallen lässt und trotzdem leidet. Rein aus der Vernunft heraus würde jeder - so auch ganz bestimmt du - ihr raten, schnellstens etwas daran zu ändern und sich nicht mehr zu fügen. Jeder - *auch du* - würde ihr rein aus der Vernunft heraus sagen, dass sie so eine Behandlung nicht verdient hätte.

Nun ist diese Frau aber keine Schauspielerin, genauso wenig wie dieser Mann. Die beiden sind du und dein "Partner". Nimm endlich die regenbogenfarbene Brille der Illusionen und Selbsttäuschungen ab und schau auf die Realität! Natürlich ist dieser Anblick keineswegs so schön und kunterbunt wie der andere. Er wird sich auch nicht so gut und sicher anfühlen. Im Gegenteil. Dieser Anblick ist düster, frustrierend, deprimierend, enttäuschend und vor allem wird er wehtun.

Es hilft aber alles nichts. Du musst dich ihm stellen. Ähnlich wie bei einer Verletzung. Auch wenn es wehtut, irgendwann müssen die Fäden gezogen und die Verbände gewechselt werden. Du kannst beides nicht ewig auf deiner Wunde lassen. Fäden lösen sich vielleicht noch von selbst auf, Verbände aber nicht. Du kannst auch noch so lange vermeiden, den Verband anzusehen, er wird nicht einfach verschwinden. Je länger du ihn auf der Wunde lässt, umso weniger kann sie darunter atmen und umso mehr läufst du Gefahr, dass du dir dadurch eine schlimme Entzündung oder Ähnliches einfängst.

Genauso kannst du weiter Illusionen, Selbstbetrug und Selbsttäuschung als "Verband" auf die Wunde legen, die deine verletzende "Partnerschaft" darstellt. All das, was wehtut und keinen schönen Anblick bietet, kannst du damit hübsch zudecken. *Es verschwindet dadurch aber nicht!* Es ist nach wie vor da und bleibt auch da. Je länger du den Blick auf die Tatsachen vermeidest, umso schlimmer werden die Verletzungen. Du wirst immer noch frustrierter und deprimierter. Du zweifelst immer noch mehr an dir selbst. Dir macht dein Leben immer noch weniger Spaß und du verlierst immer mehr Lebensfreude. So lange, bis du dann einen Zusammenbruch erleidest oder dich nur noch mit Antidepressiva über den Tag rettest.

Ist es das, was du dir für dein Leben wirklich wünschst? Macht es dir solches Vergnügen, dich selbst komplett aufzugeben und dich einem anderen auf Gedeih und Verderb auszuliefern?

In sexueller Hinsicht würde man dich dann als Masochisten bezeichnen. So jemand lässt sich freiwillig, bewusst und absichtlich Schmerzen zufügen. Der einzige Unterschied zu dem Masochisten, den *du* darstellst, liegt darin, dass dem sexuellen Masochisten diese Unterwerfung Freude und Lust bereitet.

Falls dir die untergebene und beherrschte Rolle im alltäglichen Leben tatsächlich Freude und "Lust" bereitet, dann hör auf, dich zu beklagen und zu jammern, wirf dieses

Buch sofort ins Altpapier und genieße den Spaß und die Lust, die dir dieses Leben bereitet. In diesem Fall hast du doch alles, was du dir wünschst und führst ein wundervolles, glückliches Leben!

2) Schau dir auch deine ganzen anderen Beziehungen an, nämlich die zu Familienmitgliedern, Freunden, Bekannten, Kollegen. Auch all diese (zwischenmenschlichen) Beziehungen siehst du mit deiner regenbogenfarbigen Brille aus Illusionen, Selbstbetrug und Selbsttäuschung an. Bei jedem wirst du dich fügen, nur um nicht mit "Liebesentzug" bestraft zu werden. Du bist bei jedem Einzelnen ein Fähnchen im Wind, das sich in jeder Situation so drehen wird, dass es in *positiver* Form bemerkt wird und keinen Ärger verursacht. Du bist ein Ja-Sager. Und warum? Damit du dir deine Illusion aufrechterhalten kannst, von allen gemocht zu werden. Oder um dir selbst zu beweisen, dass alle dich zu schätzen wissen und gern haben, nur dein Partner eben nicht.

Auch diese Selbsttäuschung kannst du weiter aufrechterhalten und du kannst dich auch weiter belügen. Tust du es nicht, wirst du zwangsläufig irgendwo auf Widerstand und Ablehnung stoßen. Als Ja-Sager und unterwürfige Bedürftige tust du jedoch alles, um genau das zu vermeiden. Hör auch hier auf, dir selbst einzureden, alles wäre bestens. Auch in deinen ganzen anderen Beziehungen ist keineswegs alles Friede, Freude, Eierkuchen! Sogar *hier* belügst du dich selbst unaufhörlich. Es ist nichts, aber auch gar nichts anders als in der Beziehung zu deinem Partner, nicht einmal die Gründe. Doch auch hier hast du viel zu große Panik, überhaupt niemanden zu haben und ganz alleine zu sein, dass du dich auch von *diesen* Menschen manipulieren, dirigieren und herumschubsen lässt.

Ob nun von Eltern, Geschwistern, Freunden oder anderen, begreife endlich eines: Du bist *weder* das Eigentum eines anderen *noch* bist du verpflichtet, immer und ausschließlich zu kuschen und zu springen, wenn jemand pfeift! Wer davon ausgeht, dass du ihm uneingeschränkt jeden seiner (direkten und indirekten) Wünsche oder Forderungen erfüllst, behandelt dich auch nicht anders als dein "Partner". Vor allem betrachtet er dich auch nicht anders als er. Wieso er das nicht tut? Weil dieser Jemand selbst ein Machtspieler bzw. Narzisst ist und weder deine eigene Meinung, deine Wünsche und Bedürfnisse respektiert und achtet... oder ebenfalls ein Bedürftiger wie du.

Also hör auf, dir die Dinge schön bunt anzumalen, sondern sieh sie nüchtern und objektiv an und als das, was sie wirklich sind.

3) Fange an, deine Gründe zu suchen! Um noch einmal zur Veranschaulichung das Beispiel mit der Verletzung aufzugreifen: Du hast dich verletzt, die Wunde schnell verbunden und sitzt nun im Sprechzimmer deines Arztes. Was wird er tun? Dir tröstend die Schulter tätscheln und sagen: "Warten Sie mal ne Weile, das verheilt schon wieder. Ist alles nicht so tragisch. Sie tragen ja schon einen Verband."

Ganz sicher nicht! Er wird dir zuerst deinen provisorischen Verband abnehmen und sich deine Wunde bzw. Verletzung genau ansehen. Vielleicht zupft oder tupft er ein wenig daran herum. Vielleicht muss er ein paar Splitter entfernen und stochert deshalb darin herum. Vielleicht muss er sie auch desinfizieren, was fürchterlich brennen kann, je nachdem, was er dafür verwendet. Was auch immer er tut, um deine Verletzung zu untersuchen, es kann auch ziemlich wehtun. Untersucht er aber nicht genau, kann er deine Verletzung auch nicht behandeln, sodass sie bald- und bestmöglich abheilt.

Genau *das* ist auch deine Aufgabe, wenn du endlich aufhörst, dir selbst etwas vorzulügen und die "harte" Realität einmal betrachtest. Du wirst Dinge entdecken, die dir nicht gefallen. Beispielsweise, dass deine Schwester im Grunde das gleiche Spiel spielt wie du auch bei allen: Sie ist extrem nett zu dir, wenn du all das tust, was sie gerne hätte und ansonsten schweigt oder schmollt sie sich aus. Du wirst Dinge entdecken, die dir vielleicht wehtun. Beispielsweise hast du deiner Freundin bei ihrem Liebeskummer Tag und Nacht beigestanden, dich hat sie damals nur mit den Worten "Wird schon wieder, Kopf hoch" abgefertigt oder völlig im Stich gelassen.

Natürlich macht das keinen Spaß, sich diese Dinge bewusst noch einmal anzusehen. Wie aber willst du sonst die Schleier der Illusionen lüften und die Realität betrachten? Du kannst - ebenso wie der Arzt - nicht eine Behandlung starten, *ohne* den ziependen Verband abzunehmen und dir die darunter verdeckte Verletzung anzusehen. Der Arzt muss dich ebenso fragen, wie es zu der Verletzung gekommen ist. Die Ursachen dafür *muss* er wissen, wenn er die Symptome *richtig* behandeln will, und zwar so, dass sie definitiv verschwinden. Nur Pillen einzuwerfen, damit die Symptome möglichst schnell verschwinden, ist immer nur eine vorübergehende Lösung, aber keine wirkliche. Solange die Ursachen nicht beseitigt sind, werden sie immer wieder kommen.

Nichts anderes steht auch für dich nun auf dem Plan! Für dich ist es - ob nun in der Beziehung zu deinem Partner oder zu anderen - ebenso wichtig wie für einen verantwortungsbewussten Arzt, die Ursachen zu erforschen. Dafür musst du dich "nur" *mit dir selbst* beschäftigen. Was heißt das?

Beispiel: Jemand spricht nicht mehr mit dir.

Dich bei diesem Problem mit dir selbst zu beschäftigen heißt, dich zu fragen:

- Gebe ich mir daran die Schuld?
- Fühle ich mich ungeliebt und abgelehnt?
- Welche Vorwürfe mache ich mir selbst?
- Wovor habe ich jetzt Angst?
- Fühle ich mich betroffen?
- Wie gehe ich damit um?
- Erinnert mich das an eine vergangene Situation?
- Habe ich mir etwas vorgemacht?

Dich in so einer Situation Dinge zu fragen wie etwa, ob der andere sauer auf dich ist, ob er sich angegriffen fühlt oder wieso er so gemein zu dir ist, hat dagegen *nichts mit dir* zu tun. Bei all diesen Fragen beschäftigst du dich mit dem *anderen, nicht aber mit dir*. Es geht allerdings darum, *deine* Verletzung zu heilen, nicht die des anderen! Dein Arzt kann sich auch nur *deine* Verletzung ansehen, wenn du in seinem Sprechzimmer sitzt, *nicht* aber die deines Partners, deiner Freundin oder eines anderen. Dazu muss derjenige schon selbst zum Arzt gehen!

Anders ausgedrückt: Welches Problem auch immer dein Partner, deine Freundin etc. hat, es ist *ihr* Problem. Du kümmerst dich um *deine*, denn damit hast du als Bedürftige mehr als genug zu tun!

4) Kümmere dich um deine Ursachen! Wenn du nun durch schonungslose Ehrlichkeit dir selbst gegenüber herausgefunden hast, wieso es zu diesen Verletzungen kommen konnte und wieso du dich bisher selbst angelogen hast, wird es Zeit, dich um die Heilung zu bemühen. Leicht ist das nicht immer, es erfordert durchaus Kraft und Konsequenz.

Wenn du z. B. weißt, dass du dir selbst nur alles wunderschön vorgaukelst, weil du Angst vor dem Alleinsein hast, musst du die Gründe dafür herausfinden. Schau dabei wieder ausschließlich auf *dich*. Weshalb hast du z. B. solche Panik davor, alleine zu sein? Bedeutet für dich Alleinsein gleichzeitig auch Einsamkeit, Langeweile, nicht geliebt zu werden? Hast du Angst, alleine vielleicht finanzielle Probleme zu haben? Dich nicht durchsetzen zu können ohne Hilfe? Von anderen verurteilt oder ausgelacht zu werden?

Was ist es genau, weshalb oder wovor du solche Angst hast? Bestimmt wirst du die Antwort(en) nicht innerhalb von ein paar Sekunden aus dem Ärmel schütteln. Vielleicht schämst du dich sogar, dir selbst manche Dinge einzugestehen. Frag dich trotzdem, immer und immer wieder, bis du alles herausgefunden hast, was dir solche Angst bereitet. Ohne deine ganz speziellen und detaillierten Ursachen zu kennen, kannst du diese auch nicht heilen!

Stell dir dazu bei jeder Ursache, bei jedem Grund die Frage: Warum…? Dazu ein Beispiel:

Ich habe Angst vor dem Alleinsein. Warum? Weil ich es nicht mag. Warum? Weil ich dann einsam bin. Warum? Weil niemand sich um mich kümmert. Warum? Wenn keiner da ist, kann sich niemand um mich kümmern! Warum? Weil sich nur andere um mich kümmern können. Warum? Wer soll es denn sonst tun? Ich kann es ja nicht! Warum? Weil... weil ich es eben nicht kann. Ich weiß nicht, wie das gehen soll. Warum? Puh... Keine Ahnung, ich weiß es eben nicht! Das habe ich nie gelernt.

So. Nun hast du die eigentliche Ursache gefunden. Du hast deshalb Angst vor dem Alleinsein, weil du nicht weißt, wie du dich um dich selbst kümmern sollst. Den eigentlichen Grund, die eigentliche Ursache kannst du mit diesem "Warum?"-Spiel grundsätzlich immer finden, wenn du dich so lange weiterlöcherst mit "Warum?", bis dir definitiv keine Antwort mehr einfällt. Zwangsläufig dauert die Suche auf diese Art natürlich eine ganze Weile. Schnell ist was anderes.

Nimm dir nach jedem "Warum?" ausreichend Zeit, in dich zu gehen und nach einer Antwort zu suchen. Auf Knopfdruck wird sie dir sicher nicht einfallen. Vielleicht brauchst du Minuten, vielleicht Stunden, vielleicht sogar Tage für eine Antwort auf die Frage. Stell dir die gleiche Frage immer und immer wieder.

Du wirst auf jeden Fall eine Antwort finden, sofern du wirklich ehrlich mit dir bist und dir ausreichend Gedanken dazu machst. Besteht trotz mehrmaligem Hinterfragen deine Antwort jedoch immer noch aus einem Schulterzucken oder einem "Keine Ahnung, ist eben so!", und es fühlt sich erschreckend zutreffend an, hast du die wahre Ursache gefunden.

Achte dabei immer auch darauf, wie sie sich anfühlt. Um bei obigem Beispiel zu bleiben: Sag dir diesen Gedanken laut vor, mehrmals hintereinander. "Ich habe keine Ahnung, wie ich mich um mich selbst kümmern soll und wie das geht". Achte dabei unbedingt auf dein Gefühl. Spürst du ein bedrücktes, komisch unangenehmes Gefühl? In diesem Fall bedeutet es, dass dieser Gedanke nicht die wahre Ursache für deine Angst vor dem Alleinsein ist, sondern lediglich Selbsttäuschung. Das komische Gefühl ist dann für dich die Botschaft: Nein, das ist noch mehr im Busch. Trifft dich bei diesem Gedanken eine Art Schock, läuft es dir kalt den Rücken hinunter, während dein Kopf das Glühen anfängt? Bist du im ersten Moment sprachlos drüber? Gut! Der "Schock" ist dann nämlich der Schock der Erkenntnis, ein wahrer Grund, weshalb du das Alleinsein fürchtest. Bei allen anderen Gründen, die du findest, mach es genauso.

5) Sei dir bewusst: Heilung geschieht nicht einfach so von alleine! Wenn du all diese Dinge gefunden hast und dich selbst nicht mehr belügst, kommt erst die eigentliche, "richtige" Arbeit. Zu wissen, dass du z. B. Angst vor dem Alleinsein hast, weil du dann finanzielle Probleme befürchtest, ist der erste Schritt. Es zu wissen, ändert aber nichts daran. *Handlung ist gefragt!* Diese Angst kannst du dadurch heilen, indem du aktiv wirst, genau diese Befürchtungen im Vorfeld zu reduzieren oder auszumerzen. Wie? Zum Beispiel indem du dich auf Jobsuche machst, eine Fortbildung anfängst, ein Seminar oder einen Lehrgang besuchst, dir einen Nebenjob oder ein zweites Standbein besorgst, dich über staatliche Unterstützung (z. B. Wohngeld, Unterhalt, Gründerdarlehen o. ä.) informierst, dir ein Reservepolster anzusparen beginnst, in deinem jetzigen Job um eine Gehaltserhöhung bittest oder mehr bezahlte Überstunden machst. Mit all diesen Dingen u. v. m. sorgst du für deine Zukunft vor.

Was auch immer die Ursachen für deine Ängste sind, es gibt *immer* Möglichkeiten, sie zu eliminieren. Falls du nun protestieren willst, das ginge nicht, dann suchst du schon wieder Ausreden. Das A und O für jede Bedürftige ist, wie ganz zu Anfang schon erwähnt, die allerwichtigste "Behandlung": *Kümmere dich um dein Selbstbewusstsein!* Wer von sich überzeugt ist, etwas nicht schaffen zu können, weil er nicht gut genug ist, sich etwas nicht zutraut oder für alles aus 1000 anderen Gründen Ausreden erfindet, dann *nur aus einem einzigen Grund.* Dieser ist das Hauptproblem eines jeden Bedürftigen: mangelndes oder nicht vorhandenes Selbstbewusstsein!

Stopp! Nicht stöhnen: "Das dauert ja dann ewig, wenn das zuerst brauche!" Schon klar. Natürlich baut sich ein gesundes Selbstbewusstsein nicht von heute auf morgen oder innerhalb von ein paar Tagen auf. Aber wolltest du nicht einen Ausweg aus deiner Bedürftigkeit finden? Wenn dir die einzige Lösung für dein "Problem" die Anstrengung und den Aufwand es nicht wert ist, dann - wie schon mal vorgeschlagen - wirf dieses Buch ins Altpapier und hör auf zu jammern. Du hast dich dann nämlich dafür entschieden, alles so beibehalten zu wollen, wie es bisher war und aktuell ist, und zwar *ganz bewusst.* Worüber beschwerst du dich dann? Wenn er dir so gefällt, dass du genauso weitermachen willst wie bisher, dann freu dich doch über dein wundervolles Leben!

Höre ich jetzt Widerspruch? Es gefällt dir *nicht*? Na dann handle! Es gibt ausschließlich zwei Lösungen: Handle oder lass alles beim Alten. Jede andere, vermeintliche Lösung dazwischen ist nichts als Verzögerungs- und Hinhaltetaktik. Auch wenn es noch so zeitaufwendig ist, noch so nervig, schwierig und unangenehm, handle! *Niemand wird und kann dir diese Aufgabe abnehmen*, egal wie lange du darauf wartest. Du kannst dich Stunden und Tage darüber empören. Du kannst ununterbrochen jammern und klagen. Du kannst Gott und die Welt dafür anprangern und verurteilen. Du kannst auch geistig Amok laufen und Gift und Galle spucken. Es wird sich trotzdem nichts an alldem etwas ändern. Also spar dir all diese Dinge und sieh es endlich ein: Entweder du wirst endlich aktiv und tust etwas oder du "genießt" die aktuelle Situation. Bequemer ist Letzteres allemal... Ob du damit auch wirklich glücklich bist, diese Frage musst du dir schon selbst beantworten, und zwar schonungslos ehrlich, ohne dich einmal mehr selbst anzulügen und völlig ohne "Ja, aber..."

6) Versprich dir selbst eines: Dir gegenüber ab sofort immer ehrlich zu sein! Du wünschst dir, von anderen nicht belogen zu werden. Du möchtest, dass dein Partner, deine Freundin etc. ehrlich zu dir sind. Ehrlichkeit ist demnach also etwas Wichtiges für dich. Dann fange doch zu allererst einmal bei dir selbst an! So hart es auch klingt: Mit welchem Recht forderst du von der ganzen Welt Ehrlichkeit, wenn du selbst lügst? Indem du *dich selbst* belügst, immer und immer wieder, belügst du automatisch auch alle anderen! Trotzdem verlangst du von ihnen Ehrlichkeit? Ganz schön dreist und unfair, oder etwa nicht?

Wie würdest du reagieren, wenn dein Partner dich ununterbrochen belügt, dir aber die Hölle heißmacht, wenn er dich beim Schwindeln ertappt hat? Würdest du in diesem Fall milde lächelnd sagen "Och, ist doch nicht so schlimm, wenn er mich so zusammenstaucht" oder "Jeder lügt doch irgendwann, also kein Problem"? Mit Sicherheit nicht! Du würdest total empört schreien - wenn vielleicht auch nur in Gedanken: "Das ist unfair und gemein! Er lügt ständig und bei mir regt er sich auf. Als wenn das bei ihm etwas anderes wäre!" Sei ehrlich: Würdest du doch, oder?

Tja, bei ihm ist es genauso wenig "was anderes" als bei dir. Sobald *du* an andere irgendwelche Forderungen stellst, *hör auf, mit zweierlei Maß zu messen*. Gib du erst mal das, was du von anderen willst, dir selbst und allen anderen und dann darfst du vielleicht Gleiches erwarten. Alles andere ist *unfair*!

Du fragst dich noch immer, wieso du andere belügst, wenn du dir selbst etwas vormachst? Ganz einfach:

Du redest dir ein, alles ist wunderbar und dein Partner liebt dich ja, trotzdem er dich "manchmal" nicht nett behandelt. Mit dieser Lüge etwa fühlst du dich besser und bist fröhlicher. Du benimmst dich deinem Partner gegenüber damit lockerer, verständnisvoller, nachsichtiger als du es tun würdest, wenn du deine Brille der bonbonfarbenen Illusionen nicht aufhättest. Du spielst ihm etwas vor, das du gar nicht bist, sondern dir lediglich selbst versuchst einzureden. Wie ein Schauspieler in einem Kinofilm ist das, was du zeigst, sagst, darstellst *nur eine Rolle, nicht aber die Realität*. Auch ein Schauspieler erzeugt Illusionen, nämlich etwas, das sich jemand ausgedacht hat, um den Zuschauer für knapp eineinhalb Stunden in eine Schein- und Traumwelt jenseits der Realität zu entführen. Nichts davon ist wahr. Ganz primitiv und vereinfacht ausgedrückt: *Es ist nichts als Lüge!*

Du machst bei anderen gute Miene zum "bösen" Spiel, sagst Ja, obwohl du keine Lust dazu hast... nichts als Lüge. Das, was du zeigst, sagst, darstellst, das ist alles nicht das, was in dir vorgeht in deinen Gedanken und Gefühlen. Und damit ist all das nichts als *Lüge*.

Damit du als Bedürftige all das bekommst, was du brauchst, tust du einige Dinge: du manipulierst andere, trickst sie aus, spielst ihnen etwas vor, verstellst dich u. v. m. Ob du all das bewusst oder unbewusst machst, spielt absolut keine Rolle. All das ist lediglich Falschheit und Unehrlichkeit und damit nichts als *Lüge*!

Deshalb noch einmal die Frage an dich: Mit welchem Recht forderst du von deinem Partner oder allen anderen Ehrlichkeit, wenn du sie als Bedürftige allesamt und ständig belügst?

Versprich dir jetzt, dich selbst *nicht mehr* zu belügen. Rede dir *nicht* mehr ein, etwas wäre gut, wenn es das nicht ist. Und dann versprich dir auch, andere nicht mehr zu belügen. Spiel ihnen nichts mehr vor, drehe dich nicht mehr wie ein Fähnchen im Wind, sondern stehe zu dir, deinen Wünschen und Bedürfnissen.

Aus welchen Gründen sollen andere dich mögen oder lieben? Weil du so brav springst, wenn sie pfeifen? Weil du immer brav funktionierst? Weil du alles dafür tust, um ihre Aufmerksamkeit zu bekommen? Oder willst du von ihnen gemocht und geliebt werden, weil du so bist, wie du bist, um deiner selbst willen? Wie lange willst du dir noch vorlügen, dass dich alle mögen, weil du so ein "netter Mensch" bist? Ich will damit nicht sagen, dass die anderen dich nicht mögen. Das tun sie mit Sicherheit, nur eben nicht alle, die freundlich zu dir sind und oftmals nicht aus den "richtigen" Gründen.

Eine kleine "Warnung" noch für dich: Die, die dich nur mögen, weil du leicht zu manipulieren und zu benutzen bist, werden sich sehr schnell von dir abwenden, wenn du dich nicht mehr manipulieren oder benutzen lässt, sondern für deine eigenen Wünsche, Bedürfnisse und Ziele einstehst.

Die, die dann *trotzdem* noch bei dir sind und zu dir stehen - auch wenn du (für sie) dann vielleicht unbequemer als vorher bist - genau *die* mögen dich um *deinetwillen*. Auf sie kannst du dich dann verlassen.

Wer zu welcher Kategorie gehört, kannst du durch schonungslose Ehrlichkeit herausfinden - außer, du träumst lieber weiterhin regenbogenfarbige Illusionen und lügst dir selbst in die Tasche.

Schritt 13
Hör auf, in lieblosen Beziehungen auszuharren

Deine Ausstrahlung und Wirkung auf andere:
abhängig, willenlos, opferbereit, unselbstständig

Ob in der Beziehung nun Gleichgültigkeit oder ständige Streiterei herrscht, spielt keine Rolle. Ihr habt euch emotional voneinander entfernt, nichts mehr zu sagen oder zu geben und lebt nur noch nebeneinander her. Es ist keine Liebesbeziehung mehr, sondern im Grunde lediglich eine Wohn- und Zweckgemeinschaft. Gemeinsamkeit, Zärtlichkeit, Liebe, Leidenschaft, alles Fehlanzeige. Trotzdem verharrst du in solchen Beziehungen, obwohl du todunglücklich damit bist.

Einen Mann, der dich nur benutzt, aber nicht wirklich von Herzen liebt, den findest du an jeder Straßenecke und das sogar völlig ohne Aufopferung. Willst du wirklich einen großen Teil deines Lebens mit jemandem verbringen, mit dem du unglücklich bist? Hältst du es nicht für Zeitvergeudung, dich an jemanden zu klammern, der dir nichts von dem gibt, was du dir wünschst? Er ist nicht der einzige Mann auf Erden. Es gibt noch Millionen anderer und nicht alle sind gleich.

Natürlich machen auch trockene Brotkrümel irgendwann satt. Eine Torte schmeckt allerdings um ein Vielfaches besser. Gib dich also nicht mehr mit den trockenen Brotkrümeln zufrieden, die er dir vielleicht ab und an in Form von gespielter Nettigkeit hinwirft, sondern überlass diese den Tauben im Park. Du hast dir deine Sahnetorte verdient, also kuck dich um, wo sie herumsteht.

Warum verharrst du - so wie viele andere Frauen auch - weiter in so einer Beziehung? Du kennst die Antwort bereits: weil du eine Bedürftige bist!

Die Angst bzw. oft schon Panik davor, alleine zu sein und alleine zu leben - also ohne Partner an deiner Seite - ist riesengroß. Bedürftige Frauen werden aber nicht nur von der Angst vor Einsamkeit beherrscht, sondern noch von ganz anderen Dingen:

- von dem Gefühl, ohne Partner unvollständig zu sein
- von Existenzängsten, d. h. finanziell alleine nicht um die Runden zu kommen
- von dem Gefühl, von anderen verurteilt zu werden und vor allem
- von dem Gedanken, alleine wertlos und nicht liebenswert zu sein.

Was steckt hinter diesen ganzen Dingen?

a) Das Gefühl, ohne Partner unvollständig zu sein

Bis Mitte/Ende 20 ist es, allgemein gesellschaftlich betrachtet, noch nicht "so schlimm", Single zu sein. Spätestens ab 30 wird einem dann immer häufiger die Frage gestellt, ob man "noch immer nicht unter der Haube" ist oder "seine bessere Hälfte noch nicht gefunden" hat. Die biologische Uhr fängt zusätzlich langsam an, zu ticken.

Frauen, die sich mit 30 lieber auf Karriere und Beruf konzentrieren anstatt aufs Heiraten und Kinder kriegen, werden oft mit verständnislosem Kopfschütteln oder wenigstens einem erstaunt-fassungslosen Blick bedacht. In Großstädten vielleicht nicht so extrem, aber ganz sicher auf dem Land. Job und Karriere sind doch Männersache und Selbstverwirklichung lediglich Spinnerei von ein paar verrückten, egoistischen Weibern.

Häufig wird dann doch geheiratet oder zumindest eine feste Beziehung eingegangen. Die anderen machen es doch auch, das ist "normal". Ein paar lassen sich bald darauf wieder scheiden. Beziehungen gehen in die Brüche. Frau ist wieder Single. Schnell den nächsten Partner gesucht, um gesellschaftstauglich zu sein, um nicht alleine dazustehen oder aus materiellen Gründen. Manche bleiben dann auch Single, die einen aus Enttäuschung über die Männerwelt, die anderen, weil sie feststellen, dass ihnen das Singledasein zusagt oder es für sie einfach die bessere Alternative darstellt.

Von Kindesbeinen an wird Frauen bereits suggeriert, dass das Leben nur *mit* Partner und eigener Familie "komplett" ist. Schaue man sich nur mal die Werbung an. Ob nun Joghurts, Süßigkeiten, Putzmittel, egal. Meist wird eine glücklich-lachende Familie gezeigt, in der die Mutter - natürlich perfekt gestylt und mit schicken Pumps - den Haushalt in allerbester Laune, spielend einfach, ratzfatz und zur vollen Zufriedenheit von Kindern und Mann mit links erledigt. Singlefrauen? Meist totale Fehlanzeige.

Schon Kinder richten sich ja vorrangig nach dem, was sie hören und auch sehen, ob nun im TV oder im realen Leben bei Eltern und anderen Erwachsenen. Ob diese es nun wollen und glauben oder nicht, Kinder bekommen alles mit.

Bereits im Kindesalter jedoch wird der Grundstein für die spätere Bedürftigkeit gelegt. Sie entsteht ja nicht über Nacht und auch nicht erst im fortgeschrittenen Alter. Entsprechen sie später als erwachsene Bedürftige nicht dem gängigen Klischeebild, fehlt ihnen etwas, nämlich der (beworbene und vielgepriesene) Partner. Alleine sind sie - so denken sie - nicht komplett und auch nicht "normal".

b) Existenzangst

Natürlich ist das alltägliche Leben - existenziell bzw. rein finanziell - betrachtet, zu zweit leichter zu händeln als alleine. Fällt ein Verdienst aus, z. B. durch Kündigung, ist immer noch ein zweiter da, der wenigstens vorübergehend die anfallenden Kosten bestreiten kann.

Was aber, wenn Frau nun *ohne* Partner ist? Was kann alles passieren, wenn sie als Single plötzlich kein Einkommen mehr hat oder auch einfach nur mal in einer finanziellen Klemme steckt? Alleine ist das schon schlimm genug. Noch schlimmer ist es allerdings, wenn vielleicht noch ein Kind da ist. Wenn Frau sich vom Partner trennt, wer kommt dann für sie und das Kind finanziell auf? Nicht jeder Mann ist schließlich bereit (oder gewillt), für die eigenen Kinder entsprechenden Unterhalt zu bezahlen. Für Kinder alleinerziehender Frauen, die sie schon mit in die Beziehung gebracht hat, ist der "neue" Mann bei einer Trennung ohnehin finanziell nicht verantwortlich.

Gerade in Ehen oder Beziehungen mit Kind geben Frauen häufig nach der Geburt des Kindes ihren Job auf und sind deshalb auf das Einkommen des Partners angewiesen. Fehlt er jedoch, bleibt häufig nur der Gang zum jeweiligen Jobcenter und die Beantragung staatlicher Unterstützung. Nicht jedermanns Sache.

c) Drohende Verurteilung durch andere

Falls die bedürftige Frau an Trennung bzw. Scheidung denkt, kommt ihr sofort in den Sinn: "Was werden die anderen nur von mir denken? Halten sie mich für beziehungsunfähig, für zu ungeduldig, zu anspruchsvoll, zu nörgelig, zu zickig, zu egoistisch? Denken sie, ich hätte mich nicht genug angestrengt und bemüht? Lästern sie heimlich über mich? Glauben sie etwa, ich bin nicht in der Lage, einen Mann zu halten? Halten sie mich etwa für eine Versagerin?"

Die Sorge und Angst, bei anderen einen schlechten Eindruck zu hinterlassen und unter Umständen sogar zum Gespött zu werden, wird riesengroß.

d) Wertlos und nicht liebenswert sein

Läuft die Beziehung nicht wie erhofft, geben bedürftige Frauen als Allererstes natürlich sich selbst die Schuld dafür. Sie sind eben einfach nicht gut genug als Frau und schon gar nicht liebenswert. Sie sind es, die alles falsch machen, sonst hätte die Beziehung doch funktioniert. Die Folge davon, sie ergeben sich ihrem Schicksal, das sie nicht anders verdienen, und leiden stumm vor sich hin. Je mehr sie leiden, weil der Partner sie völlig lieblos behandelt, umso mehr nimmt die Überzeugung zu, nicht liebenswert zu sein und schon gar nicht wertvoll, denn sonst würde der Partner sie doch anders behandeln. Ein Teufelskreis des Denkens und des sich selbst Bemitleidens beginnt.

All diese Ängste - in unterschiedlichen Anteilen - lassen bedürftige Frauen in Beziehungen ausharren, die diese Bezeichnung im Grunde gar nicht verdienen. Wie schon ganz am Anfang dieses Buches erwähnt, bleiben sie lieber in einer Beziehung, in der sie unglücklich sind. Hauptsache zu zweit, als dass sie ganz alleine sein könnten und möchten. Für sie gibt es nichts Schlimmeres, als alleine zu sein. Bedeutet das doch für sie Einsamkeit, ausgegrenzt sein, abgelehnt sein. Niemand ist für sie da, keiner kümmert sich um sie und vor allem, niemand füllt die leeren Töpfe des Lebens auf, die sie mit sich herumschleppen.

Deshalb erdulden sie lieber, schweigen, beißen die Zähne zusammen, verfallen in Frust, Enttäuschung, Depressionen, Selbsthass und verlieren nach und nach die Lebenslust. Alles scheint eine Qual zu sein, das ganze Leben ist nur eine Last und Ausweg gibt es nirgendwo.

Da sich Bedürftige bevorzugt mit gleichfalls Bedürftigen umgeben, klagen sie sich gegenseitig ihr Leid und ziehen sich damit gegenseitig immer weiter in diese emotionale Abwärtsspirale. Ihre Absicht "Gemeinsam schaffen wir das" ist zwar gut gemeint, bezieht sich aber fast immer nur auf das Ausharren in solchen Beziehungen, nicht aber auf eine wirkliche Veränderung.

Erhalten sie einen gut gemeinten Ratschlag von Nicht-Bedürftigen, kommt sofort ein "Ja, aber das geht nicht, weil…" Tausend oder mehr Punkte fallen ihnen ein, wieso sie *nicht* aus einer solchen Beziehung ausbrechen können (und wollen). Bekommen sie dann gar zu hören, dass sie an ihrer Misere selbst schuld wären, sind sie todbeleidigt und/oder aufgebracht, weil sie einfach niemand versteht.

Das ist auch gar nicht so einfach, denn Nicht-Bedürftige werden nicht von Ängsten vor dem Alleinsein geplagt. Sie setzen Alleinsein nicht mit Einsamkeit gleich. Sie wissen, dass nur sie selbst für ihr Leben verantwortlich sind! Wenn sie etwas ändern wollen, nehmen sie es in Angriff. Hier fehlt manchmal einfach die nötige Empathie und vor allem das Verständnis, um sich in die Lage einer Bedürftigen hineinzuversetzen.

Je nachdem, wie sehr bedürftig Frauen sind (manche sind es mehr, manche weniger), ist es für sie *keineswegs* einfach, sich aus lieblosen Beziehungen zu verabschieden. Viele sind dazu nur durch Hilfe von außen imstande.

Was also tun?

1.) Verschaffe dir als Erstes einen Überblick über den Stand deiner Beziehung. Schau sie dir einfach nur an als das, was sie ist, ohne irgendetwas zu beschönigen oder zu dramatisieren.

Mach dir eine Liste mit zwei Spalten: Was gefällt mir an meiner Beziehung? Was gefällt mir nicht? Oder: Was bekomme ich in meiner Beziehung? Was fehlt mir in meiner Beziehung?

Denke aber dran:

Es geht hier lediglich um *dich* und *deine* Eindrücke bzw. Gefühle. Die Liste dient *nicht* dazu, alle Vor- und Nachteile, alle erfüllten oder nicht erfüllten Forderungen bzw. Erwartungen an deinen Partner aufzuzählen!

Falsch sind solche (beispielhaften) Punkte in deiner Liste:

Was gefällt mir an meiner Beziehung?	Was gefällt mir nicht?
Er verdient gut genug für zwei.	Er hält mich für dumm.
Er belügt mich nicht.	Er behandelt mich schlecht.
Er ist wenigstens um mich herum.	Immer weiß er alles besser.
Er lässt mich mein Hobby machen.	Er hilft mir nie im Haushalt.

Richtig dagegen sind solche (beispielhaften) Punkte in deiner Liste:

Was gefällt mir an meiner Beziehung?	Was gefällt mir nicht?
Ich bin finanziell abgesichert.	Ich fühle mich unverstanden.
Ich kann ihm vertrauen.	Ich fühle mich nicht respektiert.
Ich bin in Gesellschaft.	Ich fühle mich nicht ernst genommen.
Ich kann meinem Hobby nachgehen.	Ich komme mir wie eine Haushälterin vor.

Fällt dir der Unterschied auf?

In dem "Falsch"-Beispiel siehst du *nur* auf *deinen Partner* und beurteilst ihn. Hier dreht sich alles nur um ihn, auch wenn es selbstverständlich Auswirkungen auf dich und eure Beziehung hat. Es geht aber *nicht* darum, bei *ihm* etwas zu kritisieren und dann zu verändern, sondern ausschließlich *bei dir. Du* bist die Bedürftige, die dem Leid entkommen will!

In dem "Richtig"-Beispiel dagegen siehst du die Dinge aus *deinem* Blickwinkel. Sie spiegeln ausschließlich *deine* Gefühle und Empfindungen wieder. Deshalb fangen auch alle Sätze mit "Ich" an.

Noch etwas gehört *nicht* in diese Liste, nämlich Sätze wie z. B. *Ich darf (nicht)* oder *Ich muss* oder *Ich soll(te).* Zwar fangen auch diese Sätze mit "Ich" an, aber *dürfen, müssen, sollen* zeigen ganz deutlich, dass du *ihn* für den Verantwortlichen hältst, der das Sagen in *eurer gemeinsamen* Beziehung hat. Merke dir: Er ist dein *Partner,* aber weder dein Chef noch dein Erzieher!

Wenn deine Liste fertig ist, schau dir beide Seiten an. Lass jeden Satz auf dich wirken. Welche Seite, welches Gefühl ist stärker? Das "gefällt mir" oder eher das "gefällt mir nicht"?

Sind all die Dinge, die auf der linken (gefällt mir) Seite stehen es wert, die rechte Seite in Kauf zu nehmen, vielleicht sogar den Rest deines Lebens? Wenn deine Antwort "Ja!" lautet, warum beklagst du dich dann? Wenn das "gefällt mir" so viel, so bedeutend und wunderschön ist, warum bist du dann nicht glücklich? Es kann nicht immer nur Freude geben, weder bei dir noch bei irgendjemand anderen. Auch unschöne Dinge gehören bei jedem dazu.

Wenn aber das Grundgefühl gut ist, du im Grunde glücklich und zufrieden bist, stören negative Dinge höchstens kurzfristig dein Wohlgefühl, aber nicht laufend und ständig. Schon gar nicht gibt es dauerhaftes Leid und

Unglück, das durch wenige, kurze positive Highlights unterbrochen wird. Im Gegenteil! Bei einer Beziehung, in der du dich wohlfühlst, wird das dauerhafte Wohlfühlgefühl höchstens durch wenige, kurze negative Momente etwas eingetrübt.

Sei also ehrlich mit dir selbst. Nichts beschönigen oder gut reden. Welche der beiden Seiten überwiegt *wirklich* in deiner Beziehung?

2) Frage dich selbst mal: Was wünsche ich mir vom Leben? Glücklich zu sein oder lieber gemeinsam einsam? Sich als bedürftiger Single einsam zu fühlen, ist ein scheußliches Gefühl. Sich in einer *Beziehung* jedoch einsam zu fühlen, ist noch bedeutend schlimmer.

Nur mal so als Gedankenkino: Ihr sitzt abends beim Fernsehen nebeneinander auf der Couch, nur eine Handbreit voneinander entfernt.

In einer harmonischen, glücklichen Beziehung spürst du die Wärme, die der andere abstrahlt (und damit meine ich *nicht* die Körperwärme). Selbst wenn ihr euch nicht berührt, du fühlst dich geborgen. Wenn du die Wohnungstür beim Heimkommen öffnest und er begrüßt dich erfreut, kommst du nicht in eure Wohnung, sondern nach Hause. Er ist in einem ganz anderen Zimmer als du, du hörst ihn nicht, du siehst ihn nicht, aber du spürst seine Anwesenheit.

In einer lieblosen, kalten Beziehung fühlt sich die Sache ganz anders an. Das, was dich anstrahlt, ist Kälte, wie eine unsichtbare Mauer, die zwischen euch steht. Dein Partner ist nur wenige Zentimeter von dir entfernt und doch spürst du ihn nicht. Du könntest dich auch vor die geöffnete Kühlschranktür setzen, es würde sich nicht anders anfühlen. Du kommst nach Hause, er ist auch da, ein flüchtiger Gruß, wenn überhaupt. Nur Austausch notwendiger Informationen, ansonsten im Bestfall Schweigen, im schlechten Fall nur Streiterei und Diskussionen. Ihr geht euch weitestgehend aus dem Weg. Du bist in einem Zimmer, er in einem anderen. Würde einer von euch sich plötzlich in Luft auflösen, der andere würde es erst irgendwann bemerken... oder auch gar nicht. Wärme? Ausstrahlung? Alles Fehlanzeige. Dieses Gefühl eines Eisbergs, der neben dir auf der Couch sitzt... Ein Mensch, der dich mehr oder weniger ignoriert und neben dir her lebt, nur auf sich bedacht.

Was gibt es dir? Sicherheit? Geborgenheit? Liebe? Wärme? Beachtung? Anerkennung? Lautet deine Antwort jedes Mal "Ja"? Dann könntest du theoretisch auch in eine WG ziehen und dir zur Gesellschaft einen großen Kühlschrank in dein Zimmer stellen, mit dessen geöffneter Tür du abends vor dem Fernseher kuscheln kannst. Der Vorteil dabei ist, du brauchst nur für dich kochen, waschen und putzen.

Ist es wirklich das, was du willst? Wenn ja, hör auf, deswegen unglücklich zu sein! Wenn es allerdings *nicht* das ist, was du wirklich willst... Worauf wartest du dann? Die Situation wird sich nicht von alleine verändern - außer dein "Partner" packt vielleicht seine Sachen und zieht aus, ohne dich.

Wieso verharrst du in Beziehungen, die keine (mehr) darstellen, geduldig und still vor dich hin leidend, Jahre um Jahre? Wach endlich auf und tu etwas! Du musst ja nicht sofort diese "Beziehung" beenden und ausziehen. Aber hör auf, darauf zu warten, dass dieses tote Objekt - eure Beziehung - urplötzlich von alleine wieder zum Leben erwacht. Hör auf, darauf zu warten, dass dein *Partner* etwas verändert. Du bist kein fünfjähriges Kind mehr, sondern eine erwachsene Frau. Werde aktiv! Sprich mit deinem Partner und teile ihm deine Gefühle mit. Ohne Anschuldigungen selbstverständlich. Heißt also: "Ich fühle mich von dir ungeliebt und ignoriert", *aber nicht* "Du liebst mich nicht mehr, du gehst mir laufend aus dem Weg und ich bedeute dir gar nichts mehr." Der letzte Satz besteht ausschließlich aus Vorwürfen, Anklagen und Anschuldigungen. Von deinen wirklichen Gefühlen und Empfindungen fehlt dabei jede Spur!

Er will nicht reden? Schon gar nicht über solchen "Beziehungsbockmist"? Dann hake ein für alle Mal die Vorstellung ab, dass du ihn durch deine weiterhin andauernde, bloße Anwesenheit oder ständige Vorwürfe dazu zwingen kannst. Wenn er nicht reden *will*, will er eben nicht. Für ihn ist es nicht wichtig oder es gibt für ihn keinen Grund, an der aktuellen Situation etwas zu verändern. So etwa, weil es ihm egal ist, ihn nicht stört oder er eben einfach zu phlegmatisch ist, darüber zu diskutieren. Du bist dann zwar kein akuter Störfaktor für ihn, aber deine Anwesenheit bedeutet ihm weder etwas noch hat er in irgendeiner Weise Interesse an dir. Du wirst geduldet, mehr aber nicht.

Natürlich gibt es auch "normale" Männer, die nicht reden wollen, weil sie nie gelernt haben, ihre ureigenen Gefühle auszudrücken. Genauso gibt es auch Männer, denen es peinlich ist, einen solchen Gefühlsstriptease hinzulegen, weil sie fürchten, dann "unmännlich" zu wirken. Solche Männer sind ebenfalls nicht in der Lage und/oder gewillt, sich über diesen "Beziehungskram" zu unterhalten.

Kurz gesagt: Um welchen Typ Mann es sich handelt, spielt keine Rolle. Ist er nicht gewillt, bereit oder in der Lage, über eure Beziehung zu reden, kannst du noch so sehr bohren und nachhaken, *er wird nicht reden!* Sieh es einfach ein: Du kannst niemanden zu einem Gespräch zwingen, der es nicht möchte.

In Beziehungen mit Machtspielern und Narzissten sieht die Sache etwas anders aus: Ignorieren sie dich, wollen sie dich lediglich emotional aushungern, damit ihnen ihr gewohntes Spielzeug erhalten bleibt. Sie wissen ganz genau, dass du dich von ihnen nach (ihrer) Lust und Laune behandeln lässt. Hauptsache, sie sind körperlich anwesend. Er hat sich ausgerechnet *dich* ausgesucht, weil er bei dir als Bedürftige leichtes Spiel und ein perfektes Opfer gefunden hat. Machtspieler und Narzissten brauchen immer Menschen, die weitaus "schwächer" als sie. Nur solche sind nämlich spielend einfach zu dirigieren.

Mit ihnen zu reden ist in etwa genauso sinnvoll wie mit deinem Kühlschrank. Du bettelst sie förmlich an und sie haben dich genau dort, wo sie dich haben wollen. Sie werden dir für alles die Schuld zuschieben, dich verantwortlich machen und dich manipulieren. Nach dem Gespräch fühlst du dich noch schlechter als vorher, meinst jedoch zu wissen, was du nun tun musst und du wirst dich verstärkt ins Zeug legen. Deine trügerische Hoffnung dabei: "Mach ich alles so, wie er gesagt hat, dann wird alles wieder gut."

Falsch gedacht! Er hat dich damit nur einer Art Gehirnwäsche und Beschäftigungstherapie unterzogen, um vor dir erst mal Ruhe zu haben. Im Bestfall bekommst du dann ein bisschen Zuckerbrot (nach der Peitsche), bevor es anschließend wie gewohnt weitergeht. Und wozu? Es ist seine persönliche Art der Vorsorge, dass du ihm noch länger erhalten bleibst! Nicht etwa aus Liebe, sondern weil du so ein perfektes Opfer und Spielzeug für ihn bist und er seine (für ihn lebenswichtige) Machtposition beibehalten kann.

3.) Kümmere dich wieder um dich selbst. Dein Partner will nichts unternehmen? Dann lass ihn und unternimm selbst etwas oder mit Freunden. Er will keine Unterhaltung? Dann unterhalte dich mit anderen, ob nun Familie, Freunde oder auch nur mit Kontakten in sozialen Netzwerken. Such dir ein Hobby, das du entweder alleine machen kannst (lesen z. B.) oder in einem Verein etc. Was auch immer du tust, ist egal, nur *tu etwas*! Gewartet hast du lange genug und es ist nichts passiert.

Willst du dein gesamtes, restliches Leben mit Däumchen drehen, warten und im Selbstmitleid baden vertrödeln? Wenn es das ist, was du willst, tu es und "freu" dich auf ein langes, unglückliches Leben, voller Depris und jeder Menge Einsamkeit. Dann hör aber auch auf, zu jammern und dich zu bemitleiden! *Du selbst* hast dir genau dieses Leben ausgesucht. *Du selbst* bist dafür verantwortlich, niemand sonst. Keiner zwingt dich, dort zu bleiben, wo du bist. *Nur du selbst.* Keiner zwingt dich dazu, in Regungslosigkeit zu verharren, auf alles zu verzichten und stumm alles zu erdulden. *Nur du selbst.*

Wach auf und sieh dir deine "Beziehung" genau an. Wer investiert Gefühle und Zeit? Du allein oder ihr beide? Lebt ihr miteinander oder nur nebeneinander her? Habt ihr euch noch was zu sagen? Oder drehen sich eure Gespräche ausschließlich um Belanglosigkeiten wie "Der Kaffee ist alle" oder "Ist noch Klopapier da?"

In letzterem Fall ist das, was ihr beide führt, eine Wohn- und Zweckgemeinschaft, aber weder Liebe noch

Beziehung. Vielleicht verspürst du als Bedürftige noch romantische Gefühle für deinen Partner. Es bringt aber alles keinen Erfolg, wenn die Gefühle bei ihm verschwunden oder abgestorben sind. In diesem Fall sieh es einfach ein: Die ehemalige Beziehung ist tot. Es gibt sie nicht (mehr). So schwer eine Trennung dir auch fallen mag, du vergeudest dort nur deine Zeit. Du kannst niemanden überreden oder gar zwingen, für dich Liebe zu empfinden. Wenn keine Gefühle (mehr) da sind, sind sie nicht (mehr) da. Du kannst dir natürlich weiter einreden, es wäre anders und alles ist in Ordnung. Du kannst dir auch weiter einreden, das da wäre immer noch besser, als ganz alleine zu sein.

Wenn du willst und es dir so gefällt, mach dir weiter Illusionen und belüge dich selbst. Erreichen wirst du damit lediglich eines: Du wirst dir selbst immer und immer wieder und auf Dauer wehtun.

4.) Kümmere dich rechtzeitig um deine Finanzen! Falls du nur deshalb noch bei deinem "Partner" bleibst, weil du befürchtest, ohne ihn finanziell nicht um die Runden zu kommen: Kümmere dich darum! Egal ob du alleine bist oder ein Kind hast, es gibt immer Mittel und Wege, auch ohne "Versorger" zu überleben. Natürlich mag es unbequemer sein und/oder komplizierter, als es mit ihm der Fall ist. Nur des Geldes wegen in einer "Beziehung" zu bleiben, die den Namen nicht einmal verdient und dir damit dein Leben vermiesen zu lassen, das ist weder ein guter noch ein vernünftiger noch ein sinnvoller Grund. Es ist überhaupt kein Grund! Auch deinem Kind tust du damit alles andere einen Gefallen, weil es lediglich eines von dir bzw. euch lernen wird, nämlich dass Beziehungen nur so funktionieren wie die eure. Kinder haben nämlich ganz feine Antennen dafür, wie glücklich oder unglücklich du selbst oder ihr beide seid und wie liebevoll oder auch nicht ihr miteinander umgeht. Den einzigen Gefallen, dem du damit deinem Kind tust, ist der, ihm ein schlechtes Vorbild zu geben und ihn perfekt auf die gleichen Beziehungskatastrophen in seinem eigenen Leben vorzubereiten. Weder du noch dein Partner könnt eine so schauspielerische Glanzleistung inkl. Unmengen voller Lügen vollbringen, als dass ein Kind eine zerrüttete, lieblose Beziehung nicht trotzdem bemerken würde. Doch das nur so nebenbei.

Der Wunsch, diese Beziehung zu verlassen, schlummert vielleicht schon länger in dir. Wird dieser Wunsch nun stärker und lauter, bereite dich darauf vor.

Falls du wegen deines Kindes schon längere Zeit nicht mehr berufstätig warst, erkundige dich nach z. B. Auffrischkursen, Weiter-/Fortbildung, Seminaren und besuche sie - unabhängig davon, was der Pascha für eine Meinung dazu hat. Bring dich auf den neuesten Stand in deinem Beruf. Such dir einen Nebenjob, falls du für diese Bildungsmaßnahmen das Geld brauchst. Möglich, dass du dir die Gebühren für die Kurse erst zusammensparen musst. Das ist aber kein Grund, es nicht zu tun!

Such dir einen Teilzeitjob und schicke Bewerbungen raus, *bevor* du dich überhaupt auf Wohnungssuche machst. Kümmere dich um die Kinderbetreuung, egal welcher Art, falls du ihretwegen keinen regulären Job annehmen kannst. Auch wenn du vorübergehend einen Job annehmen musst, der nicht unbedingt dein Traumjob ist oder du dafür überqualifiziert bist: Er ist das Mittel zum Zweck, nichts anderes! Herzugehen und zu jammern, du findest nichts oder nichts Passendes, ist auf jeden Fall *die falsche Lösung*. Mach dir eines immer wieder bewusst, wenn du dich aus deiner kaputten Beziehung lösen möchtest: Um auf eigenen Beinen stehen zu können, brauchst du einen Job, um dein eigenes Geld zu verdienen. Den "richtigen" bzw. "passenden" Job kannst du dir immer noch suchen.

Wenn es mit der Jobsuche trotzdem nicht klappen mag, weil du z.B. in einer ländlichen Gegend wohnst, in der freie Stellen nicht auf den Bäumen wachsen, du es aber keinen Tag länger unter einem Dach mit deinem "Partner" aushältst - eine Alternative gibt es immer. Spaß macht sie sicherlich nicht, doch wenn es sein muss, mach den unangenehmen Gang zum Jobcenter. Die Aussicht auf Hartz IV ist keineswegs prickelnd, doch wenn du dir selbst immer wieder sagst: "Es ist nur eine vorübergehende Geschichte, ein Mittel zum Zweck, um wieder mein eigenes Leben zu leben. Auch wenn ich mich erst einmal finanziell einschränken muss, meine emotionale Zufriedenheit ist es mir wert" und dich selbst immer wieder antreibst, machst du sogar damit einen neuen Anfang. Mach dir keine Gedanken darüber, was andere von dir denken könnten. Es ist nicht *ihr* Leben, sondern *deines*! Mach dir einzig und alleine Gedanken darüber, wie du dir dein eigenes Leben aufbauen und finanzieren kannst. Nur das zählt, nichts anderes!

Bewirb dich nicht nur auf offene, ausgeschriebene Stellen, sondern versuche auch hier, alle Register zu ziehen. Schicke Blindbewerbungen raus oder wenigstens Anfragen per Email an alle möglichen Unternehmen in deiner Umgebung. Inseriere unter Chiffre oder auf Stellenanzeigenportalen im Internet, mach Aushänge am Schwarzen Brett im Supermarkt, frage im Bekannten- und Freundeskreis nach, erkundige dich in entsprechenden Gruppen in sozialen Netzwerken. Überleg nicht lange, ob das "normal" ist oder nicht, ob es Erfolg bringt oder nicht, *tu es einfach*! Probiere jede noch so verrückt klingende oder scheinende Möglichkeit. Im schlechtesten Falle verbuchst du damit eben keine Erfolge, aber sonst passiert dir nichts!

Fang also gar nicht erst an, Ausreden zu erfinden, warum es nicht gehen und nicht klappen könnte, sondern mach einfach. Leicht mag dieser Weg für dich vielleicht nicht sein, aber dir bleibt nichts anderes übrig, wenn du etwas verändern willst.

Wenn du für dein großes Ziel "Raus aus der Bedürftigkeit und ab in ein positives, selbstbestimmtes Leben" diese ganze Mühe und "Plackerei" nicht auf dich nehmen willst, nicht bereit bist, deine größte Herausforderung anzugehen, dich selbst immer wieder zu treten und zu motivieren, dann hör auf, dich zu beschweren und "genieße" weiter dein Leben als Abhängige und Marionette deines Paschas in einer unglücklichen Beziehung.

Schritt 14
Hör auf, zu jammern

Deine Ausstrahlung und Wirkung auf andere:
negativ, um Aufmerksamkeit heischend, bemitleidenswert, nervig, unselbstständig, hilflos

Jedem passiert mal etwas, das ihm nicht gefällt, über das er betrübt, enttäuscht, frustriert oder verärgert ist. Manchmal sogar alles auf einmal. Dann kurzfristig zu schimpfen oder mit seinem "Schicksal" zu hadern ist menschlich und normal. Sobald das Jammern allerdings zum Standardprogramm gehört, wendet sich das Blatt.

Gerade Bedürftige neigen dazu, sich ständig über alles zu beschweren, seien es nun die anderen, die ihnen nur Böses wollen, seien es die Lebensumstände, die nicht passen, sei es das Leben, das einfach nur ungerecht ist. Allem und jedem wird die Schuld - wofür auch immer - zugeschoben. Egal wohin ein Bedürftiger seinen Blick richtet, er wird überall nur Dinge sehen und finden, die *nicht* in Ordnung sind, die *nicht* passen und die er gerne anders hätte. Mit negativem Denken alleine hat das nicht nur zu tun.

Der eigentliche Grund, weshalb Bedürftige hauptsächlich Schlechtes und Negatives entdecken - egal worauf sie ihren Blick richten - liegt ganz woanders, nämlich in ihrer Angst. Klingt auf den ersten Blick unglaubwürdig? Dann schau mal genauer hin.

Nimm einmal den Partner: Ein Bedürftiger sieht jemanden, der ihn nicht genug liebt, ihn nicht genügend

Aufmerksamkeit widmet, ihn nicht (genug) respektiert. Wo steckt hier die Angst? Genau in den Dingen, die der Bedürftige sieht! Ob der Partner nun wirklich zu wenig Aufmerksamkeit schenkt oder nicht, ist Ansichtssache. Dem Bedürftigen, der bei allem Mangel leidet und ausgehungert ist, wird es grundsätzlich und immer zu wenig sein, unabhängig davon, wie viel er bekommt. Seine Angst *ist* es ja, zu wenig oder auch überhaupt nichts zu bekommen. Er wird deshalb ganz genau verfolgen, wie viel sein Partner ihm gibt, immer die Angst im Nacken, es könnte zu wenig sein... so wie die ganze Zeit zuvor auch schon.

Eventuell meint der Bedürftige noch zusätzlich, dass sein Partner anderen bedeutend mehr von was auch immer gibt als ihm. Zwangsläufig fängt der Bedürftige an, sich zu beschweren und zu jammern. Er braucht doch unbedingt mehr davon!

Egal, wo der Bedürftige hinblickt, er entdeckt nichts als Mangel. Bei allem, was er ansieht, spürt er nur, dass ihm genau das doch fehlt. Sieht er ein glücklich wirkendes Pärchen im Straßencafé, entdeckt er bei sich Mangel und beginnt zu jammern. Sie haben nämlich genau das, was er so gern hätte und ihm so dringend fehlt.

Und schon kommt eine Sache hinzu, die ihm noch mehr Grund zum Jammern gibt, nämlich der Neid. Der Neid auf alles und jeden, die das haben, was er *nicht* hat. Zugeben wird es kein Bedürftiger, dass er neidisch oder eifersüchtig ist. Das hieße für ihn, ein öffentliches Anerkenntnis zu machen, über das andere ihn dann be- oder verurteilen könnten. Genau das will er ja tunlichst vermeiden. Doch der Neid und die Eifersucht sind da. Wer einem Bedürftigen aufmerksam zuhört, hört es heraus. Würde der Bedürftige wirklich bewusst seine Gedanken oder Worte diesbezüglich überprüfen, er würde es selbst hören bzw. sehen. Dieser Neid bzw. diese Eifersucht gibt weiteren Anlass zum Jammern.

Wer einmal auf das Karussell des Jammerns aufgesprungen ist, kann es nur schlecht wieder anhalten. Wieso? Hast du schon mal gejammert, wenn du fröhlich warst, es dir gut gegangen ist, du glücklich warst? Wohl kaum. Derjenige, der sich in Jammerlaune befindet, ist allgemein in schlechter oder negativer Stimmung. *Nur dann* fällt es leicht zu jammern und sich - worüber auch immer - zu beschweren. Sind negative Gedanken und Gefühle alleine schon Stimmungskiller, Jammern tut ein Übriges dazu. Die Stimmung sinkt weiter ab. Je tiefer sie sinkt, umso mehr findet man, worüber man jammern kann... selbst wenn es nur deshalb ist, weil man sich so gar nicht gut fühlt. Daran sind natürlich wie immer nur die anderen schuld.

Jammern ist eines der unproduktivsten und negativsten Dinge, die du tun kannst. Egal wie lange du dich über etwas beschwerst, *es ändert nichts, absolut und rein gar nichts.* Weder andere Menschen noch Situationen in deinem Leben verändern sich in irgendeiner Weise, selbst wenn du ununterbrochen am Jammern bist. Auch deine Beziehung verändert sich dadurch nicht. Du selbst wirst dich auch keinen Deut besser fühlen durch stunden- oder tagelanges Jammern und Klagen.

Die einzigen Dinge, die du mit ununterbrochenem Lamentieren erreichst, sind:

- Du fühlst dich schlechter und schlechter.
- Du wirst zunehmend negativ denken.
- Du siehst keine Lösungen oder Auswege, weil du dich nur auf das Problem konzentrierst.
- Du bist wie gelähmt und kannst dich zu nichts aufraffen.
- Du verdirbst auch anderen ihre Laune.

Und zu guter Letzt wirst du - falls du nur noch am Jammern bist - andere damit vertreiben. Sie werden dir nach und nach aus dem Weg gehen, zumindest diejenigen, die weitaus weniger oder gar nicht bedürftig sind.

Bei aller Liebe oder Freundschaft und Verständnis, die jemand für dich aufbringt: Wer auch nur etwas Selbstliebe oder Selbstachtung verspürt, zieht sich ganz bewusst von dir zurück. Dauerjammerer sind sogenannte Energievampire, die einem so lange die Kraft aussaugen, bis es einem genauso schlecht geht. Wer jedoch gut für sich selbst sorgt und auf sein Wohlbefinden achtet, wird sich so weit wie möglich von allem distanzieren, das ihm nicht gut tut. Dazu gehören auch Energieräuber.

Je mehr du als Bedürftige dann anfängst zu klammern, umso mehr werden solche Menschen den Kontakt zu dir meiden. Zurück bleiben nur die, die ebenfalls Bedürftige sind, also sogenannte "Leidensgenossen". Du magst vielleicht als Bedürftige der Meinung sein, damit endlich jemanden gefunden zu haben, der dich versteht. Das ist sicherlich auch der Fall, ihnen geht es ja ebenso wie dir. Allerdings ist die Gesellschaft dieser Leidensgenossen alles andere als förderlich. Im Gegenteil, sie sind für dich so ziemlich das Kontraproduktivste, das es gibt. Wieso?

Hier treffen *zwei Bedürftige* aufeinander! Jeder von ihnen braucht für sich selbst Aufmerksamkeit und Bestätigung. Automatisch - wenn auch völlig unbewusst - wird jeder versuchen, den anderen im Jammern zu "übertrumpfen". Unabhängig davon, was dem einen zugestoßen ist, es wird immer dramatisiert und schlimmer dargestellt, als es war bzw. ist. Jeder von beiden will derjenige sein, der mehr bemitleidet wird. Mitleid heißt Aufmerksamkeit und genau das ist es, was ein Bedürftiger dringend braucht. Geholfen wir durch diesen Jammermarathon niemandem, im Gegenteil: Beide halten sich im Sumpf der Negativität fest und ziehen sich gegenseitig immer weiter nach unten.

Was also tun?

1.) Mach dir eines bewusst: Egal wie bescheiden deine Situation auch aussehen mag, alles Jammern bringt dir nichts und es verändert auch nichts. Selbst wenn du zehn Jahre deines Lebens mit Jammern verbringst, nach diesen zehn Jahren wird deine Situation immer noch die gleiche sein. Verändert haben wird sich jedoch nichts... außer dass du dich schlechter fühlst als am Anfang und sich u. U. ein paar Leute von dir abgewendet haben, denen dein ewiges Gejammer fürchterlich auf den Nerv ging. Und vielleicht hast du in dieser Zeit noch ein paar Dinge mehr angezogen, über die du jammern kannst - inklusive ein paar weiterer, "verständnisvoller" Jammergenossen.

Was bringt es dir unterm Strich wirklich, ein paar Leute zu haben, die dir bedauernd übers Köpfchen streicheln und dich bemitleiden? Ändert *das* irgendwas an deiner Situation? Klar, du stehst für kurze Zeit im Mittelpunkt und bekommst Aufmerksamkeit. Schön, oder? Und dann? Was erhoffst oder erwartest du dir davon? Dass sich dadurch deine Probleme von ganz alleine in Luft auflösen und dein gesamtes Leben sich (zum Positiven) verändert? Glaub mir bitte eines: Das wird es nicht! Es wird sich ausschließlich *dann* etwas ändern, wenn du etwas anderes tust als bisher, wenn *du* etwas veränderst.

Vielleicht kannst du die aktuelle Situation nicht (auf Knopfdruck) verändern, so sehr du es auch möchtest, eine Sache aber kannst du definitiv verändern: die Art und Weise, wie du auf die Situation siehst. Nein, Widerspruch zwecklos! Es funktioniert. Hm... Und wie? Sicher nicht, indem du hergehst und dir sagst: "Oh wie wunderschön ist dieser Mist. Ich freue mich ja so, dass er aufgetaucht ist." Naja, das kannst du natürlich auch tun, wenn du willst und du dich damit besser fühlst. Ich meinte aber etwas ganz anderes, nämlich den Mittelweg zwischen Jammern und purer Übertreibung.

"Alles nur Mist" ist die negative Seite. "Oh welche Freude" ist die übertrieben positive Seite (die kein Mist nun wirklich hat - von Lernerfahrungen mal abgesehen). Was ich meine: Schau dir die Situation ganz *neutral* an. Geht nicht? Doch, es geht! Und zwar in dem Moment, in dem du das Gejammer aufhörst.

Beispiel: Dein Auto war beim Kundendienst und nun flattert dir eine riesige Rechnung ins Haus.

Die Jammerseite wäre: "Oh Gott, wie furchtbar, das kann ich nicht bezahlen. Wo soll ich nur das Geld hernehmen? Die sind doch verrückt, das ist Ausbeutung. Ich werde den ganzen Monat nichts anderes mehr kaufen können und muss mein Konto überziehen" und und und.

Die übertrieben positive Seite wäre: "Oh schön, ich habe jetzt endlich wieder ein perfektes Auto und ich habe die

Wirtschaft gefördert. Alle freuen sich: der Werkstattbesitzer, seine Lieferanten, mein Banker, das Finanzamt. Alle sind sie jetzt glücklich."

Der Mittelweg, also der neutrale Anblick ist: "Mein Auto musste zum Kundendienst, damit es einwandfrei funktioniert und das tut es jetzt. Das hier ist die Rechnung dafür." *Das* ist neutral, nämlich das Betrachten der Fakten, ohne jegliche Übertreibung oder Emotionen!

Solange du jammerst, bist du in negativer Stimmung und siehst nur auf das Negative. Jubelst du über etwas, bist du in positiver Stimmung und siehst auf das Positive. Beides ist eine Bewertung der Situation. Wenn du aber aufhörst, die Situation zu bewerten (ob nun positiv oder negativ) und mit deinen Emotionen (ob nun positiv oder negativ) zu füttern, kannst du die Sache neutral betrachten: "Hier ist ein Problem oder eine Aufgabe, und dafür suche ich eine Lösung." *Das ist neutrale Betrachtung!* In *diesem* Fall wirst du auch eine Lösung finden, weil du dich *genau darauf* konzentrierst, nämlich auf *Lösung*.

Bisher hast du es anders gemacht: "Oh mein Gott, wie furchtbar. Die Probleme hören einfach nicht auf. Es ist zum Kotzen. Wieso muss mir das schon wieder passieren? Das werde ich nie schaffen. Egal was ich tue, bei mir geht immer alles schief. Nie kann es einfach mal etwas glattgehen. Kaum habe ich ein Problem beseitigt, wartet schon das nächste. Ich darf gar nicht daran denken, was danach noch alles kommt. Es kann ja nur schlimmer werden, weil es bei mir immer so ist" und so weiter und so weiter. Ist hier - bei diesem Gejammer - bitte ein *einziges* Mal die Rede von *Lösung*? Nein, ist es nicht. Du starrst lediglich auf *"Problem"* und machst das ohnehin Schlechte mit Horror- und Schreckensvisionen noch schlechter und schlechter.

Wo bitte soll da eine Lösung herkommen? Du hast doch überhaupt keine Zeit, eine zu suchen! Deine Zeit verbringst du lediglich damit, dir die aktuelle Situation hundert Mal und öfter zu erzählen und dir bei jedem Mal mehr eine noch düsterere Zukunft auszumalen. *Nur hierauf* richtest du deine ganze Aufmerksamkeit und nirgendwohin sonst.

Zu hoffen oder zu denken, du könntest mit Jammern allein etwas verändern, wäre so, als wolltest du beim Fernsehen gleichzeitig ein Buch lesen. Klar kannst du das, theoretisch ist es machbar. Doch entweder du weißt hinterher nicht bzw. nur bruchstückhaft, worum es im TV ging oder im Buch. Du kannst aber *niemals* beides - Film und Buch - gleichzeitig *mit voller* Aufmerksamkeit verfolgen. Es geht nur abwechselnd, separat, niemals aber zur gleichen Zeit. Genauso ist es mit Jammern und Lösung suchen. Überleg dir also, was dir lieber ist: ein bisschen "Oh du armer, schwarzer Kater" oder deine Situation zu verändern. Es ist *nur* deine Entscheidung!

2.) Such dir andere Gesellschaft! Wie im vorherigen Punkt schon erwähnt, sind "Leidensgenossen" für dich als Bedürftige zwar ganz praktisch, weil sie deine Situation ja verstehen und es ihnen genauso schlecht geht wie dir. Bei ihnen kannst du dich mal "so richtig auskotzen", ohne dass sie entnervt den Kopf schütteln oder dir Vorhaltungen machen. Hier fühlst du dich - vermeintlich - gut aufgehoben. Als Bedürftige bettelst du ja regelrecht darum, dass dir jemand Aufmerksamkeit schenkt. Du willst gehört, bestätigt, wichtig genommen und vor allem bemitleidet werden. All das - so denkst du - erhältst du bei deinen

"Leidensgenossen". Richtig ist das schon, nur tust du dir damit alles andere als einen Gefallen... außer natürlich, du genießt es, eine Bedürftige zu sein und möchtest dieser Rolle auch weiterhin treu bleiben.

Deine "Leidensgenossen" sind nicht anders als du und sie wollen auch nichts anderes als du. Du klagst ihnen dein Leid, ausführlich und mit wachsender Begeisterung: "Endlich jemand, der mich auch versteht und genau weiß, wie furchtbar schlecht ich mich fühle." Sie ihrerseits tun dasselbe bei dir.

Was passiert aber nun, wenn zwei Menschen aufeinander treffen, die sich gegenseitig nur "auskotzen" und sich dabei laufend die Ohren volljammern? Glaubst du allen Ernstes, dadurch eine Lösung für deine Probleme zu finden? Dich damit aufzubauen? Dich hinterher wirklich besser zu fühlen? Dich in irgendeiner Weise zu motivieren? Oder gar, dadurch irgendwas an deiner Situation, deinem Leben oder bei dir etwas zu verändern?

Nein! Nichts von alledem wird in solcher Gesellschaft jemals passieren. Im Gegenteil. Ihr werdet euch vielmehr gegenseitig weiter nach unten ziehen, demotivieren und alles in tiefdunkelschwarzen Farben ausmalen. Ihr werdet eure Zeit damit vergeuden, die Vergangenheit und die aktuelle Problemsituation immer wieder und wieder Revue passieren lassen, zu zerpflücken und die Schuld dafür bei Gott und der Welt suchen. Eure ganze Aufmerksamkeit und Energie wird sich darauf konzentrieren, ein ums andere Mal. Wenn ihr dabei etwas sucht oder findet, dann auf keinen Fall eine Lösung, sondern nur jemand anderen, der angeblich für alles verantwortlich ist.

Sich "mal auszukotzen" ist nicht verkehrt. Jeder hat ab und an das Bedürfnis, Zweifel, Wut, Frust etc. herauszulassen. Solange man das ununterbrochen in sich hineinfrisst und alles nur runterschluckt, gärt es in einem und vergiftet die Stimmung nach und nach. Stundenlanges Herumlamentieren und Jammern hat damit aber überhaupt nichts zu tun.

Der große Unterschied dabei ist:

a) *Sich "auskotzen":*
"Mich nervt dies und das, weil..." Man spuckt alles aus, was einen ärgert, und schimpft, flucht, tobt, je nach Temperament und Laune. Danach wird tief durchgeatmet und anschließend konzentriert man sich darauf - ob nun alleine oder mit einem anderen, die Situation neutral anzusehen, eine Lösung zu suchen und aktiv zu werden.

b) *Herumjammern:*
"Alles ist so furchtbar, vor allem... Ich weiß nicht, womit ich das verdient habe. Ich will doch nur..., aber immer geht alles schief. Mir ist es einfach nicht vergönnt, dass... Das ist so schlimm... Wieso passiert immer mir... Das ist so unfair!" Und damit fängt die Geschichte, wie eine hängengebliebene CD, von vorne an und dann gleich noch mal und noch mal. Weil man sich dann schon so miserabel fühlt, fängt man gleich noch mal an, diesmal jedoch zusätzlich ein bisschen dunkelschwärzer und dramatischer als vorher... Nur um ja zu demonstrieren, wie furchtbar es wirklich ist.

Anstatt deine hauptsächliche Zeit mit solchen "Jammer- bzw. Leidensgenossen" zu vergeuden, umgib dich lieber mit

Menschen, die *Nicht-Bedürftige* sind (oder zumindest nicht in einem derartigen Umfang wie du) oder mit Menschen, die pragmatisch und optimistisch sind. Bei ihnen läufst du zwar "Gefahr", dass sie sich *nur einmal* deine Jammerarie anhören, dich danach unterbrechen und dich fragen, was du nun gedenkst, zu tun. Bei ihnen läufst du auch "Gefahr", dass sie dich rüffeln, wenn du dich laufend wiederholst und alle Welt für deine Misere verantwortlich machst. Bei ihnen läufst du auch "Gefahr", dass sie dir Dinge sagen, die du vielleicht gar nicht hören willst, wie etwa "Daran bist du selbst schuld" und dir Ratschläge geben, die von dir Aktivitäten und Veränderungen verlangen.

So unbequem das alles ist und vor allem diese Menschen für dich am Anfang sein mögen und du dich vehement mit Händen und Füßen gegen alles, was sie sagen, sträubst oder gar erst mal zutiefst beleidigt sein willst - *sie sind es*, die dir den Weg aus dem Tal des Jammerns weisen und dich voranbringen können. *Sie sind es*, die dich (für wirkliche Erfolge) loben und motivieren können. *Sie sind es*, die dich puschen, antreiben, aufbauen und dich bei Veränderungen positiv unterstützen können. Und *sie sind es* vor allem, die du dir als Vorbild und damit als Anreiz oder Ansporn nehmen kannst und solltest.

Wenn du etwas in dir bzw. deinem Leben zum Positiven verändern möchtest, weil dir das aktuelle nicht (mehr) gefällt, dann umgib dich mit positiven Menschen und nicht mit Jammerern, die mindestens genauso negativ eingestellt und bedürftig sind wie du!

3) Bitte positiv gepolte, selbstbewusste Menschen um Hilfe! Wenn solche Menschen etwas auf keinen Fall mögen und/oder um sich herum auf Dauer "dulden", dann sind es Dauernörgler und Dauerjammerer. Ihnen gehen sie am liebsten aus dem Weg. Wieso? Weil sie keine Lust haben, sich mit negativer Stimmung, Gemecker und Genörgel zumüllen zu lassen. Negativ eingestellte Menschen sind nämlich Energiefresser. Nach dem Kontakt mit ihnen fühlt man sich wie erschlagen und ausgelaugt und manchmal sogar ebenso genervt und gefrustet - wenn auch aus anderen Gründen.

Bedürftige brauchen nicht einmal etwas sagen oder tun, um "ungute" Stimmung bei anderen zu bewirken. Sie strahlen es bereits aus. Ihre innere Unzufriedenheit, ihr Unglücklich sein, ihre Selbstzweifel oder gar ihr Selbsthass - *es ist zum Fühlen*. Vielleicht kann es sich nicht jeder erklären, doch positiv gestimmte Menschen fühlen sich in Gegenwart solcher Menschen jedes Mal regelrecht unwohl.

Wenn du dich also an positiv gestimmte Menschen wendest, dann *nicht*, um ihnen die Ohren vollzujammern, sondern *nur dann und nur deshalb*, um dir von ihnen *konstruktive Hilfe* zu erbitten. Auch wenn es dich immense Überwindungskraft kosten wird, auf so jemanden zuzugehen, tritt dir in den Hintern und tu es!

Du willst deiner Jammerlaune entfliehen, du willst Lösungen, du willst endlich aktiv werden. Sag ihnen genau das! Sag ihnen, dass du es alleine nicht schaffst. Sag ihnen, dass dir die Kraft, der Mut, der Elan, die Ausdauer oder was auch immer fehlt. Sag ihnen, dass du etwas verändern willst. Sag ihnen, dass du genug vom Jammern und stummen Erdulden hast. Sag ihnen, dass dir deine eigene Untätigkeit tierisch auf den Geist geht. Und *dann* frage sie, ob sie dir helfen können, du ihnen dein exaktes Problem schildern kannst und ob sie dir Tipps geben wollen bzw. können.

Ja, ich weiß, all das ist äußerst schwierig und beim bloßen Gedanken daran wird dir nun sicher der Angstschweiß auf der Stirn stehen. Die Überwindung alleine ist das kleinste Problem. Das weitaus größere ist etwas ganz anderes: Deine Angst davor, abgewiesen, ausgelacht und verurteilt zu werden. Gerade du als Bedürftige wirst ständig von diesen Ängsten geplagt und heimgesucht.

Du hast ausschließlich zwei Möglichkeiten: dich diesen Ängsten zu stellen (auch wenn dir dabei die Knie schlottern) oder dich ihnen hinzugeben und dich somit weiter von ihnen beherrschen zu lassen. Was willst du? Weiterhin die Bedürftige bleiben oder hast du endgültig genug davon?

Wenn du dieses Buch bis hierher *gelesen* hast - nicht nur darin herumgeblättert oder diese Seite durch Zufall aufgeschlagen hast - gehe ich von letzterem Fall aus: *Du willst etwas nachhaltig verändern!*

Du bist ein erwachsener Mensch, der sein Leben endlich selbst in die Hand nehmen und dafür Verantwortung übernehmen will. Du bist endlich bereit, die Notbremse zu ziehen in dem Zug der Bedürftigkeit, in dem du seit ewig langer Zeit schon herumreist, ohne jemals ausgestiegen zu sein.

Auch der selbstständigste, erwachsenste Mensch benötigt irgendwann einmal Hilfe. Niemand, ausnahmslos niemand schafft alles alleine - auch wenn manche Zeitgenossen das von sich behaupten mögen. Sich selbst und vor allem jemand anderen einzugestehen, dass du Hilfe benötigst oder etwas nicht alleine schaffst, ist *keineswegs* ein Zeichen von Schwäche und auch nichts, weshalb du dich schämen müsstest. Im Gegenteil!

Bislang hast du aus Angst niemanden um Hilfe gebeten. Du hast lieber geschwiegen, weil dir der Mut und die Kraft zur Überwindung gefehlt haben. Jetzt aber, jetzt hast du beides! Sich selbst einzugestehen "Ich brauche Hilfe!" ist nicht nur der erste Schritt, sondern vor allem ein Zeichen von Stärke und Ehrlichkeit. Wenn du also zu jemand anderen diesen Satz ("Ich brauche Hilfe!") sagst, ist das für dich ein Grund, äußerst stolz auf dich zu sein. Egal wie viele Anläufe du dazu brauchst, wie zittrig deine Stimme oder deine Beine dabei sind, wie sehr dir der Schweiß ausbricht und wie übel dir vor Aufregung dabei ist: *Du kannst stolz auf dich sein!* Du hast nämlich soeben einen ganz entscheidenden Schritt in ein neues, erwachsenes, selbstständiges und selbstverantwortliches Leben gemacht.

Wer dich kennt - ob nun (ehemalige) Leidensgenossen oder Nicht-Bedürftige - wird sehr verwundert sein, dass du dich plötzlich derartige Dinge traust. Ob sie es mit Worten ausdrücken oder auch nur mit Blicken, sie werden dich bewundern (oder gar darum beneiden). Selbst wenn es "nur" eine Bemerkung wie etwa "Wie bist du denn auf einmal drauf?!" oder "Na, das wurde ja endlich Zeit" ist, *das ist (wenn auch subtile) Anerkennung und Bestätigung, aber kein Vorwurf!*

Einen ganz positiven Nebeneffekt hat diese Überwindung zusätzlich für dich: Wenn du es das allererste Mal geschafft hast, jemanden um Hilfe zu bitten, wirst du ein unglaubliches Hochgefühl erleben... sobald sich der erste Schreck, die erste Fassungslosigkeit über deinen eigenen Mut gelegt hat. Dieses Hochgefühl wird nicht nur endlich mal eine *gute* Erinnerung bei dir hinterlassen, sondern sie wird dich auch unglaublich motivieren, wenn du dir selbst immer wieder sagst: "Ich habe meine Angst überwunden."

Mach nun bitte um Himmels willen bitte nicht den Fehler, wieder in dein altes Muster zu verfallen mit "negativen Anhängseln" an diesen Satz wie etwa: "War das anstrengend. Was hat mich das für Kraft gekostet. Oh mein Gott, das war viel zu viel für mich. Das schaffe ich sicher nicht noch mal. Jammer jammer jammer." Damit ruinierst du dir lediglich dein Hochgefühl und den Hauch Optimismus, den du soeben gefunden hast! Erkenne einfach nur deinen Erfolg an und sei stolz darauf. Punkt und basta!

4) Lobe und belohne dich selbst überschwänglich! Sobald du auch nur winzige Schritte in die richtige Richtung machst bzw. gemacht hast, lobe dich überschwänglich. Mit "überschwänglich" meine ich schon einiges mehr als ein dahingeächztes "Puh, geschafft". Es gibt nämlich nichts, das so sehr motiviert wie Lob. Wieso willst du nur darauf warten, dass *andere* dich loben, wenn du etwas gut gemacht hast? Was spricht dagegen, dich selbst einmal zu loben?

Ach ja, stimmt... Da gibt es das allgegenwärtige Statement: "Eigenlob stinkt!" Na klar, "man" lobt sich ja schließlich nicht selbst. Das ist nämlich überheblich, eingebildet, arrogant und noch so einiges mehr. Richtig?

Nun ja, das ist *eine* Meinung. Es verlangt ja keiner von dir, dich mitten in der Stadt auf ein Podest zu stellen und mit einem Megafon stundenlang zu brüllen: "Mann, bin ich gut! Ich habe ... geschafft! Ich bin so was von klasse!" Du musst auch kein Zeitungsinserat aufgeben oder Flyer in jeden

Postkasten werfen. Es reicht doch voll und ganz aus, wenn du dich zu Hause vor deinen Spiegel stellst, dir in die Augen siehst und dich lobst, bis dein Kopf das Glühen und Leuchten anfängt wie ein Heißluftballon bei Nacht.

Dabei darfst du ruhig schamlos übertreiben. *Außer dir hört es doch keiner!* Sag dir, wie fantastisch du warst, wie stolz du auf dich bist, wie sehr du dich für deinen Mut bewunderst und so weiter. Sag dir selbst all die Dinge, die du so gerne hören möchtest und wie gesagt, übertreiben ist erlaubt und ausdrücklich erwünscht. Klopf dir auch ruhig anerkennend auf die Schulter, strahle dich an, wirf dir Küsschen zu, tanz durch die Wohnung, quietsche, lache, springe. Es ist vollkommen egal, was du tust und/oder tun willst, nur: *Feiere deinen Erfolg!* Erkenne ihn an als Meilenstein, den du geschafft hast.

Belohne dich dafür. Trink ein Glas Sekt oder Wein, gönne dir einen Eisbecher oder eine Packung Pralinen. Lass dir ein Bad mit echten Rosenblättern ein. Koch dir was Feines. Schreib dir diesen Erfolg in deinen Kalender, am besten in knallroten Buchstaben. Was auch immer Schönes du tust als Belohnung, du hast es dir verdient!

Natürlich tut es immer gut, wenn *andere* die eigene Leistung anerkennen und dich dafür loben. Wem gefällt das nicht? Dass am Anfang deiner "Flucht aus der Bedürftigkeit" andere deine Bemühungen und Erfolge vielleicht (noch) nicht honorieren oder gar bemerken, kann durchaus möglich sein. *Lobe dich deshalb selbst* und lass dich nicht entmutigen, wenn "von außen" kein Lob kommt.

Bei all dem vergiss nämlich eines nicht:

Du tust all diese Dinge für dich, nicht für irgendjemand anderen oder um jemanden zu beeindrucken! Jetzt hast du einen völlig neuen Weg eingeschlagen, der durchaus noch viel Arbeit an dir selbst mit sich bringt. Dass du diesen Entschluss gefasst hast, war bereits ein entscheidender Schritt, für den du dir selbst Respekt zollen darfst. Wirf also mit Lob für dich selbst nur so um dich und lass dich von etwaigen, kleinen Rückschlägen nicht entmutigen. Solche Dinge passieren auch den selbstbewusstesten und optimistischsten Menschen, nicht nur dir.

Sicher wird es immer wieder mal einen Tag geben, an dem du an dir zweifelst oder mit dir selbst am Hadern bist. Die Gefahr, wieder ins Jammern abzudriften, nimmt an solchen Tagen natürlich zu. Zieh dann *sofort* die Notbremse und dir selbst gegebenenfalls die Ohren lang. So weit weg dein Ziel auch noch scheinen mag (und das wird es an solchen Tagen ganz besonders!), du bist bereits auf dem Weg dorthin. Wie schnell du vorwärtsgehst, spielt überhaupt keine Rolle, solange du dich *überhaupt* bewegst - *und zwar nach vorne!* Du bist schon unterwegs und du wirst jetzt nicht mehr umkehren!

Stell dir vor, der Weg zu deinem Ziel "Raus aus der Bedürftigkeit" ist eine Einbahnstraße. Einmal in diese Einbahnstraße hineingefahren, gibt es nur noch einen Weg: nach vorne! Rückwärtsfahren ist in Einbahnstraßen nicht erlaubt. Du kannst zwar mal kurz in einer Parklücke stehen bleiben, vielleicht ein kurzes Päuschen zur Orientierung machen oder um zu kucken, wie weit du schon gekommen bist. Aber wenden und zurückfahren? Nein, niemals!

Selbst wenn in der Einbahnstraße mal Hindernisse auftauchen, es im Moment nicht weitergeht und du stehen bleiben und "abwarten" musst: Ärgere dich kurz, reg dich darüber auf, schreie, tobe, fluche, wirf dein Sofakissen an die Wand, wenn dir danach ist. Dann aber reiß dich wieder zusammen und sag dir eines immer und immer wieder:

"Mein Weg geht nach vorne, nicht zurück. Egal was kommt, ich kehre nicht um, nicht um alles in der Welt!"

Falls dir Dinge wie "Das schaffe ich doch eh nie. Das ist viel zu schwer... Jammer jammer jammer" durch den Kopf schießen: Pack dich am imaginären Nackenfell und schüttle dich kräftig durch. Schimpf dich aus. Schau auf deine bisherigen Erfolge, egal wie winzig sie auch sein mögen und gib dir einen kräftigen Tritt in den Hintern. So hartnäckig, wie du früher einmal beim Jammern warst, so hartnäckig bist und bleibst du jetzt (mindestens!) beim Vorwärtsgehen.

Du hast die beste Entscheidung deines Lebens getroffen mit: "Raus aus der Bedürftigkeit". An diesem Ziel einmal angekommen wirst du dich selbst wenigstens 25 Stunden am Tag abknutschen, diesen "Kampf" auf dich genommen und gewonnen zu haben.

5) Mach deinen Plan öffentlich! Ja, du liest richtig: *öffentlich!* Dein Plan lautet: Raus aus dem Jammern und natürlich raus aus der Bedürftigkeit. Behalte diesen Plan aber nicht für dich, sondern erzähle es all den Leuten, mit denen du ständig Kontakt hast.

Denkt es nun in dir: "Um Gottes willen, bloß nicht! Wenn ich es nicht schaffe, blamiere ich mich doch nur heillos"? Natürlich mag es peinlich sein, wenn die anderen keine Fortschritte bei dir feststellen oder dich vielleicht sogar darauf ansprechen, aber

a) Wenn du von vorneherein davon ausgehst, es nicht zu schaffen, kannst du dir die Arbeit auch gleich sparen. In diesem Fall ist dein Wunsch dazu nämlich nicht groß genug und allerhöchstens halbherzig. Mit dieser Einstellung wird niemand - auch nicht du - ein gesetztes Ziel erreichen können. Es gibt nur zwei Möglichkeiten: ganz oder gar nicht. Alles dazwischen wie etwa "Probiere ich es eben mal, wenn's zu schwierig ist oder nicht gleich klappt, höre ich einfach wieder auf und lass es bleiben" ist sinn- und nutzlose Kraft- und Energieverschwendung! Mal ganz abgesehen davon, dass das Gesetz der Anziehung dir deinen (negativen) Wunsch mit Sicherheit erfüllen wird.

b) Als (Noch-) Bedürftige neigst du vor allem am Anfang dazu, viel zu schnell aufgeben zu wollen. Das kannst du dadurch umgehen, indem du dich ein klein wenig "unter Druck" setzt: Wenn jeder von deinem Plan weiß, wirst du dich sicher mehr bemühen, es zu schaffen, um dir die Peinlichkeit zu ersparen, ein "Och, ich habe damit aufgehört" verkünden zu müssen.

c) Wenn du allen Leuten, die du kennst, von deinem Plan erzählst, füge unbedingt *noch etwas* hinzu: "Ich will es schaffen und bin bereit, alles dafür zu tun. Wenn ihr seht, dass ich dazu tendiere, rückfällig zu werden oder auch nur im Ansatz ans Aufgeben denke, macht mich sofort darauf aufmerksam. Unterstützt mich bitte, mein Ziel zu erreichen! Mit euch zusammen fällt es mir einfacher als alleine, dorthin zu kommen."

Mach dir klar: *Die anderen sind nicht deine Gegner! Mach sie dir zu deinen Verbündeten.* Weise sie darauf hin, dass sie dich positiv aufladen und motivieren sollen. Destruktive Kommentare wie etwa ein zweifelndes "Glaubst du wirklich, dass du das schaffst?" oder "Hast du dir da nicht zu viel vorgenommen?" mögen sie sich bitte sonst wo hinstecken. Dazu brauchst du sie schließlich nicht, das könntest du auch ohne ihre "Hilfe" und von ganz alleine!

Eines ist dabei für dich noch ganz, ganz wichtig: Von solchen Negativdenkern und Zweifelstreuern halte dich so fern wie möglich! Wenn du etwas absolut nicht brauchen kannst, dann sind es Menschen, die dich demotivieren, mit Zweifeln überfluten und mit Pessimismus zuschütten, bis du darunter bewegungslos liegen bleibst.

Lass dich von niemandem (mehr) "runterziehen". Stell dir eine Treppe vor, auf der zwei Menschen stehen: Wenn dich jemand *herunterziehen* will, muss er unter dir stehen. Er ist also weiter unten als du und du bist oberhalb von ihm. Er mag sich dort unten - in seinem Tal des Jammerns, der Bedürftigkeit und des Negativdenkens - vielleicht einsam fühlen, aber es ist ausschließlich *seine* Entscheidung, sich dort aufzuhalten. Stünde derjenige mit dir auf gleicher Höhe oder gar über dir, könnte er dich allerhöchstens runterschubsen, *aber niemals runterziehen!*

Leider gibt es Menschen, die es nicht sehen und vertragen können, wenn jemand an sich arbeitet und versucht, sein Leben positiv zu verändern. Viele dieser Menschen sind meist neidisch und eifersüchtig, weil sie nichts dergleichen tun wollen oder können, oder es sind Machtspieler und Narzissten, die ohnehin alles für "Blödsinn" halten und aus Prinzip alles niedermachen müssen, was andere tun.

Lass dich von ihnen nicht abhalten, sondern flieh vor ihnen, so schnell und so weit du nur kannst. Umgib dich nach Möglichkeit nur noch mit Leuten, die dich unterstützen und motivieren. Wenn dadurch Kontakte abbrechen und Menschen aus deinem Leben verschwinden - nicht traurig sein. Sie sind nicht so mutig wie du und können nicht begreifen, dass du dein Leben jetzt selbst in die Hand nimmst. Sie machen ihre eigene Entscheidung getroffen und wollen deshalb lieber im gleichen Stil weitermachen wie bisher... auch wenn das bedeutet, weiterhin nur zu jammern und bedürftig zu bleiben.

Du willst aber etwas ganz anderes. Lass sie also ihr Ding machen und du mach deines. Versuche auch nicht, sie zu überzeugen oder mitzumachen. Sie würden sich nicht nur weigern, sondern vor allem zigtausend Ausreden erfinden und bei dir Unmengen an Zweifeln streuen. Überzeuge sie lieber damit, dass Veränderungen möglich sind, indem du ihnen als *positives Beispiel* vorangehst.

Schritt 15
Hör auf, dir alles gefallen und dich ausnutzen zu lassen

Deine Ausstrahlung und Wirkung auf andere:
hilflos, unmündig, unselbstständig, "dumm", das perfekte Opfer

Immer wieder höre ich den Satz "Ich lasse mir viel zu viel gefallen, weil ich bin einfach zu gutmütig bin". Mit Gutmütigkeit hat es aber nur in den seltensten Fällen zu tun, wenn du dir alles gefallen lässt. Der hauptsächliche Grund ist etwas ganz anderes: Angst. Die Angst davor, Nein zu sagen und dadurch abgelehnt zu werden.

Irgendjemand - dein Partner etwa (oder deine Freundin etc.) - bittet dich, irgendetwas für ihn zu erledigen. Er hat heute Urlaub und möchte mit seinen Freunden (ohne dich) einen Ausflug machen. Wie schon so oft, bittet er dich natürlich um ein paar "Gefallen". Du sollst für ihn ein paar Termine vereinbaren, seine Klamotten in die Reinigung und ein Päckchen zur Post bringen - heute natürlich, weil er ja zwangsläufig nicht dazukommt und es endlich gemacht werden muss. Du wolltest dich eigentlich bei dem herrlichen Wetter auf die Terrasse legen und dein neues Buch lesen. Stattdessen setzt du dich ans Telefon und ins Auto, um all diese Dinge für ihn zu erledigen. Natürlich könnte er all das auch selbst erledigen, wenn er wieder zurück ist und auch morgen, doch er will es heute noch getan haben. Du tust es also und lässt deinen geplanten Freizeitspaß ausfallen. Vielleicht enttäuscht, ärgerlich, traurig, aber du tust es. Den halben Nachmittag bist du mit seinen Angelegenheiten und Erledigungen beschäftigt, für dich und deine Wünsche bleibt dir aber kaum oder gar keine Zeit.

Noch zwei kleine, alltägliche Beispiele:

Eine Bekannte zieht um und ruft dich an, ob du ihr nicht beim Kartonschleppen hilfst. Du hast von ihr zwar seit Wochen oder gar Monaten nichts gehört, doch jetzt erinnert sie sich an dich. Natürlich sagst du sofort zu, schließlich kannst du sie nicht hängen lassen, wenn sie dich braucht. Dass heute dein freier Tag ist und du selbst einige Erledigungen vorhattest, schiebst du zur Seite.

Deine alleinerziehende Nachbarin bringt dir laufend ihre fünfjährigen Zwillinge vorbei, damit sie sich abends mit Freunden treffen kann. Jedes Mal bist du hinterher stundenlang damit beschäftigt, die ganze Unordnung aufzuräumen. Aber du tust es, weil sie ja sonst niemanden hat. Als du kurz darauf jedoch krank im Bett liegst und sie frägst, ob sie für dich zum Supermarkt fahren kann, lehnt sie bedauernd ab, weil ihre Zwillinge heute "so nervig" sind.

Kommen dir solche oder ähnliche Situationen bekannt vor? Irgendwie will die ganze Welt immer etwas von dir. Du hilfst natürlich oder stehst sofort parat. Einen Dank oder eine Gegenleistung gibt es dafür aber nie. Es interessiert auch niemanden, ob deine eigenen Pläne oder Wünsche deswegen ins Wasser fallen.

Es geht hier nicht darum, hin und wieder mal einem anderen oder deinem Partner einen Gefallen zu tun oder ihm Erledigungen abzunehmen. So etwas tut jeder und ist üblich in Beziehungen oder Freundschaften. Hier geht es um etwas ganz anderes, nämlich um die Problematik, dass ein anderer *ständig* zu dir kommt, etwas braucht und du ihm helfen sollst, dir im Gegenzug aber niemals oder nur im seltensten Fall bei etwas hilft oder dich gar im Stich lässt.

Wieso sagst du deinem Partner nicht einfach, er möge seine Sachen morgen bitte selbst erledigen, du hättest heute schon andere Pläne? Wieso sagst du deiner Bekannten nicht einfach, dass du keine Zeit hast? Und wieso sagst du deiner Nachbarin nicht einfach, du passt gerne mal auf, nicht aber laufend? Weil du gutmütig und hilfsbereit bist? Weil man jemanden doch nicht einfach hängen lassen kann, der Hilfe braucht? Weil du deinen Partner liebst? Weil du deine Bekannte oder Nachbarin gern hast?

Papperlapapp! All das sind Ausreden und schlechtes Gewissen pur. Du bist nicht in der Lage, auch einmal Nein zu sagen, weil du eine Bedürftige bist, die nie gelernt hat, sich abzugrenzen. Viel zu groß ist deine Angst davor, im Falle einer Ablehnung nicht mehr gemocht oder geliebt zu werden, Vorwürfe zu bekommen, als "böse" und "egoistisch" gebrandmarkt bzw. abgelehnt zu werden.

Hör mal in dich hinein bei dem letzten Satz. Was spürst du? Betroffenheit? Heftigen Widerspruch? Das Bedürfnis, dich zu rechtfertigen? Gut! Denn mit all dem bestätigst du dir die Richtigkeit dieses Satzes. Je mehr betroffen du dich fühlst und je mehr Abwehr gegen diese "Fakten" in dir auftaucht, umso mehr wird bei dir aufgewühlt und angetriggert. Du spürst es nämlich selbst ganz genau, dass es dir mit all den Dingen (siehe o. g. Beispiele), die du für andere tust, überhaupt nicht gut geht.

Sei ehrlich: Ist dir der Gedanke "Der/Die nutzt mich nur aus und ich bin die Doofe" oder wenigstens ein missmutiges

"Ich soll ständig was für ihn/sie tun, für mich hat er/sie aber nie Zeit, wenn ich was brauche" noch nie gekommen? Würdest du aus reiner Liebenswürdigkeit oder Hilfsbereitschaft all diese Dinge tun, würdest du weder eine Gegenleistung erwarten noch unzufrieden sein! Wer einfach nur helfen will, tut es aus einem Grund: weil es ihm ein tiefes Bedürfnis ist. Wenn du es aus Liebe tust, dann tust du es ebenfalls, weil es dir ein Bedürfnis ist, *nicht aber*, damit dein Partner dich dafür lobt oder sich irgendwann dafür revanchiert. In all diesen Fällen tust du es *nur*, weil du es tun *möchtest*. Wenn das aber dein Antrieb ist, einfach nur aus dem Herzen heraus zu helfen, wieso bist du dann sauer, enttäuscht und unzufrieden? Du kennst die Antwort: weil du eine Bedürftige bist, die - wenn auch unbewusst - *alles nur aus einem ganz bestimmten Grund macht,* nämlich den, eine Gegenleistung dafür zu erhalten.

Was also tun?

1.) Mach dir selbst klar, was du willst und was nicht. Ob es dabei nun um Hobbys geht, um sonstige Freizeitvergnügungen, um Ruhezeiten, völlig egal. Sind das Dinge, die dir wichtig sind, Spaß machen, dir Erholung oder eine Auszeit vom Alltag schenken? Wenn du all das nur tust, weil dir langweilig ist, diese Dinge aber keinen Stellenwert für dich besitzen, dann ist es kein Problem für dich, sie *nicht* zu tun oder dabei unterbrochen zu werden. In diesem Fall gibt es auch keinen Grund, dich zu ärgern oder dich zu beschweren. Du ärgerst dich aber trotzdem? Warum wohl? Weil dir diese Dinge *sehr wohl* etwas bedeuten und du dein Leben nicht nur auf Abruf verbringen möchtest!

Mach dir also wieder mal eine Liste. Nein, nicht jammern: "Schon wieder!" Solange du dich nicht mit diesen Dingen ausführlich beschäftigst und sie *schwarz auf weiß* vor dir siehst (wie es z. B. bei einer schriftlichen Notiz ist), ist all das für dich viel zu abstrakt, genauso wie deine Gedanken. Du bist es auch bis dato nicht gewöhnt gewesen, dich mit dir selbst zu beschäftigen. Damit sind nicht nur irgendwelche Aktivitäten gemeint. Beschäftigung mit dir selbst bedeutet vor allem anderen, dich selbst zu hinterfragen und dir deine eigenen Gedanken und Gefühle anzusehen. Als Bedürftige hast du dich nämlich (bisher) hauptsächlich mit den anderen beschäftigt.

Stimmt nicht? Doch, stimmt sehr wohl! Dir war es die meiste Zeit am wichtigsten, was die anderen von dir denken, wie sie reagieren könnten, was sie Richtiges oder Falsches in Bezug auf dich tun oder denken könnten. *Sie* sind es, die dich ununterbrochen beschäftigen, nicht du! Auch wenn du Gedanken hast wie "Ich möchte doch nur, dass er/sie..." *geht es nicht um dich*, sondern um den anderen, was *er* deiner Meinung nach tun oder lassen sollte etc.

Jetzt aber, *mit* dieser Liste, geht es - wie bei den anderen bisher - darum, *dich mit dir selbst* zu beschäftigen. Ob du diese ganzen Dinge, die du möchtest (oder eben nicht), einfach so umsetzen kannst, spielt erst mal absolut keine Rolle. Auch ein "Ich würde ja gerne, aber das geht eh nicht" ignoriere völlig, sondern tu jetzt einfach nur so, als ob es sich tatsächlich umsetzen ließe, ohne Wenn und Aber.

Denn das wichtigste bei dieser Liste ist:

a) Dir über dich selbst Gedanken zu machen und

b) zu üben, wie du Sätze denken/sagen kannst, die sich *ausschließlich um dich* drehen.

Das ist nämlich etwas, das Bedürftige normalerweise nicht tun, da sie es nie gelernt haben.

Deine Liste "Das will ich ab sofort" könnte so aussehen. Links habe ich beispielhaft Sätze angegeben, die "falsch" formuliert, rechts dagegen die, die "richtig" formuliert sind:

Falsch wäre:	Richtig wäre:
Ich will nicht immer gestört werden.	Ich will frei über meine Freizeit verfügen.
Ich will nicht immer Ja sagen.	Ich will öfter Nein sagen.
Ich will nicht immer zum Helfen überredet werden.	Ich will nur noch aus freien Stücken helfen. (oder: Ich will selbst entscheiden, wann ich helfe).
Ich will nicht mehr ausgenutzt werden.	Ich will gesunde Grenzen setzen.

Siehst und spürst du den Unterschied? Egal welches der o.g. Beispiele, lies dir zuerst mehrmals laut (!) den "falschen" Satz vor und achte dabei genau darauf, wie du dich dabei fühlst. Was spürst du bei diesem Satz? Fühlt er sich gut, positiv, motivierend an? Oder eher frustrierend? Verspürst du Ärger, Resignation, Ohnmacht, Verzweiflung? Mit Sicherheit Letzteres. *Negative Sätze* (also negativer Inhalt, negative Formulierung) können *niemals positive* Gefühle in dir auslösen!

Mach nun eine kurze Pause, atme tief durch und lies dir dann den "richtigen" Satz mehrmals laut (!!!) vor. Wieso laut? Weil das, was dir jemand sagt, immer klarer und deutlicher zu hören ist als reine Gedanken, selbst wenn es nur deine eigene Stimme ist. Achte auch hier wieder darauf, wie dieser Satz sich anfühlt. Was löst er in dir aus? Fühlst du dich immer noch kraftlos, niedergeschlagen, frustriert dabei?

Oder erwacht jetzt in dir der Ehrgeiz, dieses brennende Gefühl des "Ja, will ich!", dieses Gefühl, aus einem engen Käfig ausbrechen zu wollen? Lies ihn dir noch ein paar Mal laut vor. Spürst du - noch ganz vorsichtig vielleicht - wie sich in dir etwas zusammenbraut, wie Kraft in dir aufsteigen will? Die Motivation, das unbedingt erreichen zu wollen?

Nur *positiv formulierte* Sätze können auch zu positiven Resultaten führen und nur sie können *positive Gefühle* in dir auslösen.

2) Fasse dich in Gesprächen kurz und präzise! Mit der ganzen Listenerstellerei, die ich dir schon aufs Auge gedrückt habe, hast du schon den Anfang dazu gemacht. Dich nämlich *richtig* auszudrücken, ist nicht nur wichtig, sondern entscheidend. In Bezug auf dich selbst (siehe voriger Punkt), aber auch in Bezug auf andere. Wenn das, was du ihnen vermitteln willst, bei ihnen auch "richtig" ankommen soll, musst du dich klar und deutlich ausdrücken.

Herumstottern, herumeiern, langatmige Rechtfertigungen, verteidigen oder palavern, all das kannst du dir (künftig) schenken. Statt zehn solcher Sätze mit viel Blablablubb brauchst du im Grunde nur einen Satz. Vielleicht musst du ihn mehrmals wiederholen, damit dein Gesprächspartner begreift, was du ihm vermitteln willst (weil er dich so nicht kennt und vielleicht glaubt, im falschen Film zu sein), aber es ist trotzdem *nur ein Satz.*

Das Nein sagen hatte ich dir weiter vorne im Buch schon geraten und erklärt. Mach deine "Nein!"-Übungen (immer) wieder vor dem Spiegel. Auch auf die Gefahr hin, dass dir die Zunge ausfranst, übe: *Nein! Nein! Nein!*

Egal was du künftig jemandem sagen möchtest, denke an richtige/falsche Formulierungen! Wenn du anderen sagst, was du *nicht* willst, wissen sie auch nur das. Was du dagegen willst, jedoch nicht. Sie können vielleicht schlussfolgern, aber wieso willst du es verkomplizieren? Außerdem nimmt das viel zu viel Zeit in Anspruch.

Richtig formulierte Sätze, mit dem, was du willst, sind dagegen eindeutig! Lass keine langatmigen Monologe mit weit ausholenden Rechtfertigungen etc. vom Stapel, wenn du keine Lust oder Zeit hast, für jemand anderen etwas zu tun. Fasse dich immer (!) kurz, knapp und präzise!

Beispiel:

Falsch wäre:	Richtig wäre:
"Ich würde dir ja gerne helfen, aber weißt du, ich müsste unbedingt in die Stadt und mir die Wolle holen, weil ich gerade am Stricken bin und mir ist die Wolle ausgegangen. Den Pulli wollte ich auf der Party von X anziehen und mir fehlt noch ein ganzes Stück. Du weißt doch, dass ich dir immer gerne helfe und sonst kannst du dich auch immer auf mich verlassen, nur ich müsste jetzt wirklich blablablubb ... "	"Tut mir ehrlich leid, aber heute habe ich keine Zeit. Ein anderes Mal gerne."

Mal ganz abgesehen davon, dass du für den "falschen" Satz jede Menge Atem brauchst, während der "richtige" Satz blitzschnell gesagt ist:

Lies dir den "falschen" Satz nochmals laut (!!!) vor und schau, welche Gefühle er bei dir hervorruft. Entschlossenheit? Selbstsicherheit? Das Gefühl von Selbstbestimmtheit, des Erwachsenseins, der Selbstständigkeit? Na? Genau, alles Fehlanzeige! Der Satz strotzt nur so von Unsicherheit: würde, müsste, könnte, sollte. Nichts davon spiegelt Selbstbewusstsein!

Aus diesem ganzen Palaver kommt beim Empfänger/Zuhörer nur eine einzige Botschaft an: "Noch ein-, zweimal ein Du-musst-mir-unbedingt-helfen und Ich-brauche-dich-aber und schon habe ich sie weich gekocht. Sie ist eh schon unsicher genug und ihr schlechtes Gewissen nimmt mit jeder Minute zu." Es braucht nur noch ein enttäuschter Blick oder ein Flunsch des anderen zu kommen, während du dich zigfach beim Entschuldigen und Rechtfertigen wiederholst und du gibst nach.

Je mehr du palaverst und versuchst, beim anderen auf die Tränendrüse zu drücken, umso mehr bettelst du um Nachgiebigkeit, Verständnis, Einsicht und Mitleid des anderen. Betteln zeugt aber von allem Möglichen, nur *niemals* von Selbstbewusstsein, Selbstsicherheit und Entschlossenheit!

Fängst du bei einem Machtspieler oder Narzissen derartiges "Betteln" an, wird er lediglich anfangen, dich zu manipulieren. Er wird eines tun: immense Schuldgefühle und ein immens schlechtes Gewissen bei dir wecken, und zwar so lange, bis du nachgibst. Am Ende ist er erfolgreich, hat das, was er will und du bist die "Böse", weil du ihm nicht mal diesen klitzekleinen Gefallen tun wolltest, ihn doch gar nicht liebst (magst) und wahnsinnig egoistisch bist.

Deshalb noch einmal: *Formuliere deine Sätze richtig!*

Ein Machtspieler bzw. Narzisst (Letzterer schon gar nicht!) wird natürlich nicht in Ehrfurcht erstarren, weil du dich einmal verweigerst. Er ist allerhöchstens fassungslos über deine Dreistigkeit. Auch ein anderer, der es von dir gewöhnt ist, dass du immer nachgibst, wird das nicht tun.

Bestimmt kommt auch ein "Wieso nicht?" auf deine Aussage "Ich habe keine Zeit".

Auch jetzt gilt wieder: Fang nicht das Rechtfertigen und schon gar nicht langatmiges Palavern an. Ein kurzes "Ich habe schon andere Pläne" ist völlig ausreichend, egal welche Fragen noch kommen wie etwa: "Was denn?", "Wieso?", "Kannst du nicht trotzdem...?" oder auch Sätze wie: "Dauert doch nicht lange" oder "Das kannst du doch danach immer noch".

Und noch einmal: *Fang nicht das Rechtfertigen, Palavern oder Lamentieren an und schon gar nicht das Diskutieren.* Du als Bedürftige wirst dabei nämlich *immer* den Kürzeren ziehen, d. h. unterliegen und nachgeben, vor allem bei Machtspielern und Narzissten.

Ich weiß, das ist am Anfang keineswegs leicht, dich umzustellen. Der Satz "Tut mir leid, ich habe keine Zeit" und "Ich habe schon Pläne" wird dir immens schwer über die Lippen kommen und nur unter allergrößter Willensaufbietung und Anstrengung. Übe deshalb, wenn es sein muss, zehntausend Mal und mehr diese zwei Sätze für dich alleine, vor dem Spiegel. Es gibt keine wirkungsvolle Alternative und keinen "goldenen Mittelweg". Du kannst natürlich irgendwelche Ausreden erfinden (also Notlügen) wie etwa "Ich kann nicht, weil ich kein Auto habe, das funktioniert gerade nicht, weil... blablablubb". Doch auch damit wirst du nach einer Weile unterliegen und nachgeben.

Du kannst nicht ein "bisschen entschlossener" sein oder wirken. Entweder du bist es oder du bist es nicht! Auch wenn es um Selbsterfahrungsdinge geht, so wie in der "Gefällt mir - Gefällt mir nicht"-Liste oder "Das will ich"-Liste, gewöhne dir an, *kurze Sätze* zu sagen/schreiben, die *positiv* formuliert sind. Die Worte "nicht" oder "nicht mehr" sind dabei *absolut tabu*!

3) Sei dir bewusst: Du verdienst Respekt! Wer ständig deine Wünsche und/oder Bedürfnisse missachtet, behandelt dich respektlos. Selbst wenn es "nur" um Zeit geht, die du dir freigehalten oder schon gedanklich verplant hast, auch *das* ist einer deiner Wünsche! Du musst nicht mal etwas Großartiges geplant haben, es kann auch "nur" der Wunsch sein, dich abends in Ruhe in die Wanne oder vor den Fernseher zu werfen. Trotzdem ist und bleibt es dein Wunsch oder dein Bedürfnis. Dich zu entspannen oder beim Fernsehen abzuschalten, ist vielleicht für niemanden interessant oder wichtig, für dich aber schon. Und da es *dein* Leben, *dein* Körper, *dein* Wohlbefinden ist, ist auch das wichtig - *für dich!*

Es ist nicht nur wichtig für dich, es ist von oberster Priorität. Wie bitte? Ist es nicht? Stellst du dich immer hinten an? Ach ja, stimmt. Und warum? Weil du eine... Du weißt selbst, wie der Satz zu Ende geht. Und nein, es *sollte* nicht von oberster Priorität sein, es *ist* von oberster Priorität! Deine Zunge mag schon ausgefranst sein vom ständigen Üben und Wiederholen, also kannst du ruhig weitermachen. Wiederhole diesen Satz so oft wie möglich pro Tag, mindestens aber für dreimal fünf Minuten: "Mein Leben, mein Körper, mein Wohlbefinden hat für mich oberste Priorität. Mein Leben, mein Körper, mein Wohlbefinden hat...."

Damit du ihn nicht vergisst und er ständig präsent ist, schreib ihn dir auf Zettelchen und verteile sie überall dort, wo dein Blick ständig darauf fällt. Klebe sie z. B. an die Fliesen neben der Toilette (hier hast du jedes Mal definitiv

Zeit, ihn wenigstens ein- oder zweimal aufzusagen!). Kleb ihn an den Badezimmerspiegel. Beim Zähneputzen denk ihn dir wenigstens ein paar Mal. Kleb ihn über den Herd in der Küche (beim Pfannenrühren bleibt Zeit), leg ihn in deinen Geldbeutel oder tipp ihn in dein Handynotizbuch/Memo (im Stau, an der Ampel, beim Arzt im Wartezimmer kannst du ihn lesen).

Die Ausrede, du hättest keine dreimal fünf Minuten Zeit, nehme weder ich dir ab noch irgendjemand anderes und nicht mal du selbst. Wenn es dir, nebenbei gesagt, dreimal fünf Minuten pro Tag nicht wert ist, lass alles beim Alten, wirf das Buch weg und brich in Jubelschreie aus: "Wie herrlich ist mein Leben als Bedürftige. Ich liebe es, mich manipulieren, benutzen und herumschubsen zu lassen und es gibt nichts Schöneres für mich als unglücklich sein." Unnötig zu sagen, dass du dich künftig auch nicht mehr darüber beschweren brauchst.

4) Sorge dafür, dass du ernst genommen wirst! Ja, du hast richtig gelesen: *Du selbst* sorgst dafür, niemand sonst. Wer wird jedoch ernst genommen? Entscheide selbst: Ist es jemand, der seine Meinung laufend ändert, nicht weiß, was er will, ständig unterwürfig und ergeben ist? Oder ist es jemand, der eine Meinung hat, dafür eintritt und auch die entsprechenden Argumente dafür überzeugend präsentiert? Mit Sicherheit die zweite Person, oder?

Selbstsicherheit lässt sich natürlich nicht über Nacht finden und beim ersten Mal wirst du dich vermutlich noch unsicherer und ängstlicher fühlen als sonst. Verständlich. Du ahnst es nämlich schon: Dein Gesprächspartner wird über deinen "plötzlichen" Sinneswandel nicht in Jubelschreie ausbrechen und Beifall klatschen. Das Gegenteil wird eher zutreffen: Verwunderung bis über Entsetzen bis hin zu Verärgerung. Schließlich sind sie alle von dir gewöhnt, dass du dich brav und willig ihren Wünschen fügst. Tust du es nun nicht mehr, geht ihnen quasi ihr kostenloser Butler verloren! Sie werden deshalb alles versuchen, dich umzustimmen und wieder "unter Gewalt" zu bringen.

Versuche vom ersten Mal an, so überzeugend wie möglich zu sein. Wie schaffst du das? Indem du mal wieder alleine, im stillen Kämmerlein, übst und übst und übst.

a) Stell dich aufrecht hin. Kein hängender Kopf, kein Katzenbuckel, kein nervös umherhuschender Blick, keine Hände, die sich ständig ineinander verkrampfen und mit den Fingern spielen, kein ständiges Räuspern. Bauch rein, Brust raus, Schultern zurück! Schau deinem Gegenüber (vor dem Spiegel also dir selbst) direkt in die Augen und halte diesem Blick stand. Ob du nun eine Minute dafür brauchst oder eine halbe Stunde, spielt keine Rolle. Mach erst weiter, wenn du dir wirklich fest in die Augen sehen kannst, ohne deinem Blick auszuweichen.

b) Nimm irgendein Thema und erzähle dir selbst (vor dem Spiegel) deine Meinung dazu. Versuche dabei, den Blickkontakt ständig zu halten. Blinzeln ist natürlich erlaubt, du bist ja kein Fuchs, der auf den Eingang zum Kaninchenbau starrt, bis die Beute endlich auftaucht. Sein Gegenüber beim Sprechen nicht anzusehen, vermittelt *immer* Unsicherheit, Angst, schlechtes Gewissen u. v. m. Selbstsichere und selbstbewusste Menschen sehen dem anderen beim Sprechen in die Augen, auch bei der Begrüßung.

Das ist deine allererste Aufgabe, die es ausreichend zu üben gilt, und zwar nicht nur vor dem Spiegel. Versuche es immer und immer wieder, auch in ganz alltäglichen

Gesprächen, z. B. an der Kasse im Supermarkt oder Kino, an der Theke im Eiscafé, im Restaurant mit dem Ober. Suche und halte den Blickkontakt, solange du dich mit dem anderen unterhältst. Wenn du bemerkst, dass dein Gesprächspartner deinem Blick ausweicht, kannst du insgeheim aufatmen: Angst überflüssig! Ihm geht es im Grunde nicht anders als dir. Wenn du jetzt hergehst und ihm beim Sprechen weiter in die Augen siehst, bist du die Stärkere, "Selbstsicherere"... auch wenn du dir dabei gefühlsmäßig in die Hosen machen solltest.

c) Wenn du den Blickkontakt mit dir selbst und anderen ausreichend geübt hast und es klappt inzwischen, mach den nächsten Schritt und widerspreche, hinterfrage bzw. teile deine Meinung mit, je nachdem. Wirf ein neues Argument bzw. ein Gegenargument ein. Was auch immer du sagst, es ist unwichtig, solange es *keine* Wiederholung oder Bestätigung des anderen ist. Damit erreichst du vielleicht noch nicht, dass dich keiner mehr ausnutzt, aber du zeigst dem anderen damit, dass du kein dekoratives, dummes Püppchen oder ein Wackeldackel bist, sondern ein ernst zu nehmender Gesprächspartner. Auch hier gilt wieder: üben, üben, üben.

Bleibe bei deiner Meinung, auch wenn der andere dich für zickig oder starrköpfig hält. Es geht für dich zuerst mal *nicht* darum, richtig diskutieren zu lernen oder Einsicht zu zeigen. Das kannst du später immer noch tun, sobald du deiner Bedürftigkeit (weitestgehend) entkommen bist. Das, was bei dir jetzt *oberste Priorität* hat und zuerst einmal von dir geübt bzw. gelernt werden muss, ist etwas ganz anderes: *dich verbal zu verweigern!*

Dazu gehört auch, solche kleinen "Konflikte" zu provozieren. Dich *rein theoretisch* (also gedanklich) darauf vorzubereiten, ist ja ganz nett und irgendwie auch sinnvoll. *Was aber wirklich zählt, ist nur die Praxis.* Konflikte auszutragen lernst du nur, indem du Konflikte austrägst. Beim Autofahren lernen etwa ist es genauso: Theoretisch zu wissen, wie es funktioniert, ist okay. Um es jedoch wirklich zu beherrschen, musst du *fahren*. Ob du dir dabei wieder mal gedanklich in die Hosen machst, spielt auch hier keine Rolle. Hör auf zu jammern und Ausreden zu erfinden, tu es einfach!

d) Der nächste Schritt ist natürlich das, worum es hier wirklich geht: Bei einem "Du musst mir unbedingt helfen", obwohl du dazu weder Zeit noch Lust hast, Nein zu sagen. Vergiss nicht: Auch wenn es nicht sofort klappt, du zwischendurch doch mal wieder nachgibst, mach dir deshalb weder Vorwürfe noch fange das Jammern an. Du bist kein Versager, nur weil es nicht auf Anhieb funktioniert. Du fängst doch gerade erst an, deine alten Gewohnheiten Stück für Stück die Treppe hinunter zu boxen! Hier helfen nur Geduld, Ausdauer und eine gute Portion Starrsinn: *Du machst weiter! Aufgeben können andere, du nicht!*

Na komm, tritt dir kräftig in den Hintern oder schwing die imaginäre Mistgabel, um sie dir dort hinein zu rammen. Egal was du tust, Hauptsache, du motivierst dich, treibst dich an und machst weiter.

Nur jemand, der sich nicht alle paar Minuten wie ein Wurm am Angelhaken windet und dreht, jemand, der weiß, was er will und was nicht, der sich nicht mundtot machen lässt, wird auf Dauer ernst genommen... selbst wenn dich andere für eine Zicke oder für stur wie einen Maulesel halten. Also, leg los! Ja, ich weiß, es ist "kompliziert". Ja, es ist anstrengend. Ja, es kostet viel Kraft, Energie und Überwindung. Ja, es dauert und geht nicht von heute auf morgen. Und ja, auch wenn es nervig und lästig ist, dir bleibt nichts anderes übrig als üben, üben und nochmals üben.

Jedes Mal, wenn du fast am Aufgeben bist oder keine Lust mehr hast, frag dich: Will ich raus aus meiner Bedürftigkeit oder marschiere ich lieber weiterhin mit ihr Arm in Arm durchs Leben? Falls du Letzteres willst, da es bedeutend einfacher ist: Lies dir entweder nochmals "Schritt 14 - Hör auf zu jammern" durch oder - was noch viel einfacher ist - wirf das Buch in den Müll und genieße voller Freude dein Leben als Bedürftige, das du dir soeben *bewusst ausgewählt* hast!

Das willst du aber doch nicht mehr, oder? Eben! In deinem Leben bestimmst *du* deine Entscheidungen. Deine Entscheidungen aber bestimmen dein Leben. Überlege daher gut, wofür du dich entscheidest.

Schritt 16
Hör auf, dich über Statussymbole zu definieren und anzupreisen

Deine Ausstrahlung und Wirkung auf andere:
protzend, überheblich, eingebildet, oberflächlich

Viele Bedürftige haben für das, was ihnen alles so dringend fehlt, eine Art Ersatzbefriedigung gefunden: Dinge, die mit Geld zu kaufen sind. Alles, was "im Trend", neu auf dem Markt, teuer und exklusiv ist und/oder in der aktuellen Werbung oder im Freundes- und Bekanntenkreis regelrecht gehypt wird: Sie müssen es unbedingt haben. Je ausgefallener und teurer, umso besser.

Kaum gibt es die neueste Variante von Nagelmodellage oder Make-up, Outdoorkopfhörern, Bücher, Klamotten, Schuhe etc., sie müssen es haben und sofort präsentieren. Kaum ist der neueste Flachbild-TV, das neueste Tablet oder Smartphone auf dem Markt, wird es sofort bestellt oder gekauft und dann natürlich überall, z. B. im Restaurant oder Café, auffällig auf dem Tisch platziert oder in der Hand hin- und hergedreht.

Die Botschaft dabei an alle anderen, die sie damit vermitteln wollen: "Schaut her, was ich habe! Bewundert mich! Neidisch dürft ihr durchaus auch sein! Ich habe das Beste und Neueste und ihr habt es nicht. Ätsch! Und deshalb stehe ich über euch Armen, die ihr euch das nicht leisten könnt und auch über euch Unwissenden, die ihr von so was keine Ahnung habt."

Was sie aber damit *wirklich* vermitteln, ist etwas ganz anderes:

"Schaut mal, wie sehr ich eure Bestätigung und Aufmerksamkeit brauche. Ich will doch unbedingt etwas wert sein, nur deshalb schaffe ich mir doch so viele Werte an. Was bin ich denn schon, ohne diese Statussymbole? Also lobt mich, bestätigt mich, bewundert mich!"

Schon wendet sich das Blatt. Vorher hat man sich vielleicht über dieses Protzgehabe mancher Zeitgenossen geärgert. Und nun, da sie sich als Bedürftige geoutet haben? Nichts anderes sind sie nämlich, egal ob es sich dabei um "normale" Bedürftige, Narzissten oder die typischen, standardmäßigen Angeber handelt. Diese ständige Gefallsucht, dieses laufende "In sein" und "besser sein" müssen ist im Grunde nichts anderes als die Sucht nach Anerkennung und Bestätigung. Oder anders ausgedrückt: der Hilfeschrei eines Bedürftigen.

Ähnlich wie Lemminge ordnen sie sich willig Trends, Hypes und Gruppenzwängen unter, um nicht unangenehm aufzufallen, sondern mit dabei zu sein, und zwar ganz vorne, an der Spitze. Wer sich solch kostspieligen Schnickschnack leisten kann - so ihre Meinung - gehört zu den Privilegierten, zu den "Besseren", die weit über dem "armen, primitiven Fußvolk" stehen. Wer all diese Dinge nicht besitzt, wird von oben herab angesehen, ausgelacht oder verspottet, ob nun ganz offen oder auch heimlich. Die anderen leben ja schließlich noch im Mittelalter oder hinterm Mond.

Wer sich allerdings mit vermeintlichen Statussymbolen laufend derart profilieren muss, zeigt damit lediglich, wie sehr er Lob und Anerkennung benötigt. Imponiergehabe,

Arroganz, Angeberei, Protzen - selbstbewusste, nicht-bedürftige Menschen haben es nicht nötig. Sie wissen nämlich, was sie als *Mensch* wert sind und müssen sich nicht über Statussymbole anpreisen. Sie definieren sich nicht über materielle Dinge. Auch wenn sie sie besitzen, sie haben sie eben einfach, ohne es anderen ständig unter die Nase reiben zu müssen.

Ganz im Gegensatz dazu müssen Bedürftige dies aber tun. Sie selbst fühlen sich wertlos, unspektakulär und unbeachtet. Was liegt für sie also näher, als sich etwas zu verschaffen, das ihren "Wert" anhebt und aufpoliert? Fühlen sie sich normalerweise als Außenseiter oder Ausgestoßene, damit gehören sie endlich "dazu" und werden als "gleichwertig" anerkannt.

Am liebsten nimmt sich ein Bedürftiger natürlich diejenigen als Vorbild, die nicht so wie alle anderen sind, sondern eher einer Art "Elite" angehören. Leute also, die bei neuen Trends immer als Erste mit dabei sind, die sich Dinge leisten können, die den meisten zu teuer sind. Dadurch sind sie im Gespräch, stehen im Mittelpunkt, fallen in der Masse auf. Eigentlich lauter Dinge, die Bedürftige verabscheuen, aber diese "Eliteangehörigen" werden auch von vielen bewundert und angehimmelt. Und genau das ist der springende Punkt: bewundert und beneidet werden. Exakt das ist es nämlich, was Bedürftige doch so dringend brauchen!

Nun stehen jedoch nicht jedem die gleichen finanziellen Mittel und Möglichkeiten zur Verfügung. Was also tun, wenn sich ein Bedürftiger den neuesten HD-Großbild-TV nicht leisten kann, das neueste Hightechsmartphone oder die aktuellste, trendige Designerhandtasche? Es gibt zwei Möglichkeiten: So lange im Internet stöbern, bis man täuschend ähnliche, ausländische Plagiate zum Schnäppchenpreis findet oder sein Konto bis Ultimo und darüber hinaus ausreizen, etwa durch überzogenen Dispo, Ratenzahlungen, Kleinkredite etc. Häufig wird sich verschuldet bis weit über den Halskragen, nur um sich diese dringend benötigten Statussymbole anschaffen zu können.

Irgendwann wird es zur Sucht. "Will haben" weicht "Muss haben", um jeden Preis. Immer häufiger wird dieser Kick benötigt, da die kurzfristig auftauchende, berauschende und aufputschende Wirkung immer schneller nachlässt.

Droht nun das Aus, entweder dadurch, dass das Plagiat erkannt/belächelt wird oder man so verschuldet ist, dass die Bank keinen Cent mehr herausrückt, folgt der Absturz in emotionale Tiefen, die tiefer sind als alle zuvor. Für eine Weile konnte der Bedürftige seine leeren "Behälter", so wie z. B. die der Anerkennung, Bewunderung, Liebe, Bestätigung etc. auffüllen. Er hat es genossen wie ein Durchgefrorener ein heißes Schaumbad und wollte mehr und mehr davon. Jetzt auf einmal ist dieses wunderschöne Gefühl weg und zurück bleibt... Ja, was eigentlich? Leere? Na klar, was sonst! Es war ja auch während der ganzen Zeit des Statussymbol-Höhenflugs nichts anderes da, genauso wenig wie vorher! Der ganze wundervolle "Rausch" war nämlich nichts anderes als Selbsttäuschung und Selbstbetrug.

Sich einzubilden, mehr "wert" zu sein als andere, nur weil man sich diverse, materielle Dinge leisten kann, ist Selbsttäuschung. Zu glauben, dass man dadurch wirklich gemocht oder gar geliebt wird, ist Selbstbetrug. Das wird der Bedürftige in dem Moment feststellen, in dem er nicht mehr "mitmachen" kann. Die vermeintlich guten Freunde,

Fans und Bewunderer lassen ihn urplötzlich fallen und wenden sich ab. Wieso denn nur? Na ja, nicht der Bedürftige selbst, also der Mensch, der er ist, wurde gemocht, geliebt, beneidet oder bewundert, sondern lediglich das, was er vorgab zu sein. Mag er auch die perfekteste Show abgeliefert haben, er steht nur so lange im Rampenlicht, solange er mit den anderen elitären Statussymbolsüchtigen im Gleichschritt marschiert.

Der Bedürftige sieht sich also wieder genau da, wo er vorher war - im Nirgendwo - und als das, was er vorher war - ein Nichts. Nun geht es ihm aber noch schlechter als vorher, weil er für kurze Zeit die Illusion leben durfte, beliebt zu sein und geliebt zu werden. Solange er das nur wollte, aber nie gekannt hat, zerbarst er vielleicht manchmal vor Sehnsucht danach. Er konnte sich jedoch nur vorstellen, wie sich das anfühlen müsste, allerdings *kannte* er es nicht hautnah. Jetzt zerreißt ihn vielleicht die Sehnsucht danach ebenso, nur mit dem Unterschied, dass er nun genau *weiß*, wie es sich anfühlt und wie herrlich es damals für kurze Zeit war.

Ob nun mit oder ohne Statussymbole, an dem Menschen als solches ändert sich kein bisschen. Auch die prestigeträchtigste Hightechausstattung wird keinem Menschen Mitgefühl, Empathie, Moral, Anstand, Ehrlichkeit o. ä. liefern. So schön auch das Luxusauto, die Segeljacht, der Urlaub auf Hawaii, die Designerklamotten und das Abendessen beim Edel-Japaner sein mögen - auch dadurch erhält man all diese Dinge nicht. Der Bedürftige mag zwar nun ein Bedürftiger mit Prestige und Status sein, aber bedürftig ist er nach wie vor. Nichts hat sich wirklich geändert.

Was also tun?

1.) Sei dir bewusst: Die wahren Werte, die zählen, kannst du dir nicht mit allem Geld der Welt kaufen!

Ob du dir ein 2.000-Betten-Luxushotel in Dubai kaufen kannst oder von Hartz IV lebst, an deinem "Wert" als Mensch ändert das überhaupt nichts. Deinen Wert musst du dir nur dann von anderen bestätigen lassen, wenn du an dir selbst zweifelst und dir selbst keinen Wert gibst. Den erreichst du aber *niemals* durch materielle Dinge, egal wie teuer, kostspielig und wertvoll sie auch sein mögen. Jeder materielle Wert kann verschwinden, kaputt gehen, gestohlen oder vernichtet werden. Die wahren Werte, die, die dich zu dem Menschen machen, der du bist, kann dir niemand stehlen oder abkaufen.

Du hast keine/n Wert/e? Dann wird es allerhöchste Zeit, dich mal mit dir selbst zu beschäftigen und deine Aufmerksamkeit von den Statussymbolen der anderen abzuziehen.

Was Menschen wirklich an dir schätzen, bewundern oder lieben, das sind - vereinfacht ausgedrückt - all die menschlichen und charakterlichen Eigenschaften, die bei dir im alltäglichen, zwischenmenschlichen Umgang zum Vorschein kommen *ohne* den Hauch von Materiellem. Du könntest auch splitterfasernackt oder in einen riesigen Müllbeutel gehüllt mit einem anderen Kontakt haben, es würde sich nichts daran ändern.

Materielle Dinge mögen dir (und auch anderen) vielleicht für eine Weile (Ersatz-) Befriedigung, Anerkennung, Lob und vieles andere bringen, wonach du als Bedürftige so sehr dürstest, all das bleibt aber nicht beständig. Auch wenn andere (genauso Bedürftige wie du) der Meinung sein sollten, mit Statussymbolen mehr "wert" zu sein... Mancher Mensch, der noch so viele dieser vermeintlichen "Werte" besitzt, ist häufig ärmer als der ärmste Mensch auf Erden.

Sich teure Dinge zu kaufen, das kann (fast) jeder. Wahre Liebe, echte Freunde, Ehrlichkeit, Vertrauen, Authentizität, Moral, Ethik, Anstand, einen guten Charakter u. v. m. kann sich niemand kaufen - nicht einmal ein Multimilliardär. Schon klar, heutzutage magst du möglicherweise mittels Statussymbolen schneller die Beliebtheitsskala bei anderen nach oben klettern als mit etwa Charakter. Den Großteil derer, die aber schon ganz an der Spitze dieser Skala stehen oder diejenigen, die hinter dir klettern und ebenfalls dorthin gelangen wollen, sie alle interessiert hauptsächlich eines: der Schein, die Illusion, die sie sich selbst erschaffen (haben). Koste es, was es wolle, sie wollen im vermeintlichen Rampenlicht stehen und sich bewundern lassen. Sie sind - wie jeder Bedürftige - Meister darin, sich selbst etwas vorzumachen, in kunterbunten Illusionen und Selbsttäuschungen zu leben und Oberflächlichkeit als Triple-A-Priorität zu betrachten. Du kannst entweder auf ihren Zug aufspringen bzw. weiterfahren oder du erkennst, dass dein Wert als Mensch sich *nicht* über Statussymbole u. ä. definieren lässt.

2.) Freunde und Liebe kann sich keiner kaufen! Na ja, können kann man schon, mit Geld ist ja bekanntlich (fast) alles machbar. Ich spreche hier aber nicht von bezahlten "Fans" und "Groupies", sondern von *echten* Freunden. Freunde, die immer für dich da sind, wenn du sie brauchst und nicht nur dann, wenn sie dafür eine "Belohnung" von dir erhalten. *Echte Freunde*, die sich nicht nur in deinem

"Schein" mitsonnen wollen, sondern wirklich deine Gesellschaft genießen. *Echte* Freunde, die sich nicht bei dir einschleimen und dir keine schönen Märchen erzählen, sondern wenn nötig auch mal die ungeschminkten Fakten. *Echte* Freunde, die dich auch dann noch kennen und zu dir stehen, wenn du ärmer als eine Kirchenmaus bist und nicht mehr zu bieten hast als dein pures Ich.

Liebe kannst du dir auch nicht kaufen. Es gibt zwar viele, die in dieser Hinsicht "käuflich" sind. Das sind diejenigen, die sich mit Geschenken und Gefälligkeiten überschütten lassen, um dann so zu tun, als ob sie den anderen lieben bzw. mögen würden. Auch körperliche "Liebe" (Sex) lässt sich kaufen. Mit Liebe, wirklicher Liebe, die aus den Herzen kommt, hat all das aber rein gar nichts zu tun. Es sind lediglich Handelsgeschäfte.

Frag dich mal: Was willst du? Menschen, die dir in Sachen Freundschaft und Liebe etwas vorspielen, oder willst du *echte* Freunde und *echte* Liebe? Schneller mag es durchaus sein, dir Freunde und Liebe zu "erkaufen". Längerfristig gesehen wirst du damit aber weder zufrieden noch glücklich werden und sein. Es mag der längere und kompliziertere Weg sein, dich *ohne* Statussymbole den anderen zu zeigen und sie damit für dich zu gewinnen, aber so weißt du wenigstens, dass sie *dich, dich als Menschen*, schätzen und nicht das ganze, glänzende Brimborium drum herum.

3.) Mach dir eines klar: Du bist ein Mensch, den es kein zweites Mal gibt, ein Einzelstück, eine Spezialanfertigung, ein Unikat. Vielleicht hast du Macken oder Ticks. Vielleicht tauschst du zwischendurch deinen Heiligenschein gegen kleine Hörnchen aus. Vielleicht bist du manchmal launisch, tollpatschig, chaotisch, verspult oder merkwürdig. All das bist aber *du*! Es gehört zu dir wie deine Augen und Ohren. All das, was du selbst oder auch manchmal andere als sogenannte Fehler sehen, ist ein Teil deiner Persönlichkeit. Genau das macht dich aus.

Perfekt musst du nicht sein. Niemand ist perfekt und schon gar nicht die, die ständig an dir herumkritisieren. Auch sie haben Fehler und Schwächen. Doch trotzdem ist jeder Mensch auf seine ganz eigene Art perfekt. Es kommt lediglich darauf an, wie du "perfekt" definierst:

Perfekt im Sinne von fehlerfrei, das ist kein einziger Mensch.

Perfekt im Sinne von vollständig und ganz, mit allem, was dazugehört, das ist jeder - auch du!

Diejenigen Menschen, die lautstark behaupten, perfekt zu sein und keinerlei Fehler zu haben, sind ausnahmslos Menschen mit extrem übersteigertem Ego. Sie sind der Meinung, der Nabel der Welt zu sein, aus unterschiedlichsten Gründen. Egal was sie behaupten, lass sie einfach reden. Mit ihren Behauptungen outen sie sich nämlich als keineswegs perfekt: Sich über andere zu stellen, andere zu ver- und aburteilen, sie als "minderwertig" oder "weniger wert" als sich selbst zu betrachten und das auch noch öffentlich zur Schau zu stellen, das hat mit "Perfektion" rein gar nichts zu tun. Sie stellen sich damit selbst allerhöchstens ein Armutszeugnis aus.

Du bist komplett: mit Stärken und Schwächen, mit guten Seiten und Fehlern, mit Vorlieben und Abneigungen. Von allem hast du etwas in dir und das ist die *perfekte Mischung* eines einzigartigen Menschen. Du kennst jede Seite, die das

Menschsein ausmacht und damit bist du diesen selbst ernannten "fehlerfreien" Menschen weit voraus. Sie *sind nicht* perfekt (egal wie sehr sie darauf beharren mögen), weil ihnen sehr wohl etwas fehlt: nämlich die breit gefächerte Palette an Eigenschaften und Charakterzügen.

Es gibt nichts, das nur eine Seite hat. Es gibt keine Stärken, wenn es keine Schwächen gibt. Es gibt kein Gut, wenn es kein Böse, kein Schlecht gibt. Und vor allem gibt es kein Perfekt, wenn es keine Fehler gibt.

Du hast von allem zwei Seiten in dir und genau deshalb bist du perfekt, genauso wie jeder andere, der ebenfalls beide Seiten in sich vereint. Also rede dir nichts anderes ein und vor allem, lass dir nichts anderes einreden!

4.) Hör auf, dich mit anderen zu vergleichen. Egal wen du ansiehst, jeder Mensch besitzt Dinge (materielle oder ideelle), die andere nicht haben bzw. du nicht hast. Manchmal mögen es vielleicht Dinge sein, die du auch gerne hättest, die dir ebenfalls gefallen würden. Dagegen ist auch nichts zu sagen. Bevor du aber alles daran setzt, diesen Leuten nachzueifern und dir ein ebensolches "Ding" anschaffen willst:

a) Sei ehrlich mit dir selbst: Weshalb willst du es? Um es ihnen gleichzutun? Weil du dir davon das gleiche Ansehen, den gleichen Erfolg oder Beliebtheitsgrad versprichst? Weil du es nicht ertragen kannst, dass jemand etwas besitzt, das dir fehlt? Weil dein Herz in Jubelschreie ausbricht? Mach dir wirklich klar, weshalb du dasselbe haben willst. Sei aber auch hierbei schonungslos ehrlich mit dir selbst. Auf diese Weise lernst du dich selbst und deine Beweggründe immer besser kennen.

b) Wenn du es dir nun anschaffen möchtest, schau dir vorher eines noch ganz genau an. Steht der andere, der es schon hat, mit dir auf der gleichen Einkommensstufe oder nicht? Auch wenn er etwas besitzt, das du dir von Herzen wünschst, nicht immer ist es finanziell machbar. Lass dich nicht von deiner Ungeduld und deinem "Will haben" drängen. Damit tust du dir selbst keinen Gefallen. Im Gegenteil. Die anfängliche Freude wird ggf. sehr schnell verfliegen, wenn du dich dafür verschuldest oder dir die laufenden Ratenzahlungen nicht mehr leisten kannst. Wenn du dich schon im Hinblick auf "Was hat er, das ich nicht habe" vergleichen musst, dann tu es wenigstens richtig, nämlich *objektiv*.

Jemand, der jeden Monat das Zwei- oder Dreifache deines Gehaltes verdient, aber nur die Hälfte deiner Fixkosten bezahlt, hat natürlich zwangsläufig mehr Geld für diversen Schnickschnack übrig als du. Dich mit so jemandem zu vergleichen, ist völlig sinnlos.

Selbst wenn jemand ähnliche Einnahmen und Ausgaben hat wie du, ob er all die materiellen Dinge bezahlt oder sich dafür in Kredite oder Schulden bei Bank und/oder Freunden bzw. Familie gestürzt hat, siehst du niemandem an der Nasenspitze an. Wer das Geld für diese ganzen Dinge nicht gerade überflüssig im Nachtischschublädchen liegen hatte, wird sich hüten, dir zu verraten, dass er sich den Großbild-TV streng genommen eigentlich gar nicht leisten kann. Keiner, der weit über seine finanziellen Möglichkeiten lebt, nur um "in" zu sein und vor anderen gut dazustehen, wird irgendjemanden auf die Nase binden, dass ihm u. U. der Banker im Nacken sitzt oder gar der Gerichtsvollzieher seinen Besuch angekündigt hat. Für manche sind 1.000 Euro dagegen wirklich nur "Peanuts". Was auf ihren Konten schlummert oder auf ihrem Gehaltszettel steht, werden aber auch sie dir nicht (ehrlich) verraten.

Erzählen und behaupten können die anderen alles Mögliche aus den unterschiedlichsten Gründen. Ob alles stimmt, sei dahingestellt. Schau deshalb lediglich auf *dich* und *deine* Möglichkeiten bzw. Erfordernisse und lass die anderen "ihr Ding" machen. Sie sind nicht du und *sie* müssen auch nicht mit *deinen* Konsequenzen umgehen oder klarkommen. *Du schon!* Und zwar *nur du!*

Schritt 17
Hör auf, dich nur im Außen aufzuhalten

Deine Wirkung und Ausstrahlung auf andere:
oberflächlich, bedürftig, um Aufmerksamkeit heischend,
unterwürfig.

Dich nur im Außen aufzuhalten heißt, dass du dich
hauptsächlich mit allem beschäftigst, was um dich herum
passiert und vorhanden ist. Wo es aber ein Außen gibt, da
gibt es auch ein Innen. Das ist alles, was direkt mit dir zu tun
hat: deine Gedanken, Meinungen, Gefühle, Emotionen,
Befindlichkeiten etc. Als Bedürftige wirst du genau das
meistens völlig vernachlässigen und verdrängen. Ständig
mit irgendwas beschäftigt zu sein, mag dich zwar von
deinen Problemen ablenken, sie verschwinden dadurch
aber nicht. Du verdrängst sie lediglich und schiebst sie zur
Seite... bis sie sich eines Tages wieder zu Wort melden und
dann lauter als jemals zuvor.

Dabei ist es doch genau das, was Bedürftige am
dringendsten nötig haben: sich ausführlich mit sich selbst zu
beschäftigen.

Nur auf diese Art wird es dir möglich sein, den Ursachen
deiner Bedürftigkeit auf den Grund zu gehen. Wenn du die
Ursachen kennst, wofür auch immer, dann kannst du auch
die Auswirkungen beseitigen. Doch das bringt eines mit
sich, das äußerst unangenehm sein kann: mit dir selbst
schonungslos ehrlich zu sein und deine eigenen (bisherigen)
Ausreden aufzudecken. Wie das funktioniert, hast du

inzwischen schon ein paar Mal geübt, falls du dir die Gedanken bzw. Listen tatsächlich gemacht und diese Passus nicht nur überlesen oder überblättert hast.

Die leichtere und beliebtere Beschäftigung, der Bedürftige bevorzugt nachgehen, ist, sich mit dem Außen zu beschäftigen und sich damit von den eigenen Problemen abzulenken. Die "Lieblingsbeschäftigung" Bedürftiger ist, andere zu analysieren, ob nun den Partner oder Freunde, Familie oder Bekannte: Wieso macht er dies? Wieso benimmt er sich so? Was hat er nur für ein Problem? Wieso ist er so sauer? usw. usw. Darüber wird sich stunden- und tagelang der Kopf zerbrochen. Zeit, die im Grunde völlig vergeudet ist. Du kannst zwar schlussfolgern oder Vermutungen anstellen, die wahren Ursachen wirst du jedoch ohnehin nicht herausfinden. An dir bzw. bei dir wird sich deswegen nichts verändern. Deshalb ist es lediglich reine Zeitverschwendung und völlig sinnlos.

Werden keine anderen analysiert, vertreiben Bedürftige sich mit allen möglichen Dingen die Zeit, um sich vielleicht ein wenig besser zu fühlen: Shoppen, Fernsehen, Klatsch und Tratsch, Gossip-Zeitschriften u. v. m. und natürlich - nicht zu vergessen - sich selbst bemitleiden, jammern und die Schuld für die ganze, vermeintliche Misere auf alle anderen verteilen.

Sich regelmäßig Zeit für sich selbst zu nehmen, sich zu fragen: "Wieso denke, fühle, reagiere ich genau so und nicht anders?" dagegen wird sich nicht genommen. Falls doch, lautet die blitzschnelle Antwort: "Weil er/sie dies und jenes tut. Würde er/sie dies oder jenes tun bzw. lassen, ginge es mir besser. Ich kann also nichts dafür und schon gar nichts dagegen tun."

Doch, kannst du! Nur erfordert das eben Zeit, Ausdauer und Geduld und vor allem eines: aufhören, zu jammern und dich in deiner Opferrolle zu suhlen! Innerhalb von fünf Minuten, die du dir lustlos und in Jammerlaune nimmst, deckst du keine Ursachen auf. Manchmal dauert es Tage und Wochen, bis du das Aha-Erlebnis bekommst, je nachdem, wie viel Zeit du dir dafür nimmst und wie tief du herumstocherst. Wenn du dir angewöhnst, dich jeden Tag wenigstens eine halbe Stunde *ohne* Ablenkung (dazu gehört z. B. auch Radio, CD etc.) *in aller Ruhe mit dir selbst* zu beschäftigen, wirst du auf jeden Fall fündig.

Bist du nun am Aufstöhnen "Das ist langweilig" oder "Das ist doch anstrengend" oder sogar "Dafür habe ich keine Zeit"? Dann frage dich ganz schnell, wozu du überhaupt dieses Buch gekauft hast. Per Fingerschnipsen alleine verändert sich leider nichts, auch wenn es manchmal ganz praktisch wäre. Wenn es dir "zu langweilig" ist, dich mit dir selbst zu beschäftigen, um aus deiner Bedürftigkeit herauszukommen, hättest du dir sowohl die Kosten für das Buch als auch die Zeit fürs Lesen sparen können. Wenn es dir "zu anstrengend" ist, etwas nachhaltig zu verändern, damit es dir danach besser geht, wirf das Buch in den Müll und belasse alles beim Alten. Wie schon mehrmals gesagt, unterlasse dann aber auch dein Dauerjammern. Du willst nichts verändern, also "genieße" den Status quo. Wenn du "keine Zeit" dafür hast, ist dir alles andere bedeutend wichtiger, denn dafür nimmst du dir mehr Zeit als genug.

Wie bitte? Du hast ja Lust dazu, aber... zu schwierig, zu kompliziert, zu zeitaufwendig usw... *Stopp! Schluss damit!* Du suchst schon wieder Ausreden dafür, nicht anfangen zu können und zu wollen. Mach dir wirklich bewusst, dass es *nur zwei* Möglichkeiten gibt: Du willst oder du willst nicht. Sobald du mit "Ja, aber..." anfängst, willst du noch nicht wirklich, dein Wunsch zur Veränderung ist noch nicht groß genug. Es gibt nur "Ja, ich will" oder "Nein, ich will nicht" und nichts anderes!

Wenn es dir den ganzen Aufwand (und der ist zugegeben doch recht hoch) nicht wert ist, wenn du keine Lust hast, für dich und dein weiteres Leben etwas zu tun, dann lass es. Es ist *deine* Entscheidung und *dein* Leben. Wie du es verbringen willst - bedürftig und im Dauerjammerstatus oder nicht-bedürftig und glücklich-zufrieden - liegt ausschließlich an dir.

Du musst es mir nicht sagen, ich weiß es doch auch: Natürlich ist es zeitraubend! Natürlich ist es nicht immer lustig! Natürlich ist es anstrengend! Und natürlich wirst du dabei auf Dinge stoßen, die du ewig verdrängt hast und die vielleicht äußerst unangenehm sind! Dir z. B. ehrlich einzugestehen: "Ja, ich habe Angst vor Zurückweisung", "Ja, ich habe kein Selbstbewusstsein" oder "Ja, ich sehe mich selbst als wertlos an" ist natürlich nicht sonderlich prickelnd. Aber wie bitte willst du dich z. B. darum bemühen, Selbstbewusstsein aufzubauen und dir anzueignen, wenn dir nicht mal *bewusst* ist, dass es dir fehlt und du es dir selbst eingestehst?

Du kannst dich hinsetzen und weiterhin darauf warten, dass sich deine Probleme von alleine auflösen (was sie aber nicht werden), du kannst zigmal mit den Fingern schnipsen und hoffen, dass du dadurch auf wundersame Weise alles erhältst, was dir fehlt (auch das wird niemals passieren) oder du wartest weiter darauf, dass andere deine Probleme lösen. Doch auch das wird in diesem Fall niemals geschehen.

Niemand kann dir sagen, wieso du so denkst und handelst, wie du es tust. Andere können vielleicht Vermutungen aufstellen oder logisch schlussfolgern. Es jedoch wirklich *wissen*, das kannst nur du alleine. Oder kann irgendjemand in deinen Kopf hineinkucken und deine Gedanken dort sehen? Sicher nicht. Und niemand, absolut niemand, kann dir in einem hübsch eingewickelten Päckchen eine gute Portion Selbstbewusstsein oder Selbstwert überreichen.

Alle grundlegenden Dinge in deinem Leben musstest du alleine lernen, sprechen etwa. Du musstest auch selbst zur Schule gehen, um den Stoff zu lernen. Deine Geschwister, Eltern, Freunde, Lehrer konnten dir zeigen, wie es geht. *Lernen, machen und begreifen musstest es aber du.*

Du willst Auto fahren lernen? Dann musst du dich in ein Auto setzen und Fahrstunden nehmen. Keiner kann dir das abnehmen. Du willst selbstbewusst sein und nicht mehr bedürftig? Dann musst du auch etwas dafür tun! Wie heißt es immer: "Von nichts kommt nichts."

Was also tun?

1.) Sei dir bewusst: Du kannst die Arbeit an dir und die Beschäftigung mit dir unbegrenzt ver- und aufschieben. Je länger du es aber rausschiebst, umso länger bleibst du in deiner Bedürftigkeit gefangen. Je schneller und konsequenter du es in Angriff nimmst, umso schneller wirst du Ergebnisse sehen und das Thema Bedürftigkeit wird sich für dich erledigen. *Wann* du damit anfängst (oder ob überhaupt) und *wie häufig* du daran arbeitest, *ist ausschließlich deine Entscheidung.* Falls du wirklich bereit bist, endlich aktiv zu werden:

Reserviere dir *jeden Tag* wenigstens eine halbe Stunde und diese möglichst zur gleichen Zeit, in der du dich - mit Block und Stift bewaffnet - hinsetzt und *deine eigenen Gedanken über dich schriftlich* hinterfragst und notierst. Das mag jetzt furchtbar öde und nervig klingen, aber: Alles, was du täglich regelmäßig machst, wird mit der Zeit zur Routine. Was Routine ist, ist selbstverständlich und damit Gewohnheit. Du überlegst dabei nicht lange, sondern machst einfach, so wie z. B. beim Zähneputzen.

2.) Überprüfe deine bisherigen Gewohnheiten, und zwar die, die sich hauptsächlich mit dem Außen beschäftigen, dem ganzen, alltäglichen Trubel um dich herum. Was davon ist für dich so wichtig, dass du nicht darauf verzichten kannst? Wo kannst du Einschränkungen vornehmen, um damit mehr Zeit für dein Vorhaben "Raus aus der Bedürftigkeit" zu haben?

TV zu kucken, Gossip-Zeitschriften zu lesen oder Spielchen in sozialen Netzwerken zu machen - nur mal so als Beispiel - mag dir durchaus zum Abschalten vom Alltag oder auch zur kurzfristigen Entspannung dienen. Wäre es jedoch nicht sinnvoller, im Hinblick auf dein Ziel, stattdessen Fachliteratur zum Thema Selbstbewusstsein zu lesen, Motivationstrainings mitzumachen oder dir entsprechende Vortrags-CDs o. ä. anzuhören? Das soll nicht heißen, dass du ab sofort überhaupt nicht mehr TV kucken, Promi-Klatsch- und-Tratsch-Zeitschriften lesen oder Spielchen machen darfst. Mach dir einfach mal darüber Gedanken, ob du solche Freizeitaktivitäten nicht vielleicht etwas einschränken könntest, um diese Zeit weitaus sinnvoller zu nutzen, nämlich für dich.

Frag dich selbst: Was hat für dich jetzt höhere Priorität? Wo bist du bereit, Zeit abzuzwacken, die du für dein großes, heiß ersehntes Ziel verwenden kannst? Auch dein Tag hat 24 Stunden, von denen du ca. acht Stunden mit Schlafen verbringst. Damit bleiben noch volle 16 Stunden für Arbeit und Freizeit. Umgerechnet sind das 960 Minuten, von denen du nur 30 Minuten für dein Ziel verwendest, gerade mal 3 %! Die Zeit dafür lässt sich immer finden, vorausgesetzt natürlich, es ist dir wichtig genug.

3.) Versuche mal etwas, das für dich neu ist. Nicht jeder ist der Typ dafür, zu meditieren oder Yoga zu machen. Ausprobieren kannst du es auf jeden Fall mal. Bei beidem beschäftigst du dich ausschließlich mit dir selbst. Oder geh in der Natur spazieren, setz dich an einen See und beobachte Enten und Schwäne. Geh ins Planetarium und schau dir Sterne am Himmel an. Erkundige dich über Entspannungstechniken, z. B. Biofeedback, Massagen, Progressive Muskelentspannung, Atemtechniken. All diese Dinge lassen zwar deine Bedürftigkeit nicht verschwinden, sie haben aber einen ganz wichtigen Aspekt gemeinsam:
Während dieser Zeit kümmerst du dich nur um dich und auch um deinen Körper, sogar beim Enten beobachten oder Sterne kucken. Du konzentrierst dich dabei auf etwas anderes, dein Atem wird ruhiger, dein Körper entspannt sich. Gerade Bedürftige haben das Gefühl für bzw. die Verbindung zu ihrem Körper verloren. Sie kümmern sich darum mit Nahrung und notwendiger Pflege, sie achten aber nicht auf die Signale, die er ihnen sendet. Sie sind nämlich viel zu sehr mit ihrem nie stillstehenden Gedankenkarussell beschäftigt.

Jedes psychische Problem - auch Bedürftigkeit hat psychische Ursachen - verursacht ebenfalls körperliche Probleme, kleinere oder größere: Nacken-, Kopf-, Rückenschmerzen, Verspannungen, Verdauungsprobleme, gestörte Menstruationszyklen, schlechtes Gedächtnis, Hautausschläge, Juckreiz u. v. m. Treten solche Symptome auf, wird lieber schnell "Abhilfe" mit Medikamenten geschaffen. Hauptsache, es geht wieder, und zwar am besten auf Knopfdruck.

Diese ganzen körperlichen Probleme haben aber eine *Ursache*, die dadurch nicht behandelt und schon gar nicht beseitigt wird. Dafür fehlen nämlich die Zeit und vor allem die Lust für die Ursachenforschung.

Die meisten dieser Probleme würden erst gar nicht entstehen, wenn der Bedürftige auf die ersten Anzeichen, also die Signale seines Körpers, achten würde. Der Körper hat bei ihnen aber lediglich zu funktionieren, mehr aber auch nicht.

Achtsamkeit und den Bezug zu deinem Körper musst du erst wieder aufbauen. Der positive Nebeneffekt dabei ist, dass du dich dadurch automatisch wohler fühlst. Wenn es dir psychisch nicht gut geht und dazu noch körperliche Probleme auftauchen, rutscht deine Stimmung komplett in den Keller und alles sieht gleich noch viel düsterer aus. Du fühlst dich komplett schlecht.

4.) Mach mal eine Negativitätsdiät! Nicht alles, was dir im Außen begegnet, ist positiv, motivierend und aufbauend. Seien es nun Menschen, mit denen du zu tun hast ("Leidensgenossen", Dauernörgler, Pessimisten, Streitsüchtige usw.) oder auch andere Dinge, von denen du dich berieseln lässt. Egal ob es Nachrichten in Zeitungen, TV oder Radio sind, zu 99 % verkünden sie negative Dinge wie z. B. Kriege, Unfälle und sonstige Katastrophen.

Solange du sie hören oder lesen kannst, ohne dich hinterher schlecht oder schlechter als vorher zu fühlen, ohne dass du dich danach noch längere Zeit damit beschäftigst, weil es dich aufwühlt, traurig, betroffen, wütend macht, ist es kein Problem. Sollten diese Dinge aber Auswirkungen auf dein Wohlbefinden und deine Stimmung haben, meide sie strikt! Nicht für immer, aber vorübergehend, bis du gelernt hast, dass *du* alleine dafür verantwortlich bist, wie du dich fühlst und das auch umsetzen und anwenden kannst. Alles, was deine Ruhe, deine Stimmung, deine Motivation ruinieren kann, meide die nächste Zeit wie der Teufel das Weihwasser.

Selbst wenn es für dich bedeutet, dass du die nächsten Wochen oder Monate nicht auf dem Laufenden bist, was das Weltgeschehen betrifft - ein schlichtes "Oh, habe ich gar nicht mitbekommen" ist ausreichend, falls dich jemand darauf ansprechen sollte. Zigfach *wichtiger* als überall mitreden zu können ist es erst mal, alles von dir fernzuhalten, das deinen Plan "Raus aus der Bedürftigkeit" verlangsamen oder zum Scheitern bringen könnte. Das Allerwichtigste, das du brauchst, sind *positive* Highlights und *positiv gestimmte* Menschen und Situationen. Frustriert und demotiviert warst du lange genug! Die Gefahr, dir deine gerade gefundene Motivation ratzfatz wieder zu ruinieren und erneut in Jammerstimmung und Selbstmitleid zu versinken, ist noch lange nicht gebannt!

Versuche auch, *negativ* gestimmten oder gepolten Menschen in deinem Umfeld aus dem Weg zu gehen, soweit es irgendwie geht. Immer wird das natürlich nicht klappen, schon gar nicht, wenn es sich dabei um deinen Partner (oder auch Arbeitskollegen, Chef usw.) handeln sollte. Du kannst dir oder ihm schließlich keine Tarnkappe überstülpen. Was du aber tun kannst, auch wenn du dich dazu vielleicht zwingen musst: Hör auf, über Belanglosigkeiten zu diskutieren und zu debattieren. Gerade, wenn dein Partner ein Machtspieler oder Narzisst ist, kannst du mit noch so guten und richtigen Argumenten aufwarten, seine sind grundsätzlich besser und richtiger. Je mehr du dich auf Diskussionen mit ihm einlässt, umso genervter bzw. frustrierter wirst du.

Mit Belanglosigkeiten meine ich Dinge wie z. B. "Wieso hast du es schon wieder so gemacht und nicht so, wie ich es sagte?" oder "Kannst du das auch mal richtig machen?" oder auch "Musst du diesen Blödsinn im TV schon wieder sehen?"

Nichts von alledem ist lebenswichtig, aber es sind Dinge, über die Machtspieler und Narzissten sich stunden- und tagelang mit wachsender Begeisterung auslassen können, um dir ihre (angebliche) Überlegenheit zu beweisen und um dich herabzusetzen und/oder kleinzumachen. Auch wenn das jetzt nach Blasphemie oder Majestätsbeleidigung (für ihn!) klingt: Lass ihn reden und palavern! Klappe innerlich die Ohren zu, denke währenddessen an irgendwas anderes, etwas Schönes (z. B. Sonne, Meer, Palmenstrand), lass ihn schulmeistern und faseln, nur um Himmels willen: *Hör nicht zu!* Tust du es doch, verfällst du mit großer Wahrscheinlichkeit in dein altes Schema des schlechten Gewissens und der Selbstvorwürfe.

Rechtfertige dich auch nicht und diskutiere nicht. Gib allerhöchstens eine kurze, knappe Antwort wie etwa: "Kannst du das auch mal richtig machen?" - "Ja, beim nächsten Mal." Ob du es jetzt schon richtig gemacht hast oder nicht, ist im Moment völlig egal! Sag ihm, was er hören will (du kennst ihn doch inzwischen) und er wird ziemlich bald ruhig sein. Dass er an allem, was du tust, herumnörgelt, weißt du schon. Du bist es von ihm gewöhnt. So gerne du auch etwas anderes von ihm hören würdest, wenn er nicht will, wird er es nicht tun. Konzentriere dich in so einem Fall nicht auf *ihn*, sondern ausschließlich auf eine einzige Sache: *Ich bin auf Negativitätsdiät!*

Sein Genörgel und Gemaule ist sicherlich nicht leicht zu überhören, vor allem nicht am Anfang. Auch das Gejammer von Bekannten und Freunden nicht. Sofern du schon den Mut aufbringst, bitte den anderen, damit aufzuhören, weil dich das jetzt nur runterzieht. Fehlt dir dieser Mut noch, versuche etwas anderes: Lass den anderen jammern oder lästern und sage dir unterdessen in Gedanken das Alphabet rückwärts auf, einen Songtext, ein Gedicht, ein Kindermärchen oder stell dir Rechenaufgaben wie etwa 522 x 12 oder schwieriger. Dadurch zwingst du dich quasi selbst, dich auf etwas anderes zu konzentrieren als auf diese negativen Dinge. Wenn irgendwann die Frage kommen sollte: "Hörst du mir eigentlich zu?" gibt es *nur eine* Antwort: "Entschuldige, ich war gerade mit dem Kopf woanders. Was sagtest du eben?" Auch hier gilt: Nicht herumdiskutieren!

Selbst wenn du dir jetzt denken magst: "Alles Blödsinn!" oder "Das klappt doch eh nicht, weil..." - *Stopp!* Nicht jammern, nicht zweifeln, nicht Ausreden erfinden: *TUN!* Tu es einfach! Vielleicht brauchst du mehrere Anläufe, damit es auch bei dir klappt, aber es klappt! Ach ja, frag dich schnell noch mal, wieso du das alles tust. "Weil ich raus aus der Bedürftigkeit will!" ... Stimmt, oder?

Schritt 18
Hör auf, immer andere für alles verantwortlich zu machen

Deine Ausstrahlung und Wirkung auf andere:
kindlich, unselbstständig, anklagend

Alles, was im Leben passiert, hat seinen Grund und seine Ursache. Nichts passiert einfach so, auch wenn es manchmal so scheinen mag. Gerade Bedürftige neigen dazu, entweder das Schicksal oder eine ganz bestimmte Person für etwas verantwortlich zu machen.

Dein Partner ist schuld daran, dass du traurig bist. Er war ja auch gemein zu dir.

Deine Freundin ist schuld daran, dass du dir ausgenutzt vorkommst. Du hilfst ihr nämlich immer und sie lässt dich dafür im Stich.

Deine Eltern sind schuld daran, dass du nicht selbstbewusster bist. Sie haben dich nämlich immer verhätschelt.

Deine Arbeitskollegin ist schuld daran, dass dein Chef sauer auf dich ist. Schließlich hat sie dich bei ihm verpetzt.

Und das Schicksal ist schuld daran, dass dein ganzes Leben eine einzige Katastrophe ist. Es vergönnt dir nämlich nichts anderes.

Kommt dir das irgendwie bekannt vor? Alles und jeder ist schuld, woran auch immer. Nur eine einzige Person nicht: *du*! Du bist ja nur das Opfer. Stimmt's?

Nein, bist du nicht! Wieso nicht? Weil du ein erwachsener Mensch bist, der für sich selbst verantwortlich ist. Du bist kein kleines Kind mehr, das anderen die Verantwortung für sich übergibt. Warum also schiebst du die Schuld auf das Schicksal oder auf andere?

Das geschieht aus einem Grund: weil es eine Spezialität von Menschen ist, die die Verantwortung für sich und ihr Leben nicht übernehmen wollen und/oder können. Zu dieser Kategorie Mensch gehören insbesondere Bedürftige, so wie du etwa.

Was heißt das nun genau, die Verantwortung für sich selbst und sein Leben zu übernehmen?

Unter den Schritten 4 und 6 habe ich schon einiges dazu ausgeführt. Ich greife diese Problematik aber bewusst noch einmal bei diesem Punkt auf, weil sie immens wichtig ist auf deinem Weg raus aus der Bedürftigkeit.

Egal wie alt du bist, ob 20, 30, 40, 50 Jahre oder mehr, seit deinem 18. Lebensjahr giltst du offiziell als "erwachsen", d. h. für alles, das du tust, wirst *du selbst* zur Rechenschaft gezogen, weil du nun *für dich selbst verantwortlich* bist. Bis zum 18. Lebensjahr hatten deine Erziehungsberechtigten die Verantwortung für dich und deine Taten. Sie hatten sich zu kümmern, dass du Nahrung, Kleidung und Bildung bekommen hast. Sie haben ihr Bestes getan, dich zu erziehen, dir soziale Kompetenz und ethische Grundsätze beizubringen.

Zugegeben, nicht alle Erziehungsberechtigten sind damit erfolgreich, aus welchen Gründen auch immer. Vielleicht haben sich deine ebenfalls keine Lorbeeren damit verdient. Doch nun bist du erwachsen und deine

Erziehungsberechtigten haben damit ihr "Soll" erfüllt und ihren "Job" erledigt.

Jetzt hast du zwei Möglichkeiten:

a) Du setzt dich hin und gibst dich mit dem zufrieden, was du bis dahin gelernt hast, unabhängig davon, wie viel oder wie wenig das sein mag.

b) Du gibst dich *nicht* zufrieden mit all dem, sondern willst mehr.

Möglichkeit **a)** ist natürlich die einfachste und bequemste. Damit brauchst du dich niemals anstrengen und vor allem hast du immer die Entschuldigung parat: "Das habe ich nicht gelernt."

Du kannst nicht kochen? "Das habe ich nie gelernt."

Du traust dir nichts zu? "Das habe ich nie gelernt."

Du kannst nicht mit Geld umgehen? "Das habe ich nie gelernt."

Du weißt nicht, wie man sich durchsetzt? "Das habe ich nie gelernt."

Tja... Ist natürlich schlecht, wenn du so viele Dinge nie gelernt hast... oder?

"Was also tun?", frägst du dich als Bedürftige. Hm... Darauf warten und hoffen, so wie zu Kinderzeiten, dass andere das alles für dich tun und übernehmen. So war es doch bisher auch immer. Dafür waren doch deine Eltern zuständig. Wenn sie es dir nicht beigebracht haben und du nun völlig unselbstständig und hilflos mitten im Leben stehst - ihre Schuld! Das hätten sie doch tun müssen! Sie haben aber versagt und du darfst es nun ausbaden. Kein

Wunder also, wenn dein Leben ein einziges Desaster ist. Oder etwa nicht?

Na ja, ein Wunder und ganz so einfach ist das nicht. Wenn du nun als Erwachsene alleine lebst und nicht mehr zu Hause bei Mama und Papa, wer kümmert sich übrigens darum, dass du nicht verhungerst? Wer kauft dir deine Klamotten? Wer verdient deinen Lebensunterhalt? Wer bezahlt deine Rechnungen? Wer schließt deinen Wohnungsmiet- oder Handyvertrag ab? Wer schickt dich regelmäßig unter die Dusche oder zum Friseur? Deine Eltern? Deine Freunde? Dein Partner? Als Bedürftige vielleicht, als selbstständige Erwachsene allerdings kaum. Das ist nämlich *dein* "Job"! Heißt, du musst für dich selbst Verantwortung übernehmen. Klar, wirst du jetzt sagen, ist doch logisch!

Ja, ist es auch, selbst wenn dir diverse Dinge nicht "beigebracht" wurden, so wie z. B. das Abschließen eines Miet- oder Handyvertrages, Rechnungen bezahlen usw., denn das gehört einfach zum Leben eines Erwachsenen dazu. Doch nicht nur diese (über-) lebensnotwendigen Dinge, sondern noch viel mehr - selbst wenn du sie bis zu diesem Zeitpunkt noch nicht gelernt hast.

Niemand zwingt dich schließlich, auf dem Wissens- und Bildungsstand einer 18-Jährigen stehen zu bleiben - außer dir selbst und deiner ureigenen Bequemlichkeit. Weder mit dem Schulabschluss noch mit deinem 18. Geburtstag endet deine Lernphase. Im Gegenteil. Jetzt geht sie erst richtig los! Nun lernst du allerdings nicht mehr die üblichen grundlegenden Dinge, sondern all die ganz speziellen, mit denen du dir dein persönliches Leben - in jedem Bereich - so gestalten kannst, wie du es für gut und richtig befindest. Vielleicht ist keiner da, der dir dabei das Händchen hält. Vielleicht musst du da ganz alleine durch. Aber es ist *dein*

Leben! Du selbst musst es jeden einzelnen Tag "ertragen". Niemand sonst ist 24 Stunden täglich um dich herum - außer dir selbst.

Und du willst dich wirklich 60 Jahre und mehr ausschließlich mit dem zufriedengeben, was du bis zu deinem 18. Geburtstag gelernt (oder eben auch nicht gelernt) hast? Willst du dich wirklich von allen anderen, die Neues ausprobieren und dazulernen, überholen lassen? Willst du mit z. B. 30 Jahren wissens- und erfahrungsmäßig immer noch auf dem Stand eines unmündigen Kindes oder eines Teenagers sein?

Möglich, dass du dich zu Hause bei deinen Eltern um nichts kümmern musstest, dir alles abgenommen und du überbehütet wurdest. Sich dann plötzlich seiner Verantwortung zu stellen, fällt natürlich schwer und es ist unbequem. Aber dir bleibt nichts anderes übrig - außer, wie gesagt, darauf zu warten und zu hoffen, dass andere dein Leben gestalten.

Ob es dir gut geht oder nicht, beruht immer auf deinen eigenen Entscheidungen. Mögen andere sich dir gegenüber schlecht, mies, gemein o. ä. benehmen, niemand zwingt dich dazu, es dir gefallen zu lassen. Den anderen Grenzen aufzuzeigen, *deine* Grenzen, das obliegt ausschließlich dir!

Was also tun?

1.) Erkenne deine *alleinige* Verantwortung für dein Leben jetzt an! Es ist dein Leben und die Einzige, die darin etwas verändern kann, das bist du. Wenn du (weiterhin) jeden anderen verantwortlich machst, sobald irgendwas nicht nach deinen Wünschen funktioniert oder läuft, stellst du dir gleichzeitig ein Unmündigkeitszeugnis aus. Du signalisierst jedem, dass du noch ein kleines Kind bist, das keine Ahnung vom Leben hat und weder in der Lage noch gewillt ist, selbst aktiv zu werden und irgendetwas dazuzulernen.

Ich weiß, das klingt hart, aber es ist so. Nicht alles im Leben wird einem auf einem Silberteller serviert, so dass man sich nur bedienen muss. Neues lernen und zu erfahren, gehört bei jedem dazu, vorausgesetzt, du bleibst nicht auf deinem Standpunkt stehen: "War immer schon so und habe ich immer schon so gemacht, weil ich es genau so und nicht anders gelernt habe." Natürlich ist das auch eine Einstellung, aber keine, die dir nützt und dich weiterbringt.

Willst du weiterhin eine Bedürftige bleiben, lass dir von anderen deine alltäglichen Probleme lösen und lass sie Elternersatz für dich spielen. Lass *sie* es weiter in der Hand haben, ob du alles bekommst, was du brauchst oder eben auch nicht.

2.) Mach dir eines klar: Die anderen benehmen sich dir gegenüber so, wie es *für sie* am besten ist (nicht alle, aber sehr viele). Wenn du anders behandelt werden willst, dann benimm dich anders. Wenn du weiterhin die Unselbstständige und Bedürftige bleibst und ihnen genau das präsentierst, werden sie dich auch genauso behandeln wie bisher. Dass du allen die Schuld zuschiebst, liegt lediglich daran, dass du passiv bist und all das, was dir fehlt, von den anderen erwartest und haben willst.

Lies dir nochmals zur Erinnerung die Geschichte mit der Wüste und dem Wasser am Anfang des Buches durch. Die Wüste, durch die du marschierst, ist *dein Leben*. Bislang bist du dort herumgelaufen, ohne auch nur ein Tröpfchen Wasser mitzunehmen. Du hast ununterbrochen darauf gewartet, dass andere dir unaufgefordert die Wasserflaschen bringen. Gibt dir nun keiner Wasser, gibst du jedem die Schuld dafür, dass du am Verdursten bist. So benimmt sich ein Kleinkind, aber niemals ein mündiger Erwachsener! Kinder denken an den Moment, mündige Erwachsene denken voraus und weiter, bei allem, was sie tun.

Selbst Wasser einzupacken und erst dann durch die Wüste zu marschieren, an jeder Oase wieder deine Wasserflaschen aufzufüllen, bevor du weitergehst, *das ist "Verantwortung für dich selbst" zu übernehmen!*

3.) Es ist einzig und allein deine Entscheidung, ob es dir gut geht oder nicht. Natürlich wird sich dir gegenüber nicht jeder so benehmen, wie es dir gefällt oder du es gerne hättest. Das passiert aber nicht nur dir so, sondern jedem anderen auch. Du allein entscheidest jedoch, was du dir gefallen lässt und was nicht und du allein entscheidest auch, wie du dich dabei fühlst.

Niemand kann dir Gefühle - positive oder negative - vorschreiben oder aufzwingen, außer dir selbst. Wenn du dich wegen eines "blöden" Kommentars deines Partners z. B. aufregen oder schlecht fühlen "willst" oder meinst, es tun zu müssen, ist nicht *er* schuld, sondern *du.* Du lässt es zu, dass jemand mit seinem Verhalten oder Benehmen deine Stimmung, deine Laune, deinen Tag beeinflusst.

"Aber wenn er so gemein ist, dann *muss* ich mich ärgern oder traurig sein. Geht gar nicht anders!" Hm... Ist das so? *Musst* du wirklich? Wer sagt das? Ist das ein ungeschriebenes Gesetz? *Nein, ist es nicht!* Du hast es dir nur zur Gewohnheit gemacht, diese Reaktion zu zeigen... weil es doch schließlich jeder macht! Kann sein, dass die meisten genau so reagieren, aber nur weil es "alle" tun, muss es noch lange nicht richtig sein.

Als Bedürftige erwartest du natürlich, dass dein Partner (oder jemand anderes) sich dir gegenüber in einer ganz bestimmten Art verhält, sodass er deine Erwartungen rundum erfüllt. Tut er es nicht, bist du enttäuscht, gekränkt, verletzt, am Boden zerstört oder auch wütend. Klar, jeder Mensch möchte gut behandelt werden, jeder wünscht es sich. Für Bedürftige ist es aber kein Wunsch, sondern eine *Notwendigkeit*. Sie sind davon abhängig und darauf angewiesen.

Es ist ein Riesenunterschied, wie ein Bedürftiger oder ein selbstbewusster Mensch auf ein Statement wie etwa: "Mann, siehst du heute bescheiden aus!" reagiert.

Wie reagierst du als Bedürftige? Du bist zutiefst getroffen, gekränkt, verletzt, und überlegst dir sofort, wieso. Bist du zu hässlich, zu fett, zu dünn, trägst du scheußliche Klamotten, ist dein Make-up nicht okay u. v. m. Du suchst sofort den Fehler *bei dir*, weil du dich ohnehin für mangelhaft, wertlos und nicht liebenswert hältst. Und nun bekommst du mit diesem Spruch quasi auch noch die Bestätigung! Du wirst sauer, bist beleidigt und gleichzeitig überfällt dich das Selbstmitleid. Dein Tag, deine Laune, deine Stimmung, alles ist ruiniert.

Ob dieser Spruch nun ernst gemeint war oder dein Partner dich nur triezen wollte, ist für dich völlig irrelevant. Es war in jedem Fall gemein von ihm, dir das zu sagen. Stimmt's?

Würdest du nun aber den gleichen Satz als Nicht-Bedürftige hören, als jemand, der mit sich selbst zufrieden ist, der sich selbst mag, so wie er ist und damit über

Selbstwert und Selbstbewusstsein verfügt, du würdest allerhöchstens ein "Ach, wirklich?" antworten oder vielleicht ein "Das muss auch mal sein". Oder du würdest einfach nur darüber lachen. Ärgern würdest du dich auf jeden Fall nicht. Dir damit deinen Tag, deine Laune, deine Stimmung verderben zu lassen - ganz sicher nicht!

Wieso nicht? Weil dieser Mensch für sich eine Entscheidung getroffen hat: "Ich mag mich jederzeit so, wie ich bin und wenn andere mich nicht mögen, ist es *ihr* Problem, nicht aber meines."

Niemand ist schuld, denn es ist nämlich *ausschließlich deine Entscheidung*, wie du auf andere, ihr Verhalten oder ihre Aussagen reagierst. Sie haben *ihre* Meinung, du hast *deine* und zwischen beiden können Welten liegen.

4) Sei dir klar darüber: Das Verhalten anderer kannst du nur bedingt beeinflussen. Bedingt deshalb, weil natürlich alles, was du tust, bei deinem Gegenüber eine Reaktion auslöst. Er reagiert so, wie er es gewöhnt ist, gelernt hat, oder es aus der Stimmung heraus oder aufgrund seiner ureigenen Erfahrungen für ihn richtig und passend erscheint. Das läuft innerhalb von Bruchteilen von Sekunden ab.

Wenn du deinen Partner etwa frägst, ob du heute Abend kochen sollst, wird er zu 99 % sofort darauf reagieren und mit einem Ja oder Nein antworten. Niemand wird sich auf eine "alltägliche" Frage erst einmal eine halbe Stunde Zeit nehmen, sich Gestik, Mimik und Antwort überlegen, wie das alles bei dir ankommen könnte, wie du darauf reagieren könntest oder ob er dir seine Antwort und Reaktion vielleicht doch besser anders präsentieren sollte.

So lieb und gut du diese Frage vielleicht auch gemeint hast und (als Bedürftige) am liebsten ein überschwängliches "Oh ja, bitte! Du bist nämlich die beste Köchin der Welt" erhoffst und hören möchtest, der andere reagiert spontan aus seiner (aktuellen) Befindlichkeit heraus.

Was du aber dabei beeinflussen kannst: Die Art und Weise *deiner Aktion*, also wie du frägst. Du kennst das Sprichwort: "Wie man in den Wald hineinruft, schallt es zurück." Gehst du auf einen Menschen in aggressiver Stimmung zu, wird er in den meisten Fällen ebenso reagieren.

Machtspieler und Narzissten bilden hier natürlich die Ausnahme. Sie reagieren grundsätzlich so, wie es für *sie* in Bezug auf dich und ihren Machtanspruch notwendig ist. Warst du ihrer Ansicht nach "folgsam", reagieren sie nett, warst du "aufmüpfig", dann eher bestrafend und unfreundlich.

Grundsätzlich gilt bei ihnen, am besten mit Gelassenheit zu reagieren. Das wird dir als (Noch-) Bedürftige, die auf Bestätigung und Liebesbeweise (noch) angewiesen ist, aber nicht wirklich möglich sein. Nach außen vielleicht, wenn du dich sehr bemühst, aber gefühlsmäßig keineswegs. Umso wichtiger ist es also für dich zu lernen, wie du dich abgrenzen kannst. Um das überzeugend zu können, baue die "magischen 3 S" auf.

Zum Abschluss

Vieles von dem, das ich dir erzählt und vorgeschlagen habe, wird bei dir sicherlich zuerst einen Empörungsschrei, ein Kopfschütteln, ein "Das ist doch unmöglich!", ein "Was für ein Blödsinn, geht doch gar nicht!" oder gar ein "Was für eine Unverschämtheit!" hervorrufen.

Möglicherweise fühlst du dich auch unverstanden in deiner Situation oder gar angegriffen. Wie ich aber schon in der Einführung sagte, mit diesen - zugegeben - z. T. provokanten Aussagen und Statements möchte ich dich nicht nur wachrütteln, sondern mit den nüchternen Fakten konfrontieren.

Ich weiß, als Bedürftige hört man solche Dinge absolut nicht gerne. Viel angenehmer wäre es, mit Samthandschuhen angefasst werden. Wie aber sonst willst du einen Anlass finden, wirklich etwas zu verändern? In dem du dich laufend bemitleiden und bedauern lässt, wird sich garantiert nichts bei und in dir verändern. Das hast du bisher ja auch schon immer getan. Das Resultat? Du bist nach wie vor eine Bedürftige.

Ich habe absichtlich manchmal leichten Sarkasmus und Trigger (Reizauslöser) gesetzt, die die wunden Punkte bei dir berühren. Fast immer versuchen gerade Bedürftige, Trigger aller Art zu umgehen und zu vermeiden, um nicht mit schmerzhaften Dingen konfrontiert zu werden. Ihr Leben ist ja ohnehin schon schmerzhaft genug. Das ist zwar die einfachste und angenehmste Variante, aber auch die unproduktivste.

Erinnerst du dich noch an das Beispiel mit dem Arzt und der Wundversorgung? Eine Wunde kann erst dann verheilen, wenn sie behandelt wird, mag die Behandlung auch schmerzhaft und langwierig sein. Wegsehen, verdrängen und ignorieren ist alles Mögliche, aber *keine Lösung!*

Das, was dir als Bedürftige am allermeisten fehlt, sind die "magischen 3 S". Der Grundstein dafür wird immer schon in der Kindheit gesetzt. Aus einem Kind, das überbehütet aufwächst, oder aber nur ständig kritisiert wird, wird später niemals ein Erwachsener, der über ausreichend Selbstwert, Selbstbewusstsein und Selbstvertrauen verfügt. Er wird immer an sich zweifeln, auf Hilfe von außen warten und hoffen sowie nicht in der Lage sein, für sich selbst wirkliche Verantwortung zu übernehmen.

Den Eltern nun die Schuld dafür in die Schuhe zu schieben, gehört für einen Bedürftigen typischerweise dazu (siehe Schritt 18). Vergiss aber dabei eines nicht: Auch sie sind keineswegs perfekt. Auch sie hatten Eltern, die ihrerseits welche hatten und die auch wieder, von denen sie jeweils Dinge gelernt haben, ob nun in positiver oder negativer Hinsicht.

Wer als Erwachsener nicht bereit und gewillt ist, sich selbst zu verändern, sondern auf dem Stand bleibt, wie er es gelernt hat, kann auch seinen Kindern nichts anderes beibringen als das, war *er* seinerzeit gelernt hat. Ob das nun gut oder schlecht ist, sei dahingestellt.

Fakt ist, dass sie aus ihrer Erziehung, ihrer Erfahrung, ihrer Bildung heraus deine Erziehung übernommen haben.

Eine fachlich-kompetente Ausbildung "Wie erziehe ich mein Kind richtig" gibt es leider an keiner Schule oder Uni der Welt. Sie sind also genauso viel oder genauso wenig schuld daran wie du selbst.

Wenn du Kinder hast, was bringst du ihnen vor allem bei? Hauptsächlich das, was *du* kennst und *für dich* richtig oder falsch ist, nicht mehr und nicht weniger. Wenn nicht durch Worte, dann auf jeden Fall durch dein Beispiel und deine unbewusste Vorbildfunktion.

Schließe Frieden mit den anderen, so z. B. deinen Eltern. Egal was sie getan oder gelassen haben, auch sie sind bzw. waren nur Menschen. Sie sind und waren genauso viel oder wenig perfekt wie jeder andere (siehe dazu noch mal Seite 230 - Definition von "perfekt").

Du musst keineswegs gutheißen, was sie taten. Du musst auch nicht Beifall klatschen oder alles durch die rosarote Brille betrachten. Akzeptiere nur einfach, dass sie so sind bzw. waren, wie sie sind bzw. waren. Du kannst noch jahrzehntelang Wut oder Hass auf sie empfinden, damit wird aber nichts, rein gar nichts ungeschehen gemacht. Du sorgst lediglich dafür, dass dich diese negativen Gefühle von innen heraus langsam, aber stetig und sicher auffressen.

Niemand zwingt dich, den Kontakt mit ihnen oder auch mit anderen Menschen in deinem Leben aufrechtzuerhalten. Niemand außer dir selbst mit: "Ich muss aber..." und von der Gesellschaft übernommenen Denk- und Glaubensmustern: "Man darf sich nicht abwenden" oder "Man muss doch... Das gehört sich so!"

Sich zu etwas zwingen (zu lassen), bedeutet nichts anderes, als auf dich, deine ureigenen Wünsche und Bedürfnisse keine Rücksicht zu nehmen und dich einmal mehr bevormunden zu lassen. Oder anders ausgedrückt: fehlende Selbstliebe und fehlende Selbstverantwortung.

Wenn du dich rundum magst, mit allen Ecken und Kanten und du nur eines möchtest, nämlich so glücklich und zufrieden wie möglich zu sein, überlegst du dir ganz genau, mit wem du deine Zeit verbringst - selbst wenn sich diese Zeit nur in deinen Gedanken abspielt. Ständig an jemanden zu denken, ob nun in positiver oder negativer Art und Weise, ist auch nichts anderes, als mit ihm Zeit zu verbringen.

Willst du sie mit Menschen verbringen, die negative Emotionen und Gefühle in dir hervorrufen? Mit Menschen, in deren Gesellschaft du dich schlecht fühlst? Oder willst du lieber mit Menschen zusammen sein, die positive Emotionen und Gefühle in dir wecken, mit denen es Spaß macht und du dich wohlfühlst? *Du bist es, die entscheidet.*

Distanziere dich von denen, die dir nicht gut tun, bei denen du dich unwohl fühlst - selbst wenn es deine Eltern, deine Geschwister oder sonstige Familienmitglieder sind. Reduziere den Kontakt nach und nach bis auf ein *für dich erträgliches Maß* oder brich ihn notfalls komplett ab. Es ist dein Leben und du hast das Recht, es so zu leben, wie es dir gut tut und Spaß macht. Dieses Recht hat ausnahmslos jeder andere auch.

Ich wünsche dir von Herzen viel Erfolg und viele positiv gestimmte Menschen in deinem Umfeld, die dich dabei unterstützen, deinem Gefängnis der Bedürftigkeit zu entkommen. Und nicht vergessen: Kümmere dich um die "magischen 3 S"! Je mehr du dir von ihnen aneignest, umso weniger bedürftig wirst du sein.

Alles Liebe,

Keera Liza Santos

♥ ⊷ ⊶ ♥ ⊷ ⊶ ♥

♥ ❧ ❧ ♥ ❧ ❧ ♥

Wichtige Anmerkung noch zu guter Letzt

Je nachdem, welche Kindheitserfahrungen du gemacht hast, ist es manchmal unumgänglich, zur Aufarbeitung therapeutische Hilfe in Anspruch zu nehmen.

Dieses Buch ist dafür kein Ersatz, sondern dann allenfalls eine Lektüre zur Unterstützung oder Hilfestellung!

Nähere Infos
zu meiner Arbeit als Life Coach
und eine Übersicht meiner Bücher
findest du auf meiner Homepage:

www.keera-lifecoaching.de